왕의 음성

하나님의 음성을 듣는 삶

왕의 음성

홍성건 · 김미진 지음

NCMN · 규장

하나님의 음성을 듣고
순종하는 삶으로의 초대

prologue

동방박사들 – 예루살렘에서 베들레헴으로

헤롯 왕 때에 예수께서 유대 베들레헴에서 나시매 동방으로부터 박사들이 예루살렘에 이르러 말하되, "유대인의 왕으로 나신 이가 어디 계시냐? 우리가 동방에서 그의 별을 보고 그에게 경배하러 왔노라" 하니 헤롯 왕과 온 예루살렘이 듣고 소동한지라.

왕이 모든 대제사장과 백성의 서기관들을 모아 그리스도가 어디서 나겠느냐 물으니, 이르되, "유대 베들레헴이오니 이는 선지자로 이렇게 기록된 바, '또 유대 땅 베들레헴아, 너는 유대 고을 중에서 가장 작지 아니하도다. 네게서 한 다스리는 자가 나와서 내 백성 이스라엘의 목자가 되리라' 하였음이니이다." 이에 헤롯이 가만히 박사들을 불러 별이 나타난 때를 자세히 묻고 베들레헴으로 보내며 이르되, "가서 아기에 대하여 자세히 알아보고 찾거든 내게 고하여 나도 가서 그에게 경배하게 하라."

박사들이 왕의 말을 듣고 갈새 동방에서 보던 그 별이 문득 앞서 인도하여 가다가 아기 있는 곳 위에 머물러 서 있는지라. 그들이 별을 보고 매우 크게 기뻐하고 기뻐하더라. 집에 들어가 아기와 그의 어머니 마리아가 함께 있는 것을 보고 엎드려 아기께 경배하고 보배합을 열어 황금과 유향과 몰약을 예물로 드리니라. 그들은 꿈에 '헤롯에게로 돌아가지 말라' 지시하심을 받아 다른 길로 고국에 돌아가니라. 마 2:1-12

동방박사들은 동방에서부터 예루살렘을 거쳐 베들레헴에 와서 아기 예수께 경배하고 돌아갔다. 이들이 말한 '동방'은 메디아(Media), 바사 제국에 속한 곳(지금의 인도나 이란 북동부)으로 짐작된다. 이들이 하나님의 인도하심을 받아 예수께 경배하는 과정이 흥미롭다.

이들은 점성가들이었다. 그러나 단순한 점쟁이가 아니었다. 당시의 학문적 경향으로, 철학과 의학과 자연과학에 능통한 전문가들이었다. 당시는 별을 통해 세상을 이해했다. 별들이 일정한 궤도로 움직이며 우주의 질서를 나타낸다고 보았다.

어느 날, 이들이 큰 별을 보게 되었다. 어떤 별을 보았는지는 확실히 알 수 없다. BC 11년경에 핼리 혜성(Halley's Comet)이 찬란한 빛을 내며 하늘을 가로질러 지나갔다. BC 7년경에는 밝게 빛나는 토성과 목성의 결합이 있었다. BC 5-2년에는 비정상적인 천문학적 현상이 있었다. 이때 고대 이집트력의 '메소리'(Mesori)라는 달의 첫날에 천랑성(天狼星, 항성 중에서 광도가 가장 강한 별)인 시리우스(Sirius)가 태양과 함께 떠서 매우 찬란히 빛났다. 지금 메소리 성좌(星座)는 '왕자의 탄생'을 의미한다. 당시의 점성가들은 이런 별의 출몰이 위대한 왕의 탄생을 의미한다고 보았다.

박사들은 별을 보면서 이 세상에 큰 왕이 오심인 줄 알았다. 그래서 별을 따라 예루살렘이 있는 팔레스타인까지 갔다. 그런데 왜 이들이 엉뚱하게 베들레헴으로 가지 않고 예루살렘으로 갔을까? 태어날 왕이 당연히 왕궁에 있을 거라고 짐작했기 때문이다.

박사들은 "유대인의 왕으로 나신 이가 어디 계시냐? 우리가 동방에서 그의 별을 보고 그에게 경배하러 왔노라"(마 2:2)라고 말했다. 헤롯 왕과 온 예루살렘이 이들의 말을 듣고 소동했다. "소동한다"라는 것은 "삶의 터전이 뒤흔들려 혼란에 빠진다"라는 뜻이다.

박사들의 말을 들은 헤롯은 즉시 대제사장들과 서기관들을 불렀다(서기관들은 성경과 율법의 전문가들이다). 그들에게 하나님의 말씀에 그리스도가 어디서 나실 거라고 하셨는지 물었다.

헤롯은 하나님의 말씀으로 시작했다. 서기관들은 하나님의 말씀을 살폈다. 그리고 기록된 말씀, 미가서 5장 2절인 "베들레헴 에브라다야, 너는 유다 족속 중에 작을지라도 이스라엘을 다스릴 자가 네게서 내게로 나올 것이라"를 통해 하나님의 뜻을 알았다. 그리고 박사들을 교정시켜주었다. 예루살렘이 아니라 베들레헴으로 가야 한다고. 박사들은 하나님의 말씀을 통해 그분의 음성을 듣고 예루살렘에서 베들레헴으로 향했다.

그리고 중간에 실수로 잃었던 별을 보게 되어 다시 그 별의 인도함을 받는다. 그들은 그 별을 보고 크게 기뻐했다. 하나님의 인도하심을 따라 행하다가 실수로 길을 잃었지만 다시 올바로 인도하심을 받을 때의 기쁨이다.

드디어 이들은 아기 예수를 만나 경배를 드렸다. 이들 인생의 가장 큰 축복이고 기쁨이며 영광이었다. 이들은 꿈에서 하나님의 말씀을 듣고 다른 길을 통해 고국으로 돌아갔다. 헤롯의 말대로 그에게 알리고자 다시 예루살렘으로 가지 않았다.

여기서 흥미로운 건 동방박사들이 '어떻게 하나님의 음성을 듣고 행하였는가'이다. 하나님께서 처음에는 이들에게 별을 통해 말씀하셨다. 그런데 이들은 긴 여행을 마치고 베들레헴으로 가야 할 마지막 순간에 실수를 했다. 자기들의 생각과 추측과 짐작으로 하나님의 뜻을 놓쳤다. 그러나 감사하게도 하나님의 기록된 말씀을 통해 이들이 하나님의 음성을 듣고 올바르게 가게 되었다. 그리고 가는 도중에 그 별을 다시 만나 인도함을 받았다.

아기 예수를 만났을 때 이들은 깨달은 바가 많았을 것이다. 자신들의 추측과 짐작이 얼마나 잘못되었는지를 알았을 것이다. 별을 따라 끝까지 가지 않은 점, 왕이 난 곳이 예루살렘이 아니라 작은 마을 베들레헴인 점, 그리스도는 유대인의 왕이 아니라 온 세상의 왕인 점

등. 그리고 비록 실수했으나 하나님께서 이들의 마음을 아시고 말씀으로 교정시키시고 목적지까지 이끄셨다는 것도.

하나님은 꿈을 통해 말씀하셨다. 이들은 헤롯의 말을 듣고 예루살렘으로 가지 않고, 꿈을 통해 말씀하시는 하나님의 음성에 순종했다.

그런데 헤롯과 대제사장들과 서기관들은 어떤가? 그들은 기록된 말씀을 통해 하나님의 음성을 들었다. 기록된 하나님의 말씀인 성경을 살폈다. 그들은 어디서 하나님의 음성을 들어야 하는지 알았다. 성경을 통해 그리스도가 베들레헴에서 나실 걸 알았다.

그러나 헤롯은 하나님의 음성을 듣고 오히려 더 강퍅해져 거역하는 길로 행했다. 이것은 하나님의 음성을 듣는 삶에 있어서 가장 악한 반응이다. 대제사장들과 서기관들은 기록된 말씀을 연구하며 성경을 지식적으로 알고 토론하기를 좋아했다. 그러나 그 말씀에 순종할 마음이 없었다. 이것은 어리석은 마음이다. 말씀에 대한 호기심만 있고, 말씀을 지식으로만 알고 그친 사람들이다. 그들은 하나님의 뜻에 관심이 없었다. 이런 사람들은 하나님의 말씀을 통해 그분의 음성을 듣는 삶 자체를 무시한다. 얼마나 안타깝고 불행한가!

하나님의 말씀을 통해 그분의 음성을 듣고 순종하는 삶은 정말 귀하다. 박사들은 말씀을 통해 주의 음성을 듣고 순종함으로 예수 그리스도를 만나는 영광, 그분께 경배드리는 특권을 가졌다. 그러나 말씀을 전공하는 서기관들은 이를 누리지 못했다.

동방박사들은 어떻게 하나님의 뜻을 알았는가

1. 별을 통해 알았다. 그리고 그 별의 인도함을 받았다. 하나님께서 발람에게 나귀를 통해 말씀하셨다. 베드로는 닭이 우는 것을 통해 하나님의 음성을 듣고 통곡하며 회개했다. 하나님께서는 대자연을 통해 말씀하신다. 하나님께서 창조하신 대자연에는 그분의 질서가 있다.

2. 기록된 말씀인 성경을 통해 알았다. 서기관들을 통해 미가서 5장 2절의 말씀으로 인도함을 받아 베들레헴으로 갔다. 하나님께서는 기록된 말씀을 통해 말씀하신다. 이것이 그분의 음성을 듣는 데 가장 중요한 기반이 된다.

3. 꿈을 통해 알았다. 꿈에 "헤롯에게 돌아가지 말라"(마 2:12)라고 지시하심을 받았다. 지시를 받는다는 건 하나님의 음성을 듣고 어떻게 행할지를 구체적으로 알았다는 것이다. 하나님은 꿈을 통해 말씀하신다.

하나님의 음성을 듣는 데 방해되는 것

1. 자기 생각과 지식에 의지하여 추측하고 짐작하는 것이다. 동방박사들은 자신들의 추측으로 예루살렘으로 갔다. 그로 인해 2세 이하의 남아(男兒)들이 죽임을 당했다. 아브라함과 사라도 자신들의 추측으로 말미암아 하나님의 뜻인 줄 알고 행하여 세대를 이어가며 어마어마한 고통을 받았다. 사라의 여종인 하갈을 통해 얻은 아들 이스마엘이 그 열매다.

2. 불순종이다. 헤롯은 하나님의 뜻을 알고자 성경을 살폈으나 근본적으로 순종할 마음이 없었다. 오히려 하나님의 뜻을 거역한 강퍅한 마음의 소유자였다. 예수가 자신들의 생활을 간섭하는 줄로 아는 사람들이다. 자신들이 원하는 대로 살고자 하기에 예수 그리스도를 방해물로 여긴다. 그러나 그리스도인은 욕망을 십자가에 못 박은 사람들이다. 그리고 그리스도의 뜻을 따라 살고자 생명을 드리는 사람들이다.

3. 무관심이다. 서기관들은 하나님의 말씀을 연구하는 전문가들이지만 순종할 마음이 없었다. 그들은 성경을 통해 그리스도가 나실 곳이 베들레헴인 걸 알고도 예수님을 만나러 갈 생각조차 없었다. 예수 그리스도에 대해 알았으나 정작 그분을 인격적으로 만나지는 못했다. 이런 사람은 하나님이 말씀하시는 분임을 성경 전체가 보여주는데도 하나님의 음성을 들었다고 하면 오히려 충격을 받는다. 성경을 단지 지식으로만 아는 건 매우 위험하다. 대제사장들은 말씀을 따라 백성들을 이끄는 지도자들이었지만 단지 종교지도자들에 불과했다. 그들에게는 근본적으로 하나님을 섬길 마음이 없었다.

나는 어릴 때부터 예수님을 믿고 따랐고, 성경을 읽고 기도하기를 좋아했다. 청소년 때, 나 자신을 예수 그리스도께 드렸다. 그분의 뜻을 따라 살기로 결정했다. 그렇게 사는 게 어떤 것인지 알고자 몇몇 멘토들에게 도움을 청하며 대학에 들어갔다.

대학생활은 내게 주를 섬기는 데 있어서 가장 놀라운 시절이었다. 하나님을 향한 갈급한 마음이 성령을 체험하면서 더욱 커졌다. 하나님의 뜻을 알고 싶은 마음으로 날마다 그분의 얼굴을 구했다. 그리고 성령님이 하나님의 음성을 듣는 삶이 무엇인지를 내게 세밀히 가르쳐주셨다.

성령님은 나를 '그리스도의 학교'에 입학시키셨다. 대학교 3학년 1학기를 마치고, 막 방학을 맞이한 7월 초에 성령을 체험했다. 나머지 대학생활은 그리스도 학교의 학생으로서 성령 스승에게서 많은 걸 배우며 훈련받았다. 그중에 가장 중요한 과목이 '하나님의 음성을 듣는 삶'이었다.

이것이 졸업 후에 본격적으로 사역자의 삶을 사는 데 든든한 기반이 되었다. 나는 '무엇을 하며 어디로 갈 것인가'를 결정해야 하는 순간마다 하나님의 음성을 구했다. 사역을 시작하고 팀을 조직하고, 사역을 진행하고, 관계를 맺는 등의 모든 여정이 그분의 음성에 귀를 기울이는 데서 출발했다. 이 책의 내용은 그런 내 삶의 여정이다. 그리고 오랫동안 내가 몸담았던 단체에서 강의한 내용이기도 하다.

하나님의 음성을 들으며 순종하는 삶의 중요성은 더 이상 강조할 필요가 없을 것이다. 이를 책으로 출간하여 더 많은 예수 그리스도 안의 형제들과 교회들에게 나눌 수 있어서 무척 기쁘다. 그리고 내게 큰 위로와 힘이 된다.

더구나 이 책을 NCMN(Nations-Changer Movement & Network,

엔씨에멘, '엔씨 아멘'이라는 의미의 한글 표기)에서 함께 동역하며 주를 섬기는 김미진 간사와 공동으로 집필하게 되어 감사하다. 그는 나를 언제나 '스승'이라고 부르기를 즐거워한다. 그러나 나는 그를 '동역자'라고 부른다. 그는 하나님의 음성에 귀를 기울이며 그 음성에 순종하는 사람이다.

이 책이 주님의 교회가 더 든든히 서 가고, 주님의 뜻을 이루어 그분의 나라가 확장되는 데 쓰이기를 바란다.

여러분의 형제요 동역자인
홍성건

인생의 어두운 터널에서 나오게 한
하나님의 음성

prologue

나는 완전히 길을 잃었다. 어디로 가야 할지, 무엇을 해야 할지, 누구를 만나야 할지 모른 채 캄캄한 터널에 갇혀버렸다. 재물은 몽땅 없어졌고, 사람들과 친구들은 나를 떠났다. 나도 나를 신뢰하지 못하는 지경에 이르렀다. 나를 이끌어줄 누군가가 절실히 필요했다.

내가 홍성건 목사님을 만났을 때 이런 말씀을 하셨다.

"자매님을 이끌어주실 분은 하나님이십니다. 그분의 음성을 들을 때 방향을 잡고 가야 할 길을 찾게 될 것입니다. 그리고 어두운 터널에서 빠져나오게 될 것입니다."

나처럼 삶의 방향을 잃었는가? 한 치 앞도 분간되지 않는 캄캄한 터널에 갇혔는가? 주의 뜻을 따라 살고 싶은 간절한 마음이 있는가?

나는 길을 찾았으며, 무엇을 해야 하는지 알게 되었고, 어두운 터널에서 빠져나왔다. 이 책은 나처럼 완전히 방향을 잃어버린 이들에게 길을 제시하며, 영향력을 발휘하는 삶을 사는 근본적인 해답을 줄 것이다.

내가 가장 힘들고 고독했던 순간들은 혼자서 무엇인가를 결정해야 할 때였다. 미래에 대한 큰 부담감이 나를 눌렀다. 그런데 하나님의 음성을 들으며 결정하기 시작하면서 자유하게 되었다.

에덴동산에 있는 아담과 하와를 찾아오시고, 에녹과 아름답게 동행하시고, 모세와 얼굴을 맞대고 대화하시며, 사무엘을 부르시어 앞날의 모든 일들을 말씀하시는 하나님. 이런 일들이 정말 기독교 역사에서 지극히 예외적이고 특별한 순간에 특별한 사람들에게만 일어난 것일까? 아니다. 하나님께서 우리에게 계획하신 정상적인 생활의 모습일 것이다.

나는 'NCMN 왕의 재정학교'를 섬기면서 재정에 대한 올바른 원칙대로 살고자 하는 사람들의 간절함과 갈급함을 보았다. 그런데 그들이 주의 뜻을 따라 살아갈 때 가장 어려워하는 게 하나님의 음성을 듣는 삶이었다. 그런 삶에 대해 큰 부담이 느껴진다고 호소했다. 이미 출간된 관련 도서들을 소개해주어도 그들은 여전히 하나님의 음성을 듣는 게 어렵다고 했다.

그리스도인의 삶뿐만 아니라 재정 훈련의 기반이 되는 'NCMN 하나님 음성 듣는 삶' 세미나에 350명을 모집하면 3-4분 만에 마감되는 걸 보면 안타까운 마음이 든다.

나와 남편은 홍성건 목사님과 사역을 함께하면서 더 친밀하게 교제하는 시간을 갖게 되었다. 홍 목사님의 강의는 이론이 아니라 말씀을 삶으로 살아내면서 경험하신 것들이다. 목사님의 삶을 그대로 강의하신다. 목사님은 먼저 행하고 가르치라는 예수님의 말씀에 철저히 순복하시는 분이다. 그래서 강의도 확신에 차 있으며, 성경 말씀만 전하신다. 그래서 사람들이 명료하고 쉽게 이해할 수 있도록 목사님의 강의를 책으로 출간할 것을 부탁드렸다.

그런데 평소에 이 책에 대한 필요에 부담을 갖고 계셨던 목사님이 나와 함께 책을 쓰면 좋겠다고 말씀하셨다. 나는 목사님의 겸손함에 깜짝 놀랐다. 그리고 목사님과 함께 책을 쓸 수 있는 놀라운 특권을 주신 주님께 감사드렸다.

내 인생의 가장 어두운 터널을 지나는 광야의 시간에 하나님께서는 그분 자신을 내게 보여주셨다. 나는 그분의 사랑을 깊이 체험했다. 이것이 내 삶에 일어난 전부다. 나는 그 사랑을 전할 뿐이다.

나는 스스로를 이렇게 평가한다. 자랑할 것 없는 평범한 가정에서 태어났고, 얼굴은 화장으로 보완해야 하고, 교양도 부족하고, 배움도 짧다. 영어도 잘 못하고, 남에 대한 배려심도 많이 부족하다. 그럼에도 '하나님께서 내게 사역의 놀라운 열매를 주시는 이유가 무엇일까' 하고 생각한다. 그것은 하나님의 음성에 귀를 기울이며 그분의 뜻을 따라 살고자 온 마음과 힘을 다하는 데 있지 않을까 생각한다.

교회는 그리스도인들이 하나님의 음성에 담대하게 순종하도록 가르치기를 주저하지 말아야 할 것이다. 하나님의 음성을 듣는 삶에 도전하길 바란다!

NCMN
김미진

차례

하나님은
말씀하시는
분이다

chapter 1

하나님의 음성 듣기

어떤 사람이 사막에서 함께 가던 일행에서 뒤처져 홀로 남겨졌다면 어떻게 될까? 사막에는 길이 없다. 방향 감각을 잃어버리기 쉬운 곳이다. 사람이 지나가지도, 살지도 않는 곳이다. 외로운 곳이다. 이런 상황에 처할 때 사람들은 일반적으로 절망에 빠진다. 두려움과 혼돈 속으로 들어간다. 불안해하며 방황한다.

이 상황에서 가장 중요한 건 무엇일까? 평소에 의지하던 재물인가, 자랑하던 학력인가, 내세우던 경력인가? 아니다! 제일 중요한 건 하나님의 음성을 들을 줄 아는 삶을 사는 자기 자신이다. 하나님의 음성을 들을 줄 알면 어떤 상황에서도 문제를 해결할 수 있다. 그는 혼자가 아니다. 문제 해결자가 바로 그곳에 그와 함께 계시기 때문이다. 그는 그 상황 가운데 계시며, 말씀하시며, 인도하시는 하나님으로 인해 침착할 수 있다.

그는 말씀하시는 하나님의 음성에 귀를 기울이며 그 인도하심을 따라갈 것이다. 하나님께서 그를 이끄실 것이다. 그분은 그와 함께 계시며 말씀하신다.

그들이 하늘로 솟구쳤다가 깊은 곳으로 내려가나니 그 위험 때문에 그들의 영혼이 녹는도다. 그들이 이리저리 구르며 취한 자같이 비틀거리니 그들의 모든 지각이 혼돈 속에 빠지는도다. 이에 그들이 그들의 고통 때문에 여호와께 부르짖으매, 그가 그들의 고통에서 그들을 인도하여 내시고 광풍을 고요하게 하사 물결도 잔잔하게 하시는도다. 그들이 평온함으로 말미암아 기뻐하는 중에 여호와께서 그들이 바라는 항구로 인도하시는도다. 시 107:26-30

나는 지난 수십 년 동안 이런 상황을 여러 번 겪었다. 또한 같은 상황에 처한 많은 사람들을 살펴보았다. 이때 가장 중요한 건 '하나님의 음성을 듣는 삶'이라는 결론을 내렸다. 우리가 하나님의 음성을 들을 줄 알면 비록 모든 상황이 절망적이고 혼돈과 두려움 속에 있더라도 살 수 있다. 왜냐하면 그런 상황에서도 말씀하시는 하나님께 귀를 기울여 그분의 음성에 반응할 수 있기 때문이다. 최선의 길은 하나님의 음성에 귀를 기울이는 것이다.

건강한 그리스도인으로 살아가려면, 또한 영향을 주는 삶을 살려면 다음의 세 가지 영역에서 든든한 기반을 가져야 한다.

첫 번째는 하나님의 음성을 듣는 사람이 되어야 한다. 두 번째는 올바른 사고방식을 가져야 한다. 즉, 삶의 전반적인 영역에 있어 성경적 원리로 사고할 줄 알아야 한다. 세 번째는 재물을 바르게 다룰 줄 알아야 한다.

이 세 가지가 이 땅에서 예수 그리스도를 따라 살며, 예수님이 그의 삶에서 드러나게 할 수 있는 기반이다.

세상에 영향을 주는 삶의 필수 요소
1. 하나님의 음성을 듣는 삶 - 날마다 하나님의 음성에 귀를 기울이고, 그분의 말씀에 순종하는 삶
2. 성경적 사고방식 - 성경적 원리에 따라 사고하며 반응하는 삶
3. 성경적 재정 원칙 - 돈과 재물을 성경적 원칙에 따라 다룰 줄 아는 삶

우리는 '하루하루를 겨우 살아내는 삶'이 아닌 '매일 세상에 영향을 주는 삶'을 살도록 부르심을 받았다.
하나님의 음성을 듣는 삶은 세상에 영향을 주는 그리스도인에게 삶의 전반적인 영역에 있어서 기반이 된다. 또한 올바른 재정관과 사고방식을 갖고 살아가는 데 가장 큰 비중을 차지한다.

세상에 영향을 주는 그리스도인의 삶을 살기 위해서는 '하나님이 누구신가', '하나님 앞에 어떻게 머무는가' 그리고 '하나님의 음성을 어떻게 듣고 그 뜻을 따라 행할 것인가'에 사고의 초점을 맞추어야 한다.

이를 나무에 비유할 수 있다. 뿌리를 깊이 내린 나무는 튼튼한 줄기에서 가지들이 여러 갈래로 뻗어간다. 잎이 돋고, 많은 열매를 맺는다. 나무의 가장 중요한 부분은 뿌리와 튼튼한 기둥 같은 줄기다. 뿌리가 깊고 줄기가 견고해야 열매를 맺을 수 있기 때문이다.

뿌리는 하나님의 말씀과 그분의 성품을 아는 삶이다. 줄기는 하나님의 음성을 듣는 삶이다. 여기에서 많은 가지가 뻗어나가고, 열매를 맺는다. 결국 세상에 영향을 주는 삶을 살게 된다.

내 아들아, 내 말에 주의하며 내가 말하는 것에 네 귀를 기울이라. 그것을 네 눈에서 떠나게 하지 말며 네 마음 속에 지키라. 그것은 얻는 자에게 생명이 되며 그의 온 육체의 건강이 됩니나. 잠 4:20-22

이 말씀처럼 우리가 하나님을 전심으로 의뢰하고 기뻐하며 또 전적으로 주께 귀를 기울이고 따를 때 하나님께서 우리를 역동적인 생명의 삶으로 이끄신다. 그리고 육체도 건강한 삶으로 축복하신다.

누구나에게 가능한 삶 　김미진

나는 사업을 하다가 완전히 망했다. 예수를 4대째 믿는 집안이어서 하나님의 음성을 듣고, 인도함을 받는 삶이 자연스러운 환경이었다. 그러나 점점 큰 사업을 하게 되면서 하나님의 음성을 듣는 게 내 목표를 이루고, 더 많은 재물을 얻기 위한 수단이 되었다.

하나님과 친밀해지고, 그분의 뜻을 따라 살기 위해서 음성이 필요한 게 아니었다. 그때 나는 내 사업을 크게 축복해주시는 분으로 하나님이 필요했다.

나는 건강과 재물을 다 잃고 나서야 '왜 하나님의 음성을 듣는 삶이 중요한가'를 다시 배우게 되었다. 놀랍게도 모든 걸 잃고 나니 겸손해졌다. 시간을 따로 떼어 하나님 앞에 머물 수 있었고, 그분의 뜻이 알고 싶어졌고, 나를 통한 그분의 계획에도 관심이 생겼다.

그때 나는 알게 되었다. 내가 하나님을 기다린 것보다 하나님께서 나를 기다리신 시간이 너무나 길었다는 걸. 나는 그날을 잊지 못한다. 하나님께서 기록된 말씀을 통해서 내게 레마(rhema)로 말씀하셨다.

"여호와께서 기다리시나니 이는 너희에게 은혜를 베풀려 하심이요, 일어나시리니 이는 너희를 긍휼히 여기려 하심이라. 대저 여호와는 정의의 하나님이심이라. 그를 기다리는 자마다 복이 있도다"(사 30:18).

하나님께서 나를 기다리시는 이유를 말씀해주셨다. "은혜를 베풀려 하심이요", 하나님께서 일어서시는 이유도 말씀해주셨다. "너희를 긍휼히 여기려 하심이요", 하나님께서는 그분을 기다리는 자를 기다리신다고 하셨다. 이 말씀을 통해 큰 위로를 받았고, 하나님께서는 나를 기다리셨는데 나는 그분을 기다리지 않았음을 알게 되었다.

이날부터 나는 잠잠히 하나님을 기다리는 훈련을 했다. 내 일을 위해서 하나님께 나아가는 게 아니라, 그분만을 기다렸다.

어느 날, 조용하고 부드러운 음성이 들렸다. 내 속에 계신 성령님은 말씀을 못하시는 분이 아니었다.

'딸아! 내가 너를 사랑한다. 너를 용서하고 신뢰한다. 내가 언제나 너와 함께 있겠다.'

얼마나 울었는지 모른다. 내가 나를 용서하지도, 신뢰하지도, 사랑하지도 못할 때였다. 하나님의 음성을 들었다고 다른 사람보다 더 의롭고, 더 거룩한 삶을 살기 때문이라는 착각을 버리라!

하나님의 음성을 듣는 삶이 내게도 가능한가

우리가 하나님의 음성을 듣는 삶을 살 수 있는가? 그런 삶이 오늘날에도 가능한가? 물론이다!

다음과 같은 이유로 누구나 하나님의 음성을 듣는 삶이 가능하다.

첫 번째, 하나님께서 우리가 그분께 나아와 귀 기울여 음성을 듣길 원하시기 때문이다.

(너희는) 내게 듣고 들을지어다. 그리하면 너희가 좋은 것을 먹을 것이며 너희 자신들이 기름진 것으로 즐거움을 얻으리라. 너희는 귀를 기울이고 내게로 나아와 들으라. 그리하면 너희의 영혼이 살리라. 사 55:2,3

내가 하나님의 음성을 듣기 원하는 것보다 하나님께서 그것을 더 원하신다. 하나님의 음성을 듣고 싶지만 '하나님이 나 같은 사람에게도 말씀하실까? 특별한 사람에게, 특별한 경우에만 말씀하시는 게 아닐까'라고 생각하는 사람들이 많다. 아니다! 하나님은 우리 모두에게 말씀하기를 원하신다. 우리가 하나님의 음성을 듣는 것은 그분의 뜻이다.

두 번째, 우리가 하나님의 음성을 듣는 삶을 사는 게 지극히 자연스럽기 때문이다.

문지기(:목자)는 그를 위하여 문을 열고 양은 그의 음성을 듣나니, 그가 자기 양의 이름을 각각 불러 인도하여 내느니라. 자기 양을 다 내놓은 후에 앞서 가면 양들이 그의 음성을 아는 고로 따라오되, 타인의 음성은 알지 못하는 고로 타인을 따르지 아니하고 도리어 도망하느니라. … 내 양은 내 음성을 들으며 나는 그들을 알며 그들은 나를 따르느니라. 요 10:3-5,27

양은 목자의 음성을 자연스럽게 듣는다. 배워서 듣는 게 아니라 양과 목자의 친밀한 관계 때문이다. 목자가 앞서가면 양들은 그의 음성을 듣고 따른다. 예수 그리스도는 우리의 목자이시고, 우리는 그분을 믿고 따르는 그분의 양이다. 양이 목자의 음성을 듣고 따르는 게 당연하듯이 우리가 우리의 목자이신 예수님의 음성을 듣는 것은 자연스럽다.

세 번째, 성령께서 우리가 하나님의 음성을 들으며 살도록 우리를 도우시기 때문이다.

내가 그들에게 한 마음을 주고, 그 속에 새 영을 주며, 그 몸에서 돌 같은 마음을 제거하고, 살처럼 부드러운 마음을 주어 내 율례를 따르며, 내 규례를 지켜 행하게 하리니 그들은 내 백성이 되고 나는 그들의 하나님이 되리라. 겔 11:19,20

우리가 예수를 믿을 때 하나님께서 새 마음과 새 영을 주어 그분의 음성을 들을 수 있게 하셨다. "부드러운 마음"과 "새 영"이라는 장비를 우리에게 장착시키셨다. 그리고 성령께서 그것이 작동되도록 도우신다.

이 같은 세 가지 이유로 예수를 믿는 자는 누구나 하나님의 음성을 들을 수 있다.

하나님의 음성을 제한하지 말라　김미진

다윗과 하나님이 주고받은 대화는 성경 곳곳에 많지만, 특히 역대상 14장이 흥미롭다. 블레셋이 전쟁을 걸어왔다.

> 다윗이 하나님께 물어 이르되, "내가 블레셋 사람들을 치러 올라가리이까?"… 여호와께서 그에게 이르시되, "올라가라" 대상 14:10

전쟁에 패한 블레셋이 전열(戰列)을 정비하고 다시 같은 골짜기에 진을 쳤다.

> 다윗이 또 하나님께 묻자온대 하나님이 이르시되, "마주 올라가지 말고 그들 뒤로 돌아 뽕나무 수풀 맞은편에서 그들을 기습하되, 뽕나무 꼭대기에서 걸음 걷는 소리가 들리거든 곧 나가서 싸우라. 너보다 하

나님이 앞서 나아가서 블레셋 사람들의 군대를 치리라" 하신지라.

하나님께서 다윗에게 전쟁에서 승리할 수 있는 구체적인 정보와 전략을 세세하게 말씀하셨다. 다윗은 자신의 생각과 지식으로 전쟁하지 않았다. 하나님께 묻고 그분의 음성을 듣고 행했다. "뽕나무 꼭대기에서 걸음 걷는 소리"를 듣고 전쟁을 수행했다. 전쟁할 때 다윗은 하나님께 나아가 묻고, 그분의 음성에 귀를 기울였다. 그에게는 당연하고 자연스러운 일이었다. 이것은 어려운 해석이 필요 없다. 하나님의 음성을 듣는 것을 제한하지 말라. ▬▬

하나님의 음성을 왜 듣지 못하는가

이런 놀라운 사실에도 불구하고 왜 하나님의 음성을 듣지 못하는가? 가장 큰 이유는 '무관심'이다. 하나님의 음성을 듣는 삶에 관심이 없다. 모든 일에 자신의 뜻과 생각을 따라 살아간다. 어떤 일에 대해 자신의 판단과 지혜로 결정하고, 하나님께서 그 결정을 축복해주시기만을 바란다. 그런 삶이 습관이 되었다.

또 다른 이유는 '불신앙'이다. 하나님의 성품에 대한 이해가 없다. 하나님이 말씀하시는 분임을 모른다. 내게 말씀하시는 분임은 더구나 믿지 않는다.

또한 하나님에 대한 잘못된 기대 때문이다. 하나님의 음성을 듣는 삶에 대한 잘못된 기대를 갖고 있다. 자기 나름의 방식으로 그분의 음성을 듣고자 한다.

더 안타까운 것은 하나님의 음성을 듣기 위해 시간을 내지 않는다. 어떤 그리스도인들은 너무 바빠서 하나님 앞에 나아가 그 음성에 귀 기울일 시간을 내지 않는다. 음성을 못 듣는 게 아니라 안 듣는 것이다.

욕심 때문에 음성을 듣지 못하다 　김미진

나는 기도 제목에 대한 결정을 이미 내리고 있었다. 건물을 매입하고 동업하기로 이미 결정했다. 이 결정에 주님은 그냥 축복해주시기만을 바랐다. 하지만 결정한 이후 동업을 위해 주님께 물었을 때 아무 음성도 들을 수가 없었다. 남편이 기도하면서 동업하지 말라고 했지만 나는 이렇게 말했다.

"당신에게 말씀하셨다면 내게도 말씀하셔야지. 내게는 동업하지 말라는 말씀을 안 하셨어. 나는 더 기도해볼 거야."

나는 동업을 해서 사업을 크게 확장하고 싶었다. 이미 10년 계획을 1년 단위로 다 세워놓았다. 이 문제에 대해 주님의 음성을 듣지 않았다. 그리고 그 선택은 내게도, 동업자에게도 큰 손실과 상처를 남겼다. 내 욕심이 부른 재앙이었다.

나를 향한 하나님의 뜻을 알기 위해 집착하지 말라. 하나님께서는 가까이에 있는 부모나 배우자, 사람들을 통해서도 말씀하신다.

나는 '왜 주께서 내게 말씀하지 않으셨는지'를 나중에 알게 되었다. 남편을 통해 주의 뜻을 이미 말씀하셨지만 내 욕심 때문에 주님의 말씀에 순종할 마음이 전혀 없었기 때문이었다. 주님의 뜻에 무관심했고, 잘못된 기대를 했으며, 하나님의 성품에 대한 이해가 없었다. 내 속에 주님을 향한 뜨거운 사랑이 있었다면 당연히 그분의 음성을 들었을 것이고, 합당한 순종이 자연스럽게 따랐을 것이다.

하나님은 누구시며, 우리는 어떤 존재인가? 하나님과 우리 사이의 인격적 관계란 어떤 것인가? 우리가 하나님의 자녀요, 친구요, 종으로서 우리를 향한 그분의 뜻을 본질적으로 이해하면 그분의 음성을 듣는 게 아주 쉬워진다.

하나님의 음성을 듣는 데 내게 큰 도움을 준 책이 있다. 이 책을 통해 나를 향한 그분의 뜻을 명확하게 알게 되면서, 하나님의 음성을 쉽게 분별할 수 있었다. 바로 홍성건 목사님의 《섬기며 다스리는 사람》(예수전도단 간)이다.

하나님의 음성은 왜 듣고자 하는가

하나님의 음성을 듣고자 하는 동기가 무엇인가?

'나는 과연 하나님의 음성을 들을 수 있을까? 그런 일이 내게도 일어날 수 있을까?'

이런 호기심이 동기가 될 수 있다. 혹은 하나님께서 말씀하시는 걸 들으면서 내 뜻을 이루고 싶을지도 모른다.

'이걸 할까, 저걸 할까? 여기로 갈까, 저기로 갈까? 누군가를 만날 것인가, 말 것인가?'

사실 평생의 삶이 이런 것들의 연속이다. 이로 인해 삶이 형성된다. 많은 사람들이 실패가 없는 성공적인 삶을 살고 싶어서 하나님의 음성을 듣고자 한다. 이들은 단지 성공하고, 명성을 얻고, 인정받는 삶을 위해 그분의 음성을 듣고 싶어 한다. 그러나 그것이 궁극적인 목표가 되어서는 안 된다.

하나님의 음성을 듣고자 하는 제일 큰 목표는 그분과 교제하기 위해서여야 한다. 하나님을 깊이 알기 원하며 그분과 사귀는 삶을 살기를 바라기 때문이어야 한다. 더 나아가 하나님의 뜻을 내 삶에서 이루어 드림으로 이 땅에서 그분을 영광스럽게 해드리는 게 가장 중요하다.

> 아버지께서 내게 하라고 주신 일을 내가 이루어 아버지를 이 세상에서
> 영화롭게 하였사오니, 요 17:4

이 말씀은 예수님의 놀라운 고백이다. 많은 사람들이 자신의 삶을 헌신하게 하는 말씀이다. 예수님의 모든 삶의 비밀을 다 말해주는 말씀이다.

예수님의 기도:

"아버지, 제가 이 땅에서 살아가는 한 가지 목적이 있습니다. 그것은 아버지를 이 세상에서 영화롭게 하는 것입니다."

이것이 예수님의 모든 삶의 중심이다. 삶을 살아가는 오직 한 가지

목적은 삶의 매 순간을 통해 아버지께서 이 땅에서 영광을 받으시는 것이다.

우리도 이 같은 삶의 목적이 있다면 삶이 매우 행복하고 즐거울 것이다. 왜냐하면 그것이 우리로 하여금 어떤 상황에서도 굴복하거나 포기하지 않고 앞으로 나아가게 하는 힘이 되기 때문이다. 죽음을 직면할 만큼 힘든 상황이라도 주저앉지 않을 수 있다. 설령 넘어져도 다시 일어날 것이다. 절대로 포기하지 않을 것이다.

나를 통해 하나님 아버지께서 이 땅에서 영광을 받으시는 것보다 더 위대한 건 없다. 이보다 더 크고 보람된 일은 없다. 그것이 날마다 소망을 가지고 역동적으로 살게 만드는 에너지원이 된다.

입으로 선포해보라.

"내 삶의 목적은 오직 한 가지다. 그것은 하나님 아버지께서 나를 통해 영광을 받으시는 것이다."

어떻게 하는 게 아버지께서 이 땅에서 영광을 받으시는 것일까? 그것은 아버지께서 내게 하라고 말씀하신 것을 듣고 순종하는 것밖에 없다. 내 뜻대로 사는 게 아니라 아버지의 뜻에 전적으로 순종하는 것이다.

그러면 하나님께서 나를 통해 하기 원하시는 걸 어떻게 알 수 있을까? 그분의 뜻을 어떻게 알 수 있을까? 하나님께 질문해야 한다. 내가 순종하기를 원하시는 게 무엇인지 묻고, 그분의 음성에 귀를 기울여야 한다. 순종하는 삶은 하나님 아버지의 말씀에 귀를 기울일 때만 가능하다. 그럴 때 나를 향하신 아버지의 뜻을 알게 된다. 하나님의 음성을 듣지 않고 어떻게 그분의 뜻을 알 수 있겠는가!

예수님의 기도:

"아버지, 저는 아버지의 뜻을 알고 싶습니다. 제가 무엇을 하기를 원하십니까? 저는 제 뜻이 아닌 오직 아버지의 뜻을 따라 살기를 원합니다."

소리 내어 주께 기도해보라.

"아버지, 제 삶의 단 한 가지 목적은 저를 통해 아버지께서 이 땅에서 영광을 받으시는 것입니다. 그래서 저를 향하신 아버지의 뜻이 무엇인지 알고 싶습니다. 듣고 순종하는 삶을 살겠습니다. 겸손하고, 하나님의 음성에 민감한 사람이 되게 해주소서. 아버지의 음성을 듣기를 원합니다. 왜냐하면 아버지를 이 세상에서 영화롭게 하기를 원하기 때문입니다."

'왕의 재정학교'는 NCMN에서 진행하는 학교 중 하나다. 이 학교에서 '주고받는 삶'을 훈련한다. 하나님의 나라는 사고파는 법이 아니라 주고받는 법을 원칙으로 한다. 내게 있는 재물을 필요가 있는 사람들에게 준다. 또한 내 필요를 다른 사람을 통해서 공급받기도 한다. 주고받는 삶은 언제나 하나님의 음성을 듣는 삶이 기반이 되어야 한다. 내 기분이 내키는 대로, 또는 의무감과 부담으로 주는 게 아니라 주님의 음성을 듣고 순종하는 것이다.

주고받는 삶을 경험한 사람들에게 가장 큰 기쁨은 하나님의 음성을 듣는다는 데 있다. 주는 사람은 기쁨이 크다. 왜냐하면 하나님의 음성을 제대로 들었기 때문이다. 하나님이 내게 '누구에게 무엇을 주라'라고 말씀하셔서 듣고 순종했을 때, 받는 사람이 하나님께 기도하며 구하던 거라고 감격하며 고백하거나, 기도하지는 않았으나 자신에게 가장 필요한 거라고 말할 때, 주는 사람은 정말 기쁘다. 하나님께서 내게 말씀하신 대로 듣고 순종했더니 놀랍게도 그런 일이 일어나는 걸 경험하기 때문이다. 하나님의 음성을 제대로 들었다는 것, 그분의 음성을 듣는 삶을 산다는 게 놀랍기 때문이다.

또 물건을 받는 사람도 원하던 걸 갖게 되어서가 아니라 하나님께서 내게 개인적으로 깊은 관심을 갖고 계시고, 내 모든 필요를 잘 아시며, 기도를 들으시고 응답하시는 분임을 경험한다. 하나님께서 내 모든 필요를 구체적으로 아시고 공급하시니 얼마나 감사한가!

이것이 플로잉(flowing, '계속 흐르게 한다'라는 뜻으로 서로 나누는 삶을 말함)의 가장 큰 기쁨이다. 선물을 주고받는 것보다 말씀하시는 하나님의 음성을 듣는 기쁨이 크기 때문이다.

하나님의 음성을 듣는 방법이 중요한 게 아니다. 말씀하시는 하나님과 교제하는 게 중요하다. 또한 주께서 말씀하신 음성을 들을 뿐 아니라 그 말씀대로 사는 삶이 중요하다. 하나님께서는 그런 사람에게 말씀하신다. 그런 사람이 하나님의 음성을 들을 수 있다.

나는 하나님의 음성을 왜 들어야 하는지 배웠다   김미진

나는 큰 대가 지불을 하고서야 하나님의 음성을 들어야 하는 이유

를 알게 되었다. 아버지께서 자녀를 먼저 보고 싶어 하시고, 교제하고 싶어 하셨다. 나를 이 땅에 보내신 목적을 가르쳐주고 싶어 하셨다. 이 땅에서 풍성한 열매 맺는 삶, 복 받는 삶, 나를 통해 다른 사람들에게 복이 흘러가는 삶은 어떻게 살 것인지, 또한 아버지께 영광을 돌려드리는 삶은 대체 무엇인지를 내게 말씀해주길 원하셨다.

하나님의 음성을 듣는 삶의 기본 목표는 무엇인가? 하나님은 사랑을 주기도 하고, 받기도 하는 인격체이시다. 참된 아가페의 사랑으로 서로 사랑하는 것처럼 하나님과의 사랑의 관계 안에서 예수 그리스도를 닮아가야 한다. 반대로 우리의 삶이 외롭고 공허하다면 하나님과 멀어졌기 때문이다.

그때에 너희는 그리스도 밖에 있었고 이스라엘 나라 밖의 사람이라. 약속의 언약들에 대하여는 외인이요, 세상에서 소망이 없고 하나님도 없는 자이더니, 이제는 전에 멀리 있던 너희가 그리스도 예수 안에서 그리스도의 피로 가까워졌느니라. 엡 2:12,13

우리가 하나님의 음성을 들으면 나 자신만이 아니라 다른 사람들도 보호된다. 힘이나 권위를 가진 사람들이 그것을 악용하여 부당하게 대하고, 이치에 맞지 않는 말을 하고, 이단들이 다가올 때, 우리가 하나님의 음성을 들을 줄 알면 우리는 물론이고 사랑하는 사람들과 교회를 보호할 수 있다.

chapter 2

말씀하시는 하나님

하나님은 지금도 말씀하시는가

창세기 1장부터 요한계시록 22장까지 성경 전체를 통해 하나님은 말씀하시는 분임을 보여주신다.

창세기 1장 1절과 3절에 "태초에 하나님이 천지를 창조하시니라. … 하나님이 이르시되, '빛이 있으라' 하시니 빛이 있었고…"라고 기록하고 있다. '빛이 있으라'라고 하나님께서 말씀하셨다. 그 말씀대로 빛이 있었다. 요한계시록 22장 20절에 예수께서 "내가 진실로 속히 오리라"라고 약속하셨다. 하나님은 말씀하시는 분이다.

모세와 하나님의 관계

여호와께서 회막에서 모세를 부르시고 그에게 말씀하여 이르시되, "이스라엘 자손에게 말하여 이르라. 너희 중에 누구든지 여호와께 예물을 드리려거든 가축 중에서 소나 양으로 예물을 드릴지니라." 레 1:1,2

이 말씀은 하나님과 모세의 관계를 잘 보여준다. 모세는 단지 하나님이 계시다는 걸 믿고 따르기만 하지 않았다. 모세는 하나님의 음성을 들으며 그분과 교제했다. 하나님께서 "모세야, 모세야" 하며 그의 이름을 부르셨다. 뿐만 아니라 그가 구체적으로 무엇을 해야 할지를 말씀하셨다. 하나님과 모세의 관계는 인격적인 관계였다.

모세는 하나님과 대화했다. 그분의 음성을 들었다. 레위기에는 복잡한 제사 규례, 제사장 규례, 절기 등 그분의 백성들이 하나님을 어떻게 섬겨야 할지 구체적으로 기록되어 있다. 그것들은 모세의 생각이 아니다. 하나님께서 말씀하신 걸 그가 듣고 기록한 것이다.

나는 대학 때 의도적으로 역사 과목을 많이 수강했다. 서양고대사, 중세와 근세와 현대사, 미국개척사, 동양근대사, 한국사, 역사철학 등을 공부했다. 특히 서양고대사 과목이 흥미로웠다. 그 과목을 가르치는 교수는 세계적인 권위자였다. 그는 모세를 '탁월한 유대교의 창시자'라고 소개했다.

모세는 이집트 왕자로서 당시의 이집트 문명과 메소포타미아 문명을 공부했다. 세계 4대 문명지 중 두 곳이 팔레스타인을 가운데 두고 서로 인접해 있었다. 이집트 문명은 태양을, 메소포타미아 문명은 달을 중심으로 발달했다. 각각 종교, 철학, 점성학, 역사, 수학, 의학, 예술 등이 발달했다. 그리고 두 문명은 서로 교류가 있었다. 당시에 이미 팔레스타인에는 두 문명을 연결하는 '왕의 대로'(King's Road)가 있었다.

모세는 이 양대 문명을 배웠다. 순교자 스데반은 "모세가 애굽 사람의 모든 지혜를 배워 그의 말과 하는 일들이 능하더라"(행 7:22)라고 증거했다. 모세는 두 문명의 종교 의식과 그것에 관한 모든 사항들을 배웠을 것이다.

고대서양사 교수는 모세가 두 문명의 종교에서 가장 좋은 것을 선택해서 '유대교'라는 독특한 종교를 창시했다고 강의했다. 그는 모세오경에 나타난 것 중에 많은 부분들을 당시의 두 문명에서 찾아볼 수 있다며 증거를 제시했다. 많은 사람들은 그 교수의 강의를 들으며 공감했다. 그러나 나는 받아들일 수가 없었다. 특히 모세를 유대교의 창시자라고 하는 부분이 그랬다.

자연 종교와 계시 종교

종교는 일반적으로 자연 종교와 계시 종교로 구분한다. 자연 종교는 사람으로부터 출발한다. 사람이 신(神)을 탐구하는 것이다. 사람의 지혜와 생각, 그리고 경험이나 상상을 통해 신에 대해 정의하고 종교 의식을 제정한다. 반면에 계시 종교는 하나님으로부터 출발한다. 하나님께서 사람에게 스스로를 소개하신다. 그리고 그분께 접근하는 길과 교제하는 길을 보여주신다.

기독교는 자연 종교가 아니라 계시 종교다. 하나님께서 직접 스스로를 우리에게 나타내신다. 우리가 어떻게 하나님께 나아갈 수 있는지를 보여주시고, 구원의 길을 제시하신다. 그렇게 함으로써 사람은 하나님의 존재와 구원의 길을 알게 되고, 그분과 교제하는 법도 알게 된다. 이것이 계시 종교다.

유한한 인간이 무한하신 하나님을 안다는 건 불가능하다. 무한하신 하나님이 스스로를 우리에게 보여주실 때 비로소 우리는 하나님이 누구신지, 그분을 통해 어떻게 구원을 얻으며, 그분과 교제하는지를 알게 된다.

레위기는 제사 의식에 관한 내용으로 가득하다. "여호와께서 회막에서 모세를 부르시고 그에게 말씀하여 이르시되"(1:1)로 시작한다. 그리고 이후의 구절들은 하나님께서 모세에게 말씀하신 내용이다.

출애굽기는 이스라엘 백성이 출애굽한 이후 시내산 아래에 머물며 장차 하나님의 백성으로 살아야 할 규례를 하나님께 듣고, 또한 하나님을 예배하는 성막을 그분이 지시하신 대로 완성하는 내용이다.

하나님을 예배하는 성막은 어떻게 지어졌을까?

성막 곧 증거막을 위하여 레위 사람이 쓴 재료의 물목은 제사장 아론의 아들 이다말이 모세의 명령대로 계산하였으며, 유다 지파 훌의 손자요 우리의 아들인 브살렐은 여호와께서 모세에게 명령하신 모든 것을 만들었고, 단 지파 아히사막의 아들 오홀리압이 그와 함께하였으니, 오홀리압은 재능이 있어서 조각하며 또 청색 자색 홍색 실과 가는 베 실로 수 놓은 자더라. 출 38:21-23

이다말이 작성한 건축 물목(物目)은 하나님께서 모세에게 말씀하신 대로 계산한 것이었다. 건축가인 브살렐은 자기가 원하는 건축 양식을 따르지 않고, 오직 하나님께서 모세에게 명령하신 대로 만들었다. 탁월한 조각가요 의상 디자이너인 오홀리압도 자신의 예술적 경향을 따르지 않고, 하나님께서 모세에게 말씀하신 대로 만들었다.

출애굽기 39장과 40장을 보라. 39장 1절에 "그들은 여호와께서 모세에게 명령하신 대로 청색 자색 홍색 실로 성소에서 섬길 때 입을 정교한 옷을 만들고 또 아론을 위해 거룩한 옷을 만들었더라"라고 했다.

오홀리압은 제사장의 옷을 만들 때 자신의 실력으로 만들지 않았다. 또한 모세의 생각을 따라 만들지도 않았다. 그는 "여호와께서 모세에게 명령하신 대로" 만들었다. 모세는 하나님의 말씀을 듣고 그대로 만들어줄 것을 전문가들에게 명령했다. 모세나 전문가의 생각이 조금도 들어가지 않았다. 오직 하나님의 말씀을 따라 만들었다.

출애굽기 39장에는 이런 말씀이 열 번이나 기록되었으며, "여호와께서 모세에게 명령하신 대로 이스라엘 자손이 모든 역사를 마치매, 모세가 그 마친 모든 것을 본즉 여호와께서 명령하신 대로 되었으므로 모세가 그들에게 축복하였더라"(42, 43절)라고 마친다.

40장 16절에 "모세가 그같이 행하되, 곧 여호와께서 자기에게 명령하신 대로 다 행하였더라"라고 했다. 40장에는 이 말씀이 여덟 번이나 언급되었다.

여호와께서 모세에게 명령하신 대로 이스라엘 자손이 모든 역사를 마치매, 모세가 그 마친 모든 것을 본즉, 여호와께서 명령하신 대로 되었으므로, 모세가 그들에게 축복하였더라. 출 39:42,43

모세의 역할은 감리사이다. 감리사의 역할은 건축가가 설계도면에 있는 대로 건축하는지를 감독하는 것이다. 그래서 모세는 브살렐과 오홀리압이 하나님께서 명령하신 대로 만드는지를 살폈다. 그는 자기 마음대로 성막을 짓지 않았다. 그의 생각으로 규칙을 세우지 않았고, 사람들과 의논하거나 협의하거나 토론하지도 않았다.

그렇다고 의견을 내고, 토론하고, 협의하는 일을 하지 말라는 게 아니다. 그것은 하나님의 뜻을 알아가는 데 있어서 아주 중요한 요소다. 그러나 그것에만 의지하면 안 된다. 우리는 대화하고 의논하면서도 언제나 하나님의 음성에 귀를 기울여야 한다.

하나님께서 모세에게 구체적으로 말씀하신 내용이 매우 놀랍다. 어떤 기계식(전자식) 입력 방식이 아니라 모세의 습관, 기질(내향성이거나 외향성, 논리적이거나 감정적, 숙고형이거나 행동형 등), 그의 배경(시대, 문화, 언어, 학문, 경험 등)을 통해 인격적으로 말씀하신다. 그래야 알아듣고 행동하기가 쉽기 때문이다.

모세오경을 보면 모세를, 바울 서신을 보면 바울을 알 수 있다(그래서 얼핏 보면 성경의 저자가 모세나 바울인 것 같다. 그러나 성경의 저자는 하나님이시다). 하나님께서는 우리의 상황을 충분히 살피시면서 알아듣기 쉽게 말씀하신다.

하나님의 음성을 듣는 게 가능한가

내가 하나님의 음성을 들을 수 있을까? 일반적으로 우리는 가능하지 않다고 생각한다. 그것은 하나님과 나 자신에 대한 많은 오해에서 비롯된다.

- 하나님은 바빠서 나와 대화할 시간이 없으시다.
- 나는 별로 중요한 존재가 아니다.
- 하나님은 나 같은 낮은 자, 죄인과는 대화할 마음이 없으시다.
- 연약하고 허물이 많고, 단점 투성이인 내가 거룩하신 창조주 하나님과 친밀한 사귐의 표현인 그분의 음성을 들을 수 있을까?

이러한 생각들이 내가 하나님의 음성을 듣는 게 가능하지 않을 거라고 부추긴다. 그러나 하나님이 누구신지, 우리가 누구인지를 안다면 그분의 음성을 듣는 게 가능함을 확신하게 될 것이다.

하나님은 누구신가 - 무한하며 인격적이시다

어떤 사람들은 하나님을 내 죄만 살피는 무섭고 두려운 심판주로 이해한다. 높은 보좌에 앉아서 낮은 나를 바라보는 왕으로 이해한다. 하나님을 위협적이고 엄격하고 딱딱하고 율법적이라고 생각한다. 그분은 웃지도 않으신다. 그분을 충분히 알지 못하기 때문에 발생하는 오해이다.

모세가 하나님께 질문했다. "사람들에게 하나님을 누구라고 소개해야 할까요?" 그때에 하나님께서 "여호와 또는 야훼"라고 자신을 소개하셨다. 이는 "나는 스스로 있는 자이다"라고 번역할 수 있다. 이것이 하나님의 명함이다(출 3:13-15 참조).

'여호와 하나님'을 가장 쉽게 이해할 수 있는 건 '아버지이신 하나님', '친구이신 하나님', '목자이신 하나님'이다. 하나님을 나타내는 말씀에서 알 수 있듯이 마음을 나눌 수 있는 친구요, 내 삶을 인도하시는 목자요, 나를 사랑하고 지지하고 돌보시는 아버지이다.

> 너의 하나님 여호와가 너의 가운데에 계시니 그는 구원을 베푸실 전능자이시라. 그가 너로 말미암아 기쁨을 이기지 못하시며, 너를 잠잠히 사랑하시며, 너로 말미암아 즐거이 부르며, 기뻐하시리라. 습 3:17

나를 보며 즐거이 노래를 부르시며, 기쁨을 이기지 못하시며, 잠잠히 사랑하시는 전능자 아버지인 하나님을 바라보라!

하나님은 누구신가를 더 살펴보자.

첫 번째, 하나님의 본질 – 우리가 절대로 닮을 수 없는 하나님이다. 모든 것을 할 수 있는 전능자, 전지(全知)하고, 무소부재(無所不在)하며, 영원한 하나님이시다.

두 번째, 하나님의 인격 – 우리가 이미 닮은 하나님이다. 이는 하나님의 지정의(知情意)를 말한다. 즉, 하나님께는 무엇에 대해 아는 지식, 기쁨이나 슬픔, 근심 등의 감정과 결정하는 의지가 있다. 우리는 그런 하나님의 형상대로 지음을 받았다. 이는 하나님의 인격성을 말한다. 우리가 지식이나 감정과 의지를 가진 인격적인 존재인 건 하나님의 인격을 따라 우리를 창조하셨기 때문이다.

세 번째, 하나님의 성품－우리가 앞으로 닮아가야 할 하나님이다. 우리가 일반적으로 많이 말하는 하나님의 성품이 여기에 해당한다. 예를 들면 신실하신 하나님, 긍휼의 하나님, 은혜의 하나님, 정직하신 하나님, 거룩하신 하나님, 사랑의 하나님, 공의의 하나님이다.

하나님의 음성을 들으면서 그분과 교제하며 섬길 때 이 세 가지 성품에 대한 이해가 꼭 필요하다. 하나님은 무한하시다. 동시에 인격이시다. 능력의 한계가 없는 창조주이시고, 전지하고, 영원하며 무소부재하시다. 하나님은 한계가 없으시다. 이것이 하나님의 무한성이다. 또한 우리에게 말씀하시며, 우리의 말을 듣고 생각하고 느끼고 결정하시는 분이다. 사물을 인식하고 분석하고 파악하고 결론내리실 수 있다. 이것이 하나님의 인격성이다.

나는 누구인가 － 유한하며 인격적이다

인간과 하나님 사이의 엄청난 간격을 생각하면 하나님의 음성을 들을 가능성이 전혀 없다. 유한한 피조물인 사람이 어떻게 무한하신 창조주 하나님과 사귐을 가질 수 있을까? 어떻게 그분의 음성을 들을 수 있을까? 창조주의 음성을 피조물인 내가 들을 수 있을까? 이것은 개미가 사람과 대화하려는 것보다 더 어려운 게 아닐까?

이런 시각으로 보면 사람이 하나님의 음성을 듣는 게 불가능해 보인다. 그런데 참으로 놀라운 길이 있다. 피조물인 유한한 사람이 창조주이신 무한하신 하나님과 사귐을 가지며, 그분께 말하고 그분의 음성을 들을 수 있는 길이 있다.

나는 유한하지만 인격적인 존재이다. 하나님은 무한하시지만 인격적인 존재이시다. 그러므로 하나님과 나의 만남은 바로 인격과 인격의 만남으로 가능하다.

창세기 1장 26절에 하나님께서 "우리의 형상을 따라 우리의 모양대로 우리가 사람을 만들자"라고 하셨다. 만물과 달리 오직 사람만을 하나님의 형상으로 만드셨다. 이것이 사람의 위대성이요, 다른 피조물과의 구별성이다.

인격이신 하나님을 따라서 우리를 인격적인 존재로 지으셨다는 것이다. 우리가 말하고, 듣고, 생각하고, 느끼고, 이해하고, 결정하며, 행동으로 옮기는 건 인격적인 존재이기에 가능하다.

하나님은 어떤 분이실까? 거울 앞에 가 보면 알 수 있다. 거울에 비친 나를 통해 그분의 모습이 보인다. 나를 보면 하나님을 볼 수 있다. 하나님이 원본(original)이시고, 나는 그분의 사본(copy)이다. 사본인 나를 보면 원본인 하나님이 보인다.

이것이 하나님과 교제를 가능하게 한다. 우리는 처음부터 하나님과 대화하도록 지어졌다. 그분과 사귐을 갖도록 지음을 받았다. 그분과 소통하는 존재로 지어졌다. 인격이신 하나님께서 우리를 인격적인 존재로 지으셨다. 이것이 바로 하나님의 음성을 들을 수 있는 가장 큰 이유다.

하나님은 무한하고 전능하시며 높은 데 계시지만 오히려 자기를 낮추시고 우리와 같이 되셔서 대화하신다. 이것은 피조물 된 우리의 영광이요 특권이다! 여기에서 우리는 하나님의 겸손하심과 사람을 사랑하심을 볼 수 있다.

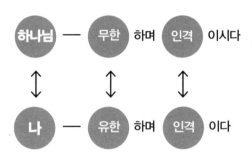

여호와 우리 하나님과 같은 이가 누구리요, 높은 곳에 앉으셨으나 스스로 낮추사 천지를 살피시고, 시 113:5,6

하나님과 관계 – 일방적인가, 쌍방적인가

우리는 때로 하나님께 일방적으로 기도한 후에 "예수님의 이름으로 기도합니다, 아멘" 하며 마친다. 이것은 '일방적인 소통'(one-way communication)이다. 그런 대화로는 서로의 관계가 발전할 수 없다. 친밀감이 없다.

관계의 친밀감은 말하고 듣고, 듣고 말하는 쌍방의 대화가 오갈 때 이루어진다. 하나님과 관계도 마찬가지다. 내가 하나님께 말하고, 하나님께서 내 말을 듣고 응답하시며, 그분이 내게 말씀하시면 내가 듣는, '쌍방적인 소통'(two-way communication)이 되어야 한다. 그래야 인격적인 관계가 형성되고, 교제가 되며 관계가 발전한다.

> 너는 내게 부르짖으라.
> 내가 네게 응답하겠고,
> 네가 알지 못하는
> 크고 은밀한 일을 네게 보이리라.
>
> 렘 33:3

첫째, "너는 내게 부르짖으라"라고 명령하신다. 부르짖는 기도, 내가 하나님께 드리는 기도다.

둘째, "내가 네게 응답하리라"라고 약속하신다. 내가 기도하면 하나님께서 내 기도에 응답하신다. 그러므로 우리는 그분의 응답을 들어야 한다. 하나님의 음성을 듣는 기도다.

셋째, "네가 알지 못하는 크고 비밀한 일을 네게 보이리라"라고 말씀하신다. 하나님께서 구체적으로 말씀하시고, 우리는 그분의 음성을 듣는다. 하나님의 뜻과 생각과 계획을 세밀히 말씀하신다. 그러므로 우리는 구체적으로 말씀하시는 하나님의 음성에 귀를 기울인다.

우리는 일방적으로 하나님께 부르짖기만 하는 게 아니라 응답하시는 하나님의 음성을 들을 수 있다. 내가 기도할 때 하나님께서 들으신다. 그리고 그 기도에 응답하시고, 나는 그분의 음성을 듣는다. 내가 하나님께 말할 때도, 하나님께서 내게 말씀하실 때도 구체적이다. 이같이 우리와 하나님의 관계는 일방적이지 않고 쌍방적이다.

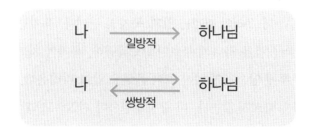

주는 나의 하나님이시니 나를 가르쳐 주의 뜻을 행하게 하소서. 주의 영은 선하시니 나를 공평한 땅에 인도하소서. 시 143:10

네가 부를 때에는 나 여호와가 응답하겠고, 네가 부르짖을 때에는 내가 여기 있다 하리라. 사 58:9

양과 목자

문지기는 그를 위하여 문을 열고 양은 그의 음성을 듣나니 그가 자기 양의 이름을 각각 불러 인도하여 내느니라. 자기 양을 다 내놓은 후에 앞서 가면 양들이 그의 음성을 아는 고로 따라오되, 타인의 음성은 알지 못하는 고로 타인을 따르지 아니하고 도리어 도망하느니라. 요 10:3-5

내 양은 내 음성을 들으며, 나는 그들을 알며 그들은 나를 따르느니라.
요 10:27

요한복음 10장은 양과 목자의 관계를 설명하시는 예수님의 말씀이다. 예수님과 우리의 관계는 양과 목자의 관계다. 목자는 양의 우리에서 양의 이름을 하나씩 부르며 인도해낸다. 목자가 자기 양을 다 내어놓은 후에 앞서가면 양이 그의 음성을 알고 따라온다. 양은 타인의 음성은 따르지 않는다. 이 광경이 얼마나 친밀하고 인격적인가!

실제로 아프리카 케냐에서 8년간 목자로 살았던 필립 켈러(Philip Keller)는 시편 23편을 통해 양과 목자의 관계를 설명하는 《양과 목자》(생명의말씀사 간)를 출간했다.

어느 날, 그가 친구 목자와 들판에서 만나 잠시 교제했다. 두 목자에게 속한 수백 마리의 양 떼가 서로 섞여 사방으로 흩어져 풀을 뜯었다. 그들은 교제를 마친 후 헤어져서 각자의 길을 갔다. 그들 앞에 있는 양의 모습은 거의 비슷했다. 어떻게 네 양과 내 양을 구별하여 데려갈 것인가? 필립 켈러가 엉켜서 놀고 있는 양에게 "얘들아, 가자"라고 했다. 그러자 그 음성을 듣고 자연스럽게 두 떼로 나뉘어 자기 목자를 따라갔다.

- 목자는 자기 양의 이름을 안다.
- 양은 자기 목자의 음성을 안다.

• 목자가 앞서가면 양은 그의 음성을 들으며 따른다.

이것은 양과 목자 사이의 절대적이고 자연스러운 관계를 보여준다. 특별히 목자가 양을 앉혀놓고 장시간에 걸쳐 자신의 음성을 알아듣는 방법을 가르친 게 아니다. 목자가 양에게 말하고, 그들을 돌보고 살피며 함께 시간을 보내는 동안에 양이 목자의 음성을 자연스럽게 알게 된 것이다. 관계 속에서 나오는 친밀감이다.

'안다'는 건 지식적인 영역이 아니라 인격적인 영역이다. 시간을 내어서 서로 교제하는 것이다. 그래서 아는 것과 음성을 듣는 건 언제나 함께한다.

나도 네게 할 말이 많단다 김미진

나는 하나님께 기도할 때 기도를 한 개라도 빠뜨리지 않기 위해 기도 제목을 노트에 적는다. 먼저 주님께 찬양과 감사기도를 한다. 사도신경으로 시작하고 노트에 기록한 순서대로 기도하고 주기도문으로 마치고 기도실을 나온다.

그렇게 기도하고 나오는 어느 날이었다. 밖에서 들리는 소리인지, 내면에서부터 들리는 것인지, 내 생각에서 떠오르는 말씀인지 구별하지 못할 때였다.

'너만 말하고 가니? 나도 네게 할 말이 많단다.'

하나님께서 내게 하실 말씀이 많다는 사실에 놀랐다.

'나만 하나님께 기도하면 되는 줄 알고 있었는데….'

성경은 하나님과 성도들의 관계를 일방적이 아니라 쌍방적 관계로 말씀하신다. 언제나 우리에게 친구요, 아버지로서 말씀하신다. 하나님께서는 아담에서부터 아브라함, 모세, 사도 바울, 요한에 이르기까지 일대일로 말씀하신다. 이사야, 느헤미야, 마리아, 베드로도 간접적으로 만나지 않으셨다. 이들과 하나님의 교제의 특징은 일방적이지 않다는 것이다.

이 시대에도 하나님과 인격적인 교제와 대화를 매일의 영적 양식으로 여기며 우리의 삶에 큰 도전을 주는 영적 지도자들이 많다. 어거스틴, 마르틴 루터, 존 웨슬리, 찰스 스펄전, A. W. 토저, 헨리 나우웬, 홍성건 등.

당신은 하나님의 음성을 듣는 삶을 사는 그리스도인인가? 그분과 날마다 교제하는 삶을 사는 그리스도인인가? 그렇다면 그리스도 안에서 믿을 만한 충분한 증거가 있어야 한다. 내면이 날마다 새로운 성품으로 주님을 닮아가는 중이어야 한다.

나도 하나님의 음성을 들을 수 있는가

그렇다! 예수 그리스도를 자신의 구주로 믿고 영접한 사람이라면 자연스럽게 하나님의 음성을 들을 줄 알게 된다. 예수님을 믿을 때 성령으로 말미암아 그분이 누구신지 알게 하신다.

너희는 다시 무서워하는 종의 영을 받지 아니하고, 양자의 영을 받았으므로 우리가 아빠 아버지라고 부르짖느니라. 성령이 친히 우리의 영과 더불어 우리가 하나님의 자녀인 것을 증언하시나니, 롬 8:15,16

성령을 통해 우리는 하나님께서 우리 아버지이시며 우리가 하나님의 자녀임을 알게 된다. 하나님의 영이신 성령께서 나로 하여금 예수님을 믿게 하고, 또 성령으로 거듭나게 하셨다. 또한 우리가 하나님을 알고, 그분과 교제할 수 있도록 우리를 도우신다.

내가 너희를 여러 나라 가운데에서 인도하여 내고 여러 민족 가운데에서 모아 데리고 고국 땅에 들어가서, 맑은 물을 너희에게 뿌려서 너희로 정결하게 하되 곧 너희 모든 더러운 것에서와 모든 우상 숭배에서 너희를 정결하게 할 것이며, 또 새 영을 너희 속에 두고 새 마음을 너희에게 주되, 너희 육신에서 굳은 마음을 제거하고 부드러운 마음을 줄 것이며, 또 내 영을 너희 속에 두어 너희로 내 율례를 행하게 하리니 너희가 내 규례를 지켜 행할지라. 겔 36:24-27

이 말씀은 우리가 예수 그리스도를 믿을 때 일어나는 일들을 구체적으로 보여준다. 예수님의 보혈로 내 모든 죄를 깨끗하게 하시고 용서하셨다. 그리고 내 속에 "새 영"을 두시고 "새 마음"을 주셨다.

새 마음은 하나님의 뜻에 무관심하고 거역하는 돌같이 딱딱한 마음이 아니라 그분의 뜻에 순종하는 부드럽고 민감한 마음이다. 우리에게 두신 새 영은 우리가 거듭날 때 주신 영이다. 이것으로 우리가 하나님을 알 수 있고, 그분과 대화할 수 있다.

그리고 하나님은 그분의 영, 즉 성령을 우리 가운데 두신다. 성령께서 우리의 영을 활성화하여 우리가 하나님을 알 수 있고, 그분의 음성을 들으며 교제할 수 있도록 도우신다. 또한 우리가 그분의 뜻을 따라 살기 원하는 마음을 주시며, 그렇게 살 수 있는 힘도 주신다. 우리가 주님과 지속적인 교제를 할 때, 우리의 영이 하나님을 알고, 그분의 음성을 듣는 데 점점 익숙해지고 민감하게 된다.

아기가 태어나서 제일 먼저 만나는 사람이 엄마다. 하지만 태어나자마자 엄마를 인식할 수는 없다. 매일 함께 지내며 엄마를 아는 기능이 발달하기 시작한다. 어떤 지식이 없고, 말 한마디 못해도 엄마인 걸 알게 된다. 먼저는 후각으로 엄마를 알고, 곧 촉각으로 안다. 그리고 점점 지각이 발달한다. 어느 정도 지나면 말하기 시작하고, 대화가 가능해진다. 구체적인 내용까지 말하게 된다.

하나님과 우리의 관계도 동일하다. 안수기도를 받는다고 즉시 하나님과 가까워지는 게 아니라 얼마나 지속적으로 주님과 관계를 갖는가에 달려 있다.

하나님의 음성을 듣는 삶 – 사무엘의 경우

사무엘은 한나가 하나님께 전심으로 기도하며 낳은 아들이다. 한나는 아들을 주시면 그의 평생을 하나님께 바치겠다고 서원했고, 아이가 젖을 뗀 후에 하나님께 바쳤다.

사무엘 당시의 영적 상황

아이 사무엘이 엘리 앞에서 여호와를 섬길 때에는 여호와의 말씀이 희
귀하여 이상이 흔히 보이지 않았더라. 엘리의 눈이 점점 어두워가서 잘
보지 못하는 그때에 그가 자기 처소에 누웠고, 삼상 3:1,2

이 말씀은 당시의 사무엘과 엘리에 대해 말한다. 이 말씀에서 중요
한 것은 '때'이다. 두 번 언급되는데, 아이 사무엘이 하나님을 섬길 때
와 당시의 영적 지도자인 엘리의 눈이 점점 어두워가는 때를 말한다.

아이 사무엘이 하나님을 "섬길 때"는 어떤 때인가? 사무엘이 어린
아이일 때다. 사무엘은 젖을 떼자마자 하나님께 바쳐졌다. 아마도
만3세에서 6세 미만이었을 것이다. 요즘 유치원에 다니는 연령이다.
이때 사무엘은 엘리 앞에서 여호와를 섬겼다. 대제사장인 엘리가 성
소에서 하나님을 섬길 때 사무엘은 그의 보조 역할을 했다.

그때는 여호와의 말씀이 희귀하여 이상(異像)이 흔히 보이지 않았
다. 이것은 당시의 영적 상태를 보여준다. "여호와의 말씀이 희귀하
다"라는 건 성경책이 없거나 성경 공부를 하는 그룹이나 성경을 가르
치는 선생이 없었다는 게 아니다.

지금의 북한이나 1980년대 중국의 상황에서나 공산주의 붕괴 전
의 공산주의 진영에서는 성경책이 희귀했다. 교회의 문은 강제로 닫

혀 있었다. 사역자들은 감옥에 갇혔다. 당시 공산 진영의 그리스도인들은 자유 진영에서 방송하는 라디오에서 흘러나오는 메시지를 듣기 위해 목숨을 걸어야 했다. 브라더 앤드류(Brother Andrew)의 《하나님의 밀수꾼》(죠이선교회 간)이란 제목만 보아도 그 상태를 짐작할 수 있다.

그런데 아이 사무엘 당시에 말씀이 희귀했다는 의미는 이와 다르다. 성경책도, 성경 공부하는 그룹도, 성경을 가르치는 선생도 있었지만 문자를 넘어서서 지금도 내게 말씀하시는 하나님에 대한 이해가 없었다.

"오늘 아침에 하나님 앞에 기다릴 때 내게 말씀하시는 그분의 음성을 들었습니다", "하나님께서 오늘 내게 이런 말씀을 하셨습니다."

이런 말들이 희귀했다는 것이다. 그런 영적 분위기에서는 하나님의 음성을 듣는 건 어떤 특별한 목사님이나 신령한 기도원 원장에게나 해당된다고 말할 것이다. 누가 하나님의 음성을 들었다고 하면 그를 감히 쳐다볼 수 없는 대단히 높은 차원의 신령한 사람으로 바라볼 것이다. 그래서 보통의 사람들은 하나님의 음성을 들을 생각도 하지 않고 기대조차 없었다. "여호와의 말씀이 희귀하다"라는 건 이런 영적 상태를 의미한다.

30년 전에 청년 대학생들을 훈련시킨 후에 팀을 이루어 시골 교회들을 방문해서 섬기고, 함께 전도하도록 했다. 교회는 이들에게 주일 저녁예배나 수요예배 때 나눌 수 있는 기회를 주곤 했다. 대학생

전도팀들은 찬양을 부르고 간증을 하거나 드라마를 했다. 지금은 흔하지만 당시에는 이런 것들이 거의 없어서 교회에서는 이들을 환대했다.

그런데 청년들이 "제가 아침에 말씀을 묵상하다가 하나님의 음성을 들었습니다"라고 들은 바를 나누면 바로 여기저기서 수군거리기 시작했다. "이단이 왔나보다", "아니, 저 어린 대학생이 하나님의 음성을 들었다고?" 하며 놀랐다. 그런 일로 곤욕을 치른 적도 있었다.

대학을 졸업하고 선교 단체에 전임간사로 위탁하여 사역을 시작한 첫해에 개인적으로 잘 아는 목사님이 사무실로 전화를 해서 내게 제안하셨다.

"다 좋은데 하나님의 음성을 들었다는 말은 하지 않는 게 어떨까?"

이것이 당시 우리나라 교회의 영적 상태였다. 감사하게도 지금은 하나님의 음성을 듣는 삶을 당연하게 이해하고 있다. 그리고 대부분의 그리스도인들이 하나님의 음성 듣기를 사모한다.

하나님의 음성을 듣는 건 은혜다. 하나님은 말씀하시는 분이다. 또 우리와 교제하시기 위해 우리를 그분의 형상대로 지으셨다. 우리에게 그분의 음성을 들을 수 있는 기능을 주시고, 우리에게 말씀하신다. 음성을 듣는 사람이 더 낫고, 더 의롭고, 더 믿음이 깊은 게 아니다. 하나님의 음성은 모든 그리스도인이 들을 수 있다.

하나님께서 지금 내게 하시는 말씀이 무엇인가? 내가 지금 순종할 것은 무엇인가? 순종하는 삶을 살기 위해 변화해야 할 것이 있는가? 이런 질문을 자신에게 던져보라.

하나님의 음성을 듣는 삶은 귀하다. 그러나 그 음성에 순종하는 삶은 더 귀하다.

"엘리의 눈이 점점 어두워가서 잘 보지 못하는 그때"는 어떤 때인가? 그의 나이가 많아 눈이 침침해졌다는 것만이 아니다. 엘리는 백성들에게 하나님의 말씀을 전달하며 그들이 하나님과 만나게 하는 역할을 했다. 그런데 그의 영적인 눈이 갈수록 어두워졌다. 하나님과 관계가 점점 멀어졌음을 의미한다. 친밀감이 없어지고 갈수록 희미한 상태가 되어갔다.

늘 하던 대로 말씀을 전하고, 예배를 인도하고, 성도들을 이끌어가지만 예배는 갈수록 형식적이고, 냉랭하고, 딱딱하고, 메마른 상태가 되어갔다. 순서에 맞춰 진행되는 종교 의식, 예배 의식이 되어갔다. 그는 '말씀하시는 하나님'에게서 점점 멀어지고 있었다.

우리는 언제든지 성령께서 간섭하고, 말씀하고, 역사하고, 인도하시는 예배, 그분께 귀를 기울이고 이끄심을 받는 예배를 드려야 한다. 하나님의 임재가 있고, 역동적이고 기쁘며, 하나님의 말씀을 듣고, 그분께 감사하며 경배하는 예배여야 한다. 우리의 예배가 형식적으로 흘러가지 않고, 영적인 생동감을 잃지 않도록 해야 한다. 내 마음의 성소의 불이 꺼지지 않게 해야 한다.

이는 목회자나 찬양 인도자에게만 해당되는 게 아니다. 예배에 임하는 나를 돌아보아야 한다. 주일에 교회에 갈 때, 말씀을 보고 기도할 때 어떤가? 예배에 참석할 때는 어떤가? 하나님께서 나를 만지시고, 내게 말씀하시고, 내가 그분의 음성을 듣는 예배인가?

'오늘 설교 말씀을 통해 하나님께서 내게 하시는 말씀이 무엇인가'에 주의를 기울이면 예배를 드리는 자세가 달라진다. 설교자의 메시지를 비판하는 게 아니라 내게 말씀하시는 그분의 음성에 집중하게 된다. 하나님 앞에 갈망하는 마음으로 그 음성에 귀를 기울이며 전심으로 나아가야 한다. 지성소에 계시는 하나님 앞에 나아가야 한다.

사무엘은 왜 엉뚱한 데로 갔을까

하나님의 등불은 아직 꺼지지 아니하였으며 사무엘은 하나님의 궤 있는 여호와의 전 안에 누웠더니 여호와께서 사무엘을 부르시는지라. 그가 대답하되, "내가 여기 있나이다" 하고, 엘리에게로 달려가서 이르되, "당신이 나를 부르셨기로 내가 여기 있나이다" 하니 그가 이르되, "나는 부르지 아니하였으니 다시 누우라" 하는지라. 그가 가서 누웠더니 여호와께서 다시 사무엘을 부르시는지라. 사무엘이 일어나 엘리에게로 가서 이르되, "당신이 나를 부르셨기로 내가 여기 있나이다" 하니 그가 대답하되, "내 아들아, 내가 부르지 아니하였으니 다시 누우라" 하니라. 사무엘이 아직 여호와를 알지 못하고 여호와의 말씀도 아직 그에게 나타나지 아니한 때라. 여호와께서 세 번째 사무엘을 부르시는지라. 그가 일어나 엘리에게로 가서 이르되, "당신이 나를 부르셨기로 내가 여기 있나이다" 하니, 엘리가 여호와께서 이 아이를 부르신 줄을 깨닫고 엘리가 사무엘에게 이르되, "가서 누웠다가 그가 너를 부르시거든 네가 말하기를 '여호와여 말씀하옵소서. 주의 종이 듣겠나이다' 하라" 하니 이에 사무엘이 가서 자기 처소에 누우니라. 삼상 3:3-9

하나님께서 사무엘을 부르셨으나 사무엘은 엘리가 부른 줄 알고 그에게 갔다. 하나님께서 세 번이나 부르셨는데 그때마다 엘리에게로 갔다. 왜 엘리에게 세 번이나 갔을까? "사무엘이 아직 여호와를 알지 못하고 여호와의 말씀도 아직 그에게 나타나지 아니한 때"라고 했다.

사무엘은 말씀하시는 하나님을 몰랐다. 그에게는 하나님께서 말씀하시는 분이라는 생각 자체가 없었다. 그래서 당연히 엘리가 불렀다고 생각하고 그에게 갔다. 왜 그랬을까?

그가 하나님을 알 수 있는 건 엘리를 통해서였다. 엘리가 예배를 인도하면서, 혹은 개인적인 대화 가운데 "내가 하나님의 음성을 들었다", "오늘 아침에 하나님께서 이런 말씀을 하셨다"라고 말한 적이 없었던 것이다. 토저(A. W. Tozer)는 교회의 성도들의 영적인 수준은 담임목회자의 수준을 넘지 못한다고 했다.

안타깝게도 엘리 제사장의 이런 영적 상태는 온 성도를 영적으로 약하게 만들었다. 아이 사무엘 당시 하나님의 말씀이 희귀한 상태가 된 것은 그의 영의 눈이 점점 어두워가는 데 영향을 받았기 때문이다.

하나님께서 세 번째로 사무엘을 부르시자 그가 또 일어나 엘리에게 갔다. 그제야 엘리는 하나님께서 사무엘을 부르시는 줄 알았다.

그래서 사무엘에게 말한다.

"내가 부른 게 아니라 하나님께서 너를 부르고 계신다. 다음에 너를 또 부르시거든, 내게 오지 말고 바로 그 자리에서 너를 부르시는 하나님께 '주여 말씀하옵소서. 주의 종이 듣겠나이다'라고 말해라."

엘리의 눈은 점점 어두워졌지만 완전히 눈먼 건 아니었다. 어느 순간부터 하나님과 친밀한 관계와 그분의 음성을 듣는 삶에서 멀어졌지만 말씀하시는 하나님에 대한 기억이 남아 있었다.

터닝 포인트(turning point)

여호와께서 임하여 서서 전과 같이 "사무엘아! 사무엘아!" 부르시는지라. 사무엘이 이르되, "말씀하옵소서. 주의 종이 듣겠나이다" 하니, 여호와께서 사무엘에게 이르시되,
"보라, 내가 이스라엘 중에 한 일을 행하리니 그것을 듣는 자마다 두 귀가 울리리라. 내가 엘리의 집에 대하여 말한 것을 처음부터 끝까지 그날에 그에게 다 이루리라. 내가 그의 집을 영원토록 심판하겠다고 그에게 말한 것은 그가 아는 죄악 때문이니, 이는 그가 자기의 아들들이 저주를 자청하되 금하지 아니하였음이니라. 그러므로 내가 엘리의 집에 대하여 맹세하기를 엘리 집의 죄악은 제물로나 예물로나 영원히 속죄함을 받지 못하리라 하였노라" 하셨더라. 삼상 3:10-14

사무엘과 하나님이 처음 만나는 장면이다. 하나님께서 사무엘이

잠자는 처소에 임재하셔서 그의 이름을 부르셨다. 사무엘은 바로 응답했다.

"주여, 말씀하옵소서. 주의 종이 듣겠나이다."

아이 사무엘이 '하나님은 말씀하시는 분이다'라는 걸 알기 시작했다.

하나님께서 그날 밤에 사무엘에게 하신 말씀은 대제사장인 엘리 가정의 앞날에 관한 거였다. 당시 엘리는 대제사장이며 동시에 사사(士師)였다. 온 이스라엘의 영적, 정치적 리더였다. 따라서 그의 집안에 무슨 일이 일어난다는 건 곧 나라 전체에 영향을 미치는 거였다. 하나님은 어린 사무엘에게 나라의 앞날에 대해 말씀하셨다.

사무엘이 아침까지 누웠다가 여호와의 집의 문을 열었으나 그 이상을 엘리에게 알게 하기를 두려워하더니, 엘리가 사무엘을 불러 이르되, "내 아들 사무엘아" 하니, 그가 대답하되, "내가 여기 있나이다" 하니, 그가 이르되, "네게 무엇을 말씀하셨느냐? 청하노니 내게 숨기지 말라. 네게 말씀하신 모든 것을 하나라도 숨기면 하나님이 네게 벌을 내리시고 또 내리시기를 원하노라" 하는지라. 사무엘이 그것을 그에게 자세히 말하고 조금도 숨기지 아니하니 그가 이르되, "이는 여호와이시니 선하신 대로 하실 것이니라" 하니라. 삼상 3:15-18

그날 밤에 엘리는 많은 생각을 했을 것이다. 젊은 날에 가장 절박하고 갈급하던 때, 심령이 가난하고 목마름으로 주의 얼굴을 전심으로 구하던 때를 회상했을지도 모른다. 주께서 응답하시고, 그 기쁨과 즐거움으로 하나님과 인격적인 관계 속에 그분을 섬겼던 때를. 그러나 어느 순간부터 바빠지면서 점점 하나님과 멀어지다 급기야 딱딱하고, 냉랭하고, 습관적이고, 형식적인 예배를 드리는 종교지도자가 되어 있는 자신을 보았을 것이다. 아마 그는 자책과 후회와 착잡한 마음으로 잠을 이룰 수 없었을 것이다.

사무엘 또한 잠을 자지 못했을 것이다. '아, 하나님께서 바로 여기에 계시구나. 그분은 말씀하시는 분이구나. 어린아이인 내게도 말씀하시는구나!' 하며 놀라고 감격했을 것이다.

영적인 터닝 포인트(전환점) 중의 하나가 바로 하나님의 음성을 들을 때이다. 하나님의 음성을 듣기 시작하면 영의 눈이 떠져서 영적 실제를 보게 된다. 그때부터 비로소 '영적'이라는 말이 무엇인지 알게 되고, 하나님께 응답할 줄도 알게 된다. 그분과 관계가 새롭게 정립된다. 막연하고 형식적인 관계가 아니라 실질적이고 개인적인 관계가 되며, 깊고도 높은 영적인 차원으로 나아가기 시작한다. 그날 밤의 사건은 어린아이인 사무엘을 한순간에 영적인 거인으로 바꿔버렸다. 새로운 차원으로 삶을 옮겨버렸다.

또한 아이 사무엘은 하늘처럼 여기던 엘리 집안에 대한 하나님의 엄격한 심판 때문에 두려움과 놀라움에 사로잡혔을 것이다. 비록 어린아이지만 영적인 눈이 뜨이고, 모든 게 이해되기 시작하면서 보통 일이 아닌 걸 알게 되었다. 하나님의 말씀은 명확했다. 엘리는 그 자리에서 해고되고, 아들들은 죽음에 넘겨질 것이다.

하나님만 두려워하라

날이 밝자 사무엘은 평소처럼 먼저 여호와의 집의 문을 열었다. 엘리가 기다리고 있다가 그를 불러 엄하게 말한다.

"지난밤에 하나님께서 네게 무엇을 말씀하셨느냐? 내게 다 말해보아라. 조금도 숨기지 말라."

사무엘은 자신이 들은 걸 엘리에게 자세히 말하고, 조금도 숨기지 않았다. 그의 이 같은 반응을 통해 하나님께서 영적 어두움의 시대에 어린아이인 그를 부르신 이유를 알 수 있다.

그가 이렇게 생각할 수도 있었다.

'하나님께서 말씀하신 대로 말하면 엘리 제사장이 화낼 것이다. 그러면 내게 어떤 일이 생길까?'

그런데 사무엘은 엘리를 두려워하지 않았다. 엘리에게 듣기 좋은 말만 하지 않았다. 하나님께서 말씀하신 걸 모두 세세히 말했다. 사무엘은 사람을 두려워하지 않고, 하나님을 두려워했다. 하나님을 두려워한다는 건 사람을 두려워하지 않는 것이다. 사람을 기쁘게 하려 하지 않고, 오직 하나님만을 기쁘시게 하는 것이다. 사람을 기쁘게 하려는 사람은 사람의 눈치를 본다.

그날 사무엘은 하나님께 테스트를 받았다.

'앞으로 사무엘이 내 음성을 들을 수 있는가, 내 뜻을 그를 통해 말할 수 있는가?'

바울이 말했다. "이제 내가 사람들에게 좋게 하랴. 하나님께 좋게 하랴. 사람들에게 기쁨을 구하랴. 내가 지금까지 사람들의 기쁨을 구하였다면 그리스도의 종이 아니니라"(갈 1:10).

하나님의 말씀을 전달하는 사람, 또 그분의 말씀을 듣고 사는 사람의 중요한 자세는 하나님만 두려워하고 그분만 기쁘시게 하는 것이다. 사람을 기쁘게 하는 데 관심을 갖지 않아야 한다. 그래야 하나님께서 전하라는 말씀을 전할 수 있다. 하나님께서는 그런 사람에게 말씀하신다.

예레미야는 그것 때문에 큰 어려움을 당했다. 당시의 많은 선지자들은 왕에게 기쁨을 주고 싶어서 하나님께서 하신 말씀이 아니어도 하나님의 말씀인 것처럼 전했다. 그러나 예레미야는 하나님의 말씀만 듣고 전했다. 그로 인해 어떤 고난과 역경이 올지라도 오직 하나님만 두려워했다.

하나님의 말씀에 귀를 기울이고 그분의 말씀을 듣고 그대로 전달하는 게 말씀을 맡은 자의 책임이다. 하나님께서는 그런 사람을 붙들어주시고, 그를 통해 일하신다.

어린아이처럼 단순하라

엘리는 당시 나라 전체의 영적, 정치적 리더였다. 그런데 하나님께서 왜 그에게 말씀하지 않으시고, 겨우 예닐곱 살인 사무엘에게 말씀하셨을까?

어른은 자기의 지식과 경험, 이성적 판단을 의지하며 자기 생각이 많다. 이것은 하나님의 음성을 듣는 데 방해가 된다. 그러나 어린아이는 단순하여 하나님이 말씀하실 때 액면 그대로 듣는다. 이 점이 하나님의 음성을 듣는 데 매우 중요하다.

당시의 영적 상태는 매우 어둡고 우울하며 절망적이었지만 하나님께서는 그 가운데 빛을 보셨다. 사무엘은 어린아이임에도 불구하고 하나님을 사모했다. 그는 하나님의 궤가 있는 여호와의 전에 누웠다. 사람의 눈치를 보거나 사람을 두려워하지 않았다. 사람을 기쁘게 하려고도 하지 않았다. 비록 어리지만 하나님만을 두려워했다. 그분만을 기쁘시게 하고자 했다. 하나님은 사무엘을 통해 절망의 시대에 소망을 보셨다.

> 사무엘이 자라매 여호와께서 그와 함께 계셔서 그의 말이 하나도 땅에 떨어지지 않게 하시니, 단에서부터 브엘세바까지의 온 이스라엘이 사무엘은 여호와의 선지자로 세우심을 입은 줄을 알았더라. 삼상 3:19,20

이것은 사무엘의 평생의 삶을 집약시켜 놓은 것이다. 그의 말이 하나도 땅에 떨어지지 않았다는 건 그의 말에는 실없고 힘없는 말이 없었다는 것이다. 사무엘이 말할 때마다 항상 효과가 있었고, 역사가 있었다. 그의 말대로 일이 일어났다. 왜냐하면 하나님께서 그와 함께 계셨고, 권능을 주셨기 때문이다. 사무엘이 사람을 기쁘게 하지 않고, 자기 생각대로 말하지 않고, 항상 하나님께서 말씀하심을 듣고 그대로 전달했기 때문이다.

이것은 하나님의 음성을 듣는 삶에 있어서 매우 중요한 원칙이다. 단에서부터 브엘세바까지 즉, 이스라엘 전체가 사무엘이 여호와의 선지자로 세우심을 입은 줄 알았다. "그는 하나님의 사람이다. 하나님이 그를 세우셨다"라며 온 이스라엘이 사무엘을 존경하고 인정했다.

사무엘이 하나님의 말씀을 전할 때 하나님께서 그 말씀을 증거하셨다. 그 말씀에 기름부으신 것이다. 사무엘의 귀가 하나님의 음성에 기울여 들으면, 하나님께서는 그의 입의 말에 권세와 능력을 주셨다. 그리고 그의 말을 듣는 사람들은 마음으로 받아들이고 인정했다. 하나님의 말씀을 듣고 그것을 전달할 때 권위가 주어진다. 진정한 권위는 사람이나 단체나 조직에서 나오는 게 아니라 오직 하나님으로부터 주어질 때 나온다.

> 그러므로 이스라엘의 하나님 나 여호와가 말하노라. 내가 전에 네 집과 네 조상의 집이 내 앞에 영원히 행하리라 하였으나, 이제 나 여호와가 말하노니 결단코 그렇게 하지 아니하리라. 나를 존중히 여기는 자를 내가 존중히 여기고 나를 멸시하는 자를 내가 경멸하리라. 삼상 2:30

주께서 "나를 존중히 여기는 자를 내가 존중히 여기고 나를 멸시하는 자를 내가 경멸하리라"라고 말씀하신다. 이것이 하나님나라의 원칙이다. 하나님의 음성을 듣고 그것으로 내 삶을 돌아보아 행동으로 옮기면 하나님께서 "네가 나를 존중히 여기는구나"라고 말씀하신다. 그런데 하나님의 말씀을 듣길 거절하거나 들어도 잊으면 "네가 나를 멸시하는구나"라고 하신다.

인간관계도 마찬가지다. 내가 무언가를 말하는데 상대가 처음부터 듣기를 거절하거나 듣긴 들어도 아무 반응이 없다면 '아, 내가 지금 저 사람에게 무시를 당하는구나'라고 생각할 것이다.

우리가 하나님을 존중히 여긴다면 그분의 말씀을 '경청'해야 한다. 집중하여 귀를 기울여 '청종'해야 한다. "내 말에 귀를 기울이라. 나를 청종하라"라는 것은 하나님을 존중히 여기는 태도로 주님 앞에 나아가는 걸 말한다.

사무엘은 집중하여 하나님의 음성에 귀를 기울였다. 하나님이 말씀하시면 들은 그대로 전달했다. 이것이 다른 사람들과 다른 점이다. 하나님께서 사무엘을 붙들어주시고 함께하셨다. 그가 모든 사람으로부터 존경과 신뢰를 받았던 비결이 여기에 있다.

우리도 이런 자세로 산다면 하나님께서 항상 함께하시고 붙드실 것이다. 우리가 말할 때마다 힘을 주시고, 열매 맺게 하실 것이다. 하나님께 존중히 여김을 받고, 사람으로부터도 인정받게 될 것이다.

세상에 영향을 주는 삶으로 　김미진

하나님의 위대하심이 어디에 있는가? 그분의 낮아지심과 겸손하심이다. 피조물과 인격적으로 말씀하시고, 우리의 말을 들으시며, 가까이에 계신다는 것이다

어느 날, 내가 자고 있는데 누군가 "미진아" 하고 불렀다. 눈을 떠 보니 아무도 없기에 무시하고 잤다. 그런데 또 "미진아" 하고 불렀다. 나는 일어나 밖으로 나갔다. 놀랍게도 세 사람이 서 있었다. 그

들이 내게 따라오라고 해서 따라갔다.

그들은 나를 동서남북으로 끝도 없이 펼쳐진 고구마 밭으로 데리고 갔다. 밭은 넓었고, 팔뚝만 한 고구마를 수확하는 사람들이 무수히 많았다. 그런데 그 옆에 아주 작고, 비뚤고 볼품없는 밭이 보였다. 그들은 거기가 내 밭이라고 말했다.

그 밭의 고구마들은 작고 단단했다. 나는 다른 사람들의 넓고 좋은 고구마 밭과 큰 고구마가 부러웠다. 내 볼품없는 밭과 작은 고구마가 싫다고 투정했다. 그러자 그들이 말했다.

"네 밭의 작은 고구마들은 씨고구마다. 이 작은 고구마들이 장차 큰 열매를 맺을 것이다."

그러면서 끝없이 넓은 밭에 심긴 큰 고구마들을 가리켰다. 또 그들이 내게 말했다.

"시간이 없으니 씨고구마를 캐서 좋은 땅에 심으라."

잠에서 깨어나보니 새벽기도에 가는 시간이었다. 나는 너무도 생생한 꿈이어서 신발장에 가서 내 신발에 흙이 묻었는지를 살펴보았다. 내 신발은 깨끗하고 멀쩡했다.

다음 날도 자고 있는데 나를 부르는 소리가 들렸다. 어제 본 세 사람이었다. 또 그들 앞에서 기도하고 있는 내 모습이 보였다. 세 사람이 "네가 무엇을 구하느냐"라고 물어서 나는 "돈이요"라고 말하려고 입을 열었다. 그런데 놀랍게도 내 입에서 "주님, 제 입술에 능력과 권세를 주세요. 온 땅을 다니면서 복음을 전할 거예요"라는 말이 나왔다. 세 사람이 "네가 구하는 것이 선하다"라고 말하고 사라졌다.

깨어보니 어제처럼 새벽기도에 가는 시간이었다. 하나님께서 직접 내 이름을 부르셨고, 꿈과 기록된 말씀으로 말씀하셨다.

다윗이 그곳을 떠나 아둘람 굴로 도망하매, 그의 형제와 아버지의 온 집이 듣고 그리로 내려가서 그에게 이르렀고, 환난 당한 모든 자와 빚진 모든 자와 마음이 원통한 자가 다 그에게로 모였고, 그는 그들의 우두머리가 되었는데 그와 함께한 자가 사백 명가량이었더라. 삼상 22:1,2

아둘람 굴은 다윗이 사울을 피해 숨은 은신처였다. 그때 그에게 세 종류의 사람들이 몰려왔다. 환난 당한 모든 자, 빚진 모든 자, 마음이 원통한 자들이다. 이들의 숫자가 400명가량이었다. 그리고 훗날 점점 더 늘어났다.

사무엘하 23장 8-39절은 "다윗의 용사들의 이름은 이러하니라"라고 시작된다. 이들은 다윗과 함께 나라를 견고하게 세운 건국 용사들이다. 이들은 놀랍게도 대부분 아둘람 굴 출신이다. 과거에 세 종류에 속했던 사람들이다. 그러나 이들은 용사로 거듭났다.

이틀 연속으로 꾼 꿈의 뜻을 나중에 주께서 알게 해주셨다.

'네게 오는 세 종류의 사람들은 마치 씨고구마 같아서 장차 하나님나라 건립에 용사로 쓰임 받을 사람들이 될 것이다. 너는 사람을 외모로 보지 말라'(《왕의 재정》, 33쪽 참조).

하나님께서 많은 사람들을 NCMN의 사역으로 보내신다. 처음에 훈련받을 때는 환난 당한 모든 자, 빚진 모든 자, 마음이 원통한 자들이었다. 현대판 아둘람 출신들이다. 그런데 놀랍게 용사로 변화되었다. 이들은 세상에 영향을 주는 삶을 인생의 목표로 삼았다. 이제 이들은 말한다.

"하나님께서 제게 이렇게 말씀하셨습니다."

하나님의 음성을 들으며 순종하는 기쁨을 누리게 된 것이다. ▄▄

2

하나님은
우리가
그분의 음성을
듣기 원하신다

chapter 3 하나님의 초대장

chapter 3

하나님의 초대장

너희는 내게 나아와 들으라

오호라! 너희 모든 목마른 자들아 물로 나아오라. 돈 없는 자도 오라. 너희는 와서 사 먹되 돈 없이, 값없이 와서 포도주와 젖을 사라. 너희가 어찌하여 양식이 아닌 것을 위하여 은을 달아주며 배부르게 하지 못할 것을 위하여 수고하느냐.

내게 듣고 들을지어다. 그리하면 너희가 좋은 것을 먹을 것이며 너희 자신들이 기름진 것으로 즐거움을 얻으리라. 너희는 귀를 기울이고 내게로 나아와 들으라. 그리하면 너희의 영혼이 살리라. 사 55:1-3

하나님께서는 우리에게 생산성과 효과와 의미가 없는 것에 너무 많은 에너지를 쏟지 말라고 하신다. "너희가 어찌하여 양식이 아닌 것을 위하여 은을 달아주며 배부르게 하지 못할 것을 위하여 수고하느냐"(사 55:2).

여기에 하나님의 초대장이 있다.

너희는 내게 듣고 들을지어다.
너희는 귀를 기울이고 내게로 나아와 들으라.

하나님께서는 우리가 그분께 나아와 음성을 들으라고 초대하신다. 그분을 청종하기를 원하신다. 이는 다음의 것들을 포함한다.

- 내가 무슨 말을 할 것인가에 대한 기대함으로 나아오라.
- 내가 너희에게 말할 것을 믿으며 나아오라.
- 나를 경외함으로 나아오라. 나에 대한 존경과 사랑으로 나아오라.
- 내가 무슨 말을 하든지 심장에 새기며 그것을 삶으로 살아낼 결심을 가지고 나아오라.
- "주님, 말씀하소서. 제가 듣고 순종하겠습니다"라는 자세로 나아오라.

주님은 그분의 음성을 듣는 삶으로 우리를 초대하신다. 더 놀라운 건 우리가 주의 음성을 듣기 원하는 것보다 주께서 우리가 그분의 음성 듣기를 더 원하신다는 것이다. 다시 말하면 "나는 듣고 싶은데 주님이 말씀하지 않으실지도 모르겠다"가 아니라 "내가 듣고 싶다면 주님이 내게 반드시 말씀하실 것이다"이다. 왜냐하면 주께서 '내게 나아와 들으라'라고 말씀하셨기 때문이다. 하나님께서는 언제나 내게 말씀하실 준비가 되어 있으시다. 우리가 주님 앞에 나가서 "주님, 말씀하소서. 제가 청종하겠습니다"라고 말하면 주님은 '난 네게 말할 준비가 언제나 되어 있다'라고 하신다.

그러나 여호와께서 기다리시나니 이는 너희에게 은혜를 베풀려 하심이요, 일어나시리니 이는 너희를 긍휼히 여기려 하심이라. 대저 여호와는 공의의 하나님이심이라. 그를 기다리는 자마다 복이 있도다. 사 30:18

하나님께서 우리에게 은혜를 베풀려고 기다리신다. 우리를 긍휼히 여기려고 일어나신다. 그분 앞에 나아와 기다리는 사람에게 그렇게 하신다. 하나님을 기다리는 자는 복이 있다고 하신다. 그분의 은혜와 긍휼을 경험하기 때문이다. 그러나 자기 일에 바빠서 주님을 만나는 데 관심도 없고, 주께 귀를 기울이지도 않는 사람은 이런 놀라운 영적인 은혜를 경험하지 못한다.

주님은 "먼저 주 앞에 나와서 기다리는 자"를 기다리신다. 내게 은혜와 긍휼을 주시려고 나를 기다리시는 하나님 아버지, 그 아버지의 놀라운 은혜와 긍휼을 경험하려고 그 앞에 나아가 기다리는 나, 이두 기다림이 만나면 놀라운 일이 일어난다.

그분은 공평하신 하나님이시다. 그래서 모든 사람이 다 주의 은혜와 긍휼을 경험할 수 없다. 오직 주 앞에 나아가 음성에 귀를 기울이는 사람만 경험할 수 있다. 우리가 먼저 주님께 나아가 기다려야 한다.

내게 듣고 들을지어다. 그리하면 너희가 좋은 것을 먹을 것이며, 너희 자신들이 기름진 것으로 즐거움을 얻으리라. 너희는 귀를 기울이고 내게로 나아와 들으라. 그리하면 너희의 영혼이 살리라.

내가 너희를 위하여 영원한 언약을 맺으리니 곧 다윗에게 허락한 확실한 은혜이니라.

보라, 내가 그를 만민에게 증인으로 세웠고, 만민의 인도자와 명령자로 삼았나니,

보라, 네가 알지 못하는 나라를 네가 부를 것이며, 너를 알지 못하는 나라가 네게로 달려올 것은 여호와 네 하나님 곧 이스라엘의 거룩하신 이로 말미암음이니라.

이는 그가 너를 영화롭게 하였느니라. 사 55:2-5

하나님의 음성을 듣는 삶을 살 때

하나님의 음성을 들으며 살 때 우리에게 어떤 일이 일어나는가?

첫째, 우리의 영혼이 회복되며, 영적인 풍성한 삶을 살게 된다.

"내 말을 잘 들어라. 그러면 너희가 영혼을 살찌우는 음식을 먹게 될 것이다"(사 55:2, 쉬운성경).

좋은 음식은 몸을 건강하게 해준다. 마찬가지로 하나님의 음성을 듣는 삶은 영혼을 살찌우는 음식을 먹는 것과 같아서 영혼이 건강하고 풍성하게 된다.

"내게 와서 귀를 기울여라. 내 말을 잘 들어라. 그러면 너희가 살

것이다"(사 55:3 상반절, 쉬운성경).

"살 것이다"의 다른 번역은 "소성하리라"이다. 맥이 빠져 있다가 다시 힘을 얻는 것이다. 가뭄에 나무도 풀도 시들고, 짐승들도 맥이 빠져 헐떡거리다가 비가 오면 모든 게 살아나듯 하나님의 음성을 들으면 내 영이 활기를 되찾는다. 하나님만이 내 에너지원이시다. 주 앞에 나아가서 귀를 기울여 음성을 들을 때 내 영이 힘을 얻어 역동적인 삶을 살게 된다.

둘째, 하나님께서 우리를 열방 가운데 높이셔서 우리가 세상에 영향을 주는 삶을 살게 된다.

"내가 그를 많은 민족 앞에 증인으로 세웠고, 많은 민족들의 인도자와 명령자로 삼았다"(사 55:4, 새번역).

하나님께서는 그분의 음성을 들으며 행하는 사람들을 통해 방황하고, 낙심하고, 침체에 빠진 사람들을 살 길로 이끄신다. 그들에게 소망을 심어주신다. 그런 사람으로 인해 회사와 가정과 교회가 힘 있게 된다. 사회의 각 영역이 새롭게 되고, 도시와 지역과 나라가 부흥한다. 하나님의 말씀을 기반으로 하는 사회가 세워진다.

"네가 알지 못하는 나라를 네가 부를 것이며, 너를 알지 못하는 나라가 너에게 달려올 것이니, 이는 주 너의 하나님, 이스라엘의 거룩하신 하나님께서 너를 영화롭게 하시기 때문이다"(사 55:5, 새번역).

하나님께서 그분의 음성을 듣는 사람들을 통해 온 땅에 주님의 영광을 드러내신다. 사람들이 주께로 나오고, 하나님께서 그들을 열방 가운데 높이신다. 영화롭고, 존귀하고, 권세가 있게 하신다. 그들을 통해 개인과 도시와 나라와 열방이 바뀌게 될 것이다.

이처럼 하나님의 음성을 듣는 사람들의 삶은 활기차고, 자신뿐 아니라 세상에 영향을 준다. 하나님께서 그분의 음성을 듣는 사람에게 이런 삶을 살게 될 거라고 약속하셨다. 그 약속을 반드시 지키신다.

"내가 너희와 영원한 언약을 맺겠으니, 이것은 곧 다윗에게 베푼 나의 확실한 은혜다"(사 55:3 하반절, 새번역).

하나님께서 다윗과 "내가 너와 너희 자손으로 하여금 항상 왕의 자리에 있게 하겠다"라고 언약을 맺으셨다. 그의 자손들로 왕위를 이어가게 하시겠다는 것이다. 열왕기서와 역대서를 보면 이 언약을 얼마나 신실하게 지키시는지 알 수 있다.

하나님의 음성을 듣는 사람에게 다윗과 맺은 언약과 동일한 언약을 맺으신다. 또 다윗과 한 언약을 지키셨듯이 그분의 음성을 들으며 행하는 사람에게도 약속을 지키실 것이다.

삶의 방향과 목적을 알게 하신 음성   김미진

내가 하나님의 음성을 듣는 삶을 본격적으로 살기 시작한 건 건강과 재물을 다 잃고 겸손해진 다음이다. 동료 사업가들에게 배신을 당하고, 친구들에게는 잊혀진 사람이 된 후에 우울증과 열등감과 실패감이 나를 사로잡았다. 이때 나는 살기 위해 필사적으로 몸부림치며 하나님 앞으로 나아갔다.

완전히 망하고 나니 겸손해지고, 내 생각도 없어졌다. 갈급함으로 나아갈 때 하나님의 음성이 들렸다. 내가 그분께 나아갈 때마다 이 말씀을 반복적으로 하셨다.

'딸아, 내가 너를 사랑한다. 두려워 말라. 내가 네 힘이 되어줄 것이다.'

나는 두려움에 잡혀 있었고, 누구도 나를 사랑하지 않는다고 생각했다. 아무도 나를 도와줄 사람이 없을 때 이 말씀은 큰 위로가 되었다. 시간이 지나면서 나를 향한 하나님의 계획도 말씀해주셨다.

'너는 내 증인된 삶을 살 것이다. 낙심한 사람들에게 너를 통해 위로와 소망을 줄 것이다. 너는 복음을 들고 온 열방을 다니게 되고, 사업을 하고, 부자가 될 것이다.'

"여호와는 가난하게도 하시고 부하게도 하시며, 낮추기도 하시고 높이기도 하시는도다. 가난한 자를 진토에서 일으키시며, 빈핍한 자를 거름더미에서 올리사 귀족들과 함께 앉게 하시며, 영광의 위를 차지하게 하시는도다. 땅의 기둥들은 여호와의 것이라. 여호와께서 세계를 그것들 위에 세우셨도다"(삼상 2:7,8).

"내가 너보다 앞서 가서 험한 곳을 평탄하게 하며 놋문을 쳐서 부수며 쇠빗장을 꺾고, 네게 흑암 중의 보화와 은밀한 곳에 숨은 재물을 주어 네 이름을 부르는 자가 나 여호와 이스라엘의 하나님인 줄을 네가 알게 하리라"(사 45:2,3).

그때는 큰 패배감에 잡혀 노숙자처럼 살고 있어서 주님께서 하신이 말씀들이 너무나 멀리 느껴졌다. 그러나 나는 간절함과 믿음으로 말씀을 취했다. 그대로 이루어지길 소망하며 주님께 전심으로 나아갔다. 하나님의 음성을 들을 때 나는 그분으로부터 큰 위로를 받았다. 그리고 내 삶의 방향과 목적을 알게 되었다. ▆▆▆

하나님의 음성을 듣기 위해 대가를 지불해야 한다

너희 모든 목마른 사람들아, 어서 물로 나오너라.
돈이 없는 사람도 오너라.
너희는 와서 사서 먹되, 돈도 내지 말고 값도 지불하지 말고
포도주와 젖을 사거라.
어찌하여 너희는 양식을 얻지도 못하면서 돈을 지불하며,
배부르게 하여 주지도 못하는데, 그것 때문에 수고하느냐?

사 55:1,2, 새번역

이상한 초대장

하나님의 초대장은 앞뒤가 맞지 않는 듯하다. "돈 없는 자도 오라"라고 하시며 모든 사람을 초대하신다. 누구나 돈이 없어도 갈 수 있다. 그런데 하나님께서 모든 사람을 초대하시고는 돈을 내고 사먹으라고 하신다. "돈도 내지 말고 값도 지불하지 말라"라고 하시면서 "포도주와 젖을 사라"라고 말씀하신다. 앞뒤가 안 맞는 단어가 쓰였다.

하나님은 은혜의 하나님이시다. 은혜란 받을 수 없는 가운데 받는 것이다. 받을 만한 자격이나 조건이 되지 않음에도 주시는 게 은혜다. 하나님께서 우리를 자녀로 삼으시고 영원한 생명을 주셨다. 이것은 우리의 어떤 행위나 의로 주어진 게 아니다. 우리의 행위로 구원을 얻을 수 없고, 우리의 의로 하나님의 자녀가 될 수가 없다. 하나님은 이것을 '거저' 주셨다. 그것은 돈으로 살 수 있는 게 아니다. 이를 '은혜'라고 말한다.

그런데 여기 "사라"라고 말씀하신다.

사라

이사야서 55장 1절에 놀랍게도 "사라"라고 말씀하신다. 성경 전체에 이 말씀이 세 번 나온다. 이사야서와 에베소서와 요한계시록에 나온다.

라오디게아교회의 사자에게 편지하라. 아멘이시요, 충성되고 참된 증인이시요, 하나님의 창조의 근본이신 이가 이르시되, "내가 네 행위를 아노니 네가 차지도 아니하고 뜨겁지도 아니하도다. 네가 차든지 뜨겁든지 하기를 원하노라. 네가 이같이 미지근하여 뜨겁지도 아니하고 차지도 아니하니 내 입에서 너를 토하여 버리리라. 네가 말하기를, '나는 부자라 부요하여 부족한 것이 없다' 하나, 네 곤고한 것과 가련한 것과 가난한 것과 눈 먼 것과 벌거벗은 것을 알지 못하는도다."
"내가 너를 권하노니,

내게서 불로 연단한 금을 사서 부요하게 하고,

흰 옷을 사서 입어 벌거벗은 수치를 보이지 않게 하고,

안약을 사서 눈에 발라 보게 하라.

무릇 내가 사랑하는 자를 책망하여 징계하노니,

그러므로 네가 열심을 내라. 회개하라.” 계 3:14-19

라오디게아교회는 칭찬받지 못한 교회이다. 차지도 뜨겁지도 않은 것 때문에 책망을 받는다. 이 교회의 특징은 미지근한 신앙이다. 라오디게아교회는 금이 많이 나고, 최고의 옷감을 만들어내는 지역에 있었다. 당시엔 옷감이 최고의 상품이었다. 또 그 지역의 수질(水質)이 좋아서 좋은 안약이 개발되었다.

그래서 소아시아의 다른 여러 교회들보다 부유했고, 신앙생활을 하기가 쉬웠다. 재정적인 안정과 환경적인 편안함이 신앙의 열정을 식게 만들었다. 그들의 영적인 상태는 곤고하고, 가련하고, 가난하고, 눈멀고, 벌거벗은 것과 같았다. 그러나 안타깝게도 그들은 깨닫지 못했다. “나는 부자라 부요하여 부족한 것이 없다”라고 말한다.

놀랍게도 GNP(국민총생산)가 올라가면 올라갈수록 그리스도인의 신앙의 열정은 반감된다. 기도 소리가 반으로 줄어든다. 반면에 핍박이 거셀수록 헌신은 많아지고, 가슴은 뜨거워지고, 기도 소리가 커진다. 재정적 파탄이 오고, 관계로 인해 고통을 겪고, 건강을 해쳐 병들게 되면 하나님께로 나아간다. 기도 소리는 높아지고 주 앞에 절박함으로 나아간다.

그런데 모든 게 다 해결되어 안정되면 기도 소리가 줄어들기 시작한다. 무릎을 꿇는 횟수도 준다. 마음에서부터 "나는 부유합니다. 나는 문제가 없습니다. 나는 평안합니다"라고 말한다. 하나님을 향한 갈급함이 없다. 그러나 하나님께서는 "네 영적 상태는 가난하다. 마치 벌거벗은 것과 같다"라고 말씀하신다.

라오디게아교회를 향한 주님의 메시지는 남의 나라의 이야기가 아니다. 지금 우리의 가장 큰 문제가 영적 미지근함이다. 어떻게 이런 신앙에서 벗어날 수 있을까? 해결책은 무엇인가?

"그러므로 나는 네게 권한다. 네가 부유하게 되려거든 불에 정련한 금을 내게서 사고, 네 벌거벗은 수치를 가려서 드러내지 않으려거든 흰 옷을 사서 입고, 네 눈이 밝아지려거든 안약을 사서 눈에 발라라"(계 3:18, 새번역).

해결책은 '금'과 '흰 옷'과 '안약'을 사는 것이다. 금은 하나님의 말씀이다. 흰 옷은 세상의 방식과 구별된 거룩한 삶이다. 안약은 하나님의 계시다. 한마디로 영적인 면에서 하나님과 친밀감을 회복하라는 것이다.

하나님의 음성을 민감하게 들을 수 있는 삶이 모든 걸 회복할 수 있다. 그분의 음성을 듣기 시작할 때 비로소 영적인 눈이 뜨이고, 그 영이 소성한다. 그런데 그런 삶은 저절로 오지 않는다. 그것을 사야 한다.

"금을 사라, 흰 옷을 사라, 안약을 사라."

이사야서 55장이나 요한계시록 3장에서 "사라"라고 말씀하시는 것은 그 내용이 같다. 하나님의 음성을 듣고 영적으로 회복되어 하나님과 친밀한 삶을 살려면 반드시 사야 한다.

한 번 더 "사라"라는 말씀이 나오는 곳이 있다.

> 그런즉 너희가 어떻게 행할지를 자세히 주의하여,
> 지혜 없는 자같이 하지 말고, 오직 지혜 있는 자같이 하여
> 세월을 아끼라. 때가 악하니라.
> 그러므로 어리석은 자가 되지 말고,
> 오직 주의 뜻이 무엇인가 이해하라.
>
> 엡 5:15-17

여기에 명령의 말씀이 있다. 내가 지금 해야 할 게 무엇인지, 말해야 할 게 무엇인지를 명확히 알아야 한다. 볼 수 있는 눈과 들을 수 있는 귀와 깨달을 수 있는 마음이 있어야 한다. 어리석은 자가 되지 말고 지혜 있는 자가 되어야 한다. 하나님의 뜻을 앎으로 그분의 뜻대로 말하고 행동하는 자가 지혜 있는 사람이다. 자기 마음대로 말하고 느끼는 대로 말하는 자는 하나님의 뜻과는 거리가 먼 사람이다. 이런 사람을 "지혜가 없고 어리석다"라고 한다.

그러면 어떻게 지혜 있는 사람이 되며 하나님의 뜻을 따라 살 것인가?

"세월을 아끼라. 때가 악하니라"(엡 5:16).

"세월을 아끼라"는 헬라어로 "기회를 사라"이다. 여기에도 "사라"

라는 말씀이 있다. 하나님의 뜻이 무엇인지 알아서 지혜 있는 사람으로 살려면 기회를 사야 한다. 여기에서 "세월"은 헬라어로 '카이로스'(Kairos)이다. 이것은 시각을 말하는 게 아니라 결정해야 할 상황을 의미한다.

그러므로 "세월을 아끼라"라는 것은 "결정해야 할 상황이 올 때 그것을 놓치지 말고 다른 것을 희생해서라도 내 것으로 삼아야 한다"라는 뜻이다.

이사야서 55장 1,2절과 요한계시록 3장 18절과 에베소서 5장 16절에서 공통으로 말씀하시는 "사라"라는 의미는 모두 하나님과 친밀함에 대한 것이다. 은혜의 하나님은 우리에게 "값없이" 구원의 선물을 주신다. 그러나 하나님과 친밀감을 가지고 그분의 음성을 듣는 삶은 "사라"라고 하신다.

'사라'는 무슨 의미인가

최초의 매매 형태를 생각해보자. 처음에는 물건을 살 때 지금처럼 돈을 주고받는 게 아니라 각자 필요한 물품을 교환했다. 예를 들면 농사를 짓는 사람이 옷을 입으려면 수고하여 수확한 쌀과 옷감을 맞바꿨다. 그 옷감으로 옷을 지어 입었다. 그가 옷감을 더 가지려면 가진 쌀을 더 내놓아야 했다. 그것이 최초의 경제 행위였다.

서로의 필요를 위해 한 곳에 모이면서 점차 시장이 형성되었다. 그 후에 통화 가치가 만들어졌다. 금이나 은이나 동이나 놋으로 대신

가치를 따졌다. 이후에 소지가 어려워지자 동전을 만들었다. 그것도 불편해지자 지폐가 생겼고, 요즘은 카드를 많이 사용한다.

이처럼 최초의 경제 행위는 물물 교환이었다. 내가 필요한 것을 얻기 위해 내게 있는 걸 내주었다. 내가 갖고 싶은 게 비싸면 비쌀수록 내게 있는 걸 더 많이 내놓아야 했다. 이런 매매 행위는 "사라"라는 말이 무엇인지 알게 해준다. "대가를 지불하라"라는 것이다. 원하는 걸 얻기 위해 내 소유를 내놓아야 한다. 합당한 가격을 지불해야 한다.

하나님의 음성을 듣기 위해서는 사야 한다

이사야 55장 1-5절은 하나님의 음성을 들으며 살라는 하나님의 말씀이다. 이사야는 그런 삶을 살 때 주어지는 하나님의 약속을 보았다. 영적으로 풍성하고, 활기가 넘치고, 세상에 영향을 주는 삶이다. 그런데 그런 삶을 살려면 "사라"라고 하신다. 그런 삶은 거저 주어지는 게 아니다. 한 번의 기도나 안수를 받음으로 주어지는 은사도 아니다. 반드시 사야 한다. 다윗은 이것을 잘 이해했다.

다윗이 오르난에게 이르되, "이 타작하는 곳을 내게 넘기라. 너는 상당한 값으로 내게 넘기라. 내가 여호와를 위하여 여기 한 제단을 쌓으리니 그리하면 전염병이 백성 중에서 그치리라" 하니, 오르난이 다윗에게 말하되, "왕은 취하소서. 내 주 왕께서 좋게 여기시는 대로 행하소서. 보소서, 내가 이것들을 드리나이다. 소들은 번제물로, 곡식 떠는 기계는 화목으로, 밀은 소제물로 삼으시기 위하여 다 드리나이다" 하는지라.

다윗 왕이 오르난에게 이르되, "그렇지 아니하다. 내가 반드시 상당한 값으로 사리라. 내가 여호와께 드리려고 네 물건을 빼앗지 아니하겠고 값없이는 번제를 드리지도 아니하리라" 하니라. 대상 21:22-24

다윗은 왕이었지만 그는 하나님께 번제를 드릴 제단을 쌓기 위해 오르난의 타작마당을 사용할 때 상당한 가격을 주고 샀다. 그는 "값없이는 번제를 드리지 않겠다"라고 말했다. 다윗은 공짜로 하나님께 예배드리지 않았다. 그는 대가를 지불하는 법을 알고 있었다.

하나님의 음성을 듣는 삶도 대가를 지불해야 한다. 합당한 가격을 주고 사야 한다.

우리는 수많은 사람들처럼 하나님의 말씀을 혼잡하게 하지 아니하고, 곧 순전함으로 하나님께 받은 것같이 하나님 앞에서와 그리스도 안에서 말하노라. 고후 2:17

바울은 다른 많은 사람들처럼 하나님의 말씀을 혼잡하게 하지 않는다고 했다. 이것은 "하나님의 말씀을 값싼 물건으로 취급하지 않는다"라는 의미다. 마치 장사를 끝내면서 남은 물건을 떨이하듯이 하나님의 말씀을 값싸게 취급하지 말라는 것이다. 하나님의 말씀을 듣는 삶, 그분의 음성을 듣는 삶은 결코 값싸지 않다. 그것은 값비싼 것이다.

우리가 하나님의 음성을 듣고자 한다면 하나님께 나아가서 그분께 사라고 하신다. 요한계시록 3장 18절에서도 하나님께서 "내게서 사라"라고 하신다. 그것을 사려면 내게 있는 걸 내주어야 한다. 물물 교환해야 한다.

이것을 사기 위해 내게 있는 무엇을 드려야 할까? 그런데 놀랍게도 "돈 없는 자도 오라"라고 하신다. 모든 사람, 특히 가난한 자들에게는 기쁜 소식이다. 그러면 무엇으로 살 수 있을까? 그것을 사기 위해 내놓을 만한 게 내게 있는가?

하나님께서는 남녀노소, 빈부귀천을 막론하고 매일 가장 귀한 걸 나눠주신다. 우리가 풍성하게 살도록 기회를 주신다. 그것은 바로 '시간'이다! 모두에게 하루 24시간을 주신다. 누구에게는 25시간을, 누구에게는 20시간을 주시지 않는다. 공평하게 24시간을 주셨다. 엄청난 돈으로도 살 수 없는 굉장한 걸 공짜로 주셨다. 시간은 빚을 지지 않는다. 그렇다고 오늘 써야 될 시간을 안 쓰면 모을 수 있는 것도 아니다. 내가 하고 싶은 걸 다 하려면 30시간, 60시간이 필요하다고 해도 24시간 밖에 없다.

주어진 24시간을 효과적으로 사용하기 위해 우리는 '오늘 해야 할 일의 목록'을 만든다. 이 목록에 '하나님의 음성을 듣는 삶'이 있다. 친구 만나기와 식사, 취침 등이 있다. 그리고 우선순위를 매긴다. 먼저 할 일과 나중에 할 일의 순서를 정한다. 만일 하나님의 음성을 듣는 삶이 우선순위 목록에서 하위에 있다면 어떤 일이 일어날까?

다른 것들에 밀려서 하나님의 음성을 듣는 삶을 살지 않게 될 것이다. 마음으로는 하고 싶지만 실제로는 우선순위에 밀려서 날마다 그런 시간을 확보하지 못할 것이다.

우리는 가장 중요한 것을 우선순위 목록의 앞에 둘 것이다. 내가 가장 하고 싶은 것일수록 상위에 둘 것이다. 하나님께서는 배부르게 하지 못할 것, 양식이 아닌 것을 우선순위에 두지 말라고 하신다. 그러면 무엇을 거기에 두어야 하는가? 우리가 대가를 지불하며 사야 할 건 무엇인가?

하나님께서는 우리가 그분 앞에 나아가 음성을 듣는 삶을 최우선 순위에 두라고 하신다. 내가 먼저 사고 싶은 것, 절대로 놓치고 싶지 않은 게 바로 하나님 앞에 나아가 귀를 기울이고 듣는 삶이어야 한다. 그것을 얻으려면 내게 있는 것을 내놓고 사야 한다. 24시간 중에서 가장 좋은 시간대를 내놓아야 한다.

누가 대신 결정하는 게 아니다. 내가 결정해야 한다. 이것을 사지 못할 핑계란 없다. 그것이 가장 중요하다면 내가 스스로 결단해야 한다. 하나님은 공평하신 분이다. 그분의 음성을 듣는 삶은 모든 사람에게 주어지는 게 아니다. 대가를 지불하고 주 앞에 나아와 그분을 기다리며 음성에 귀 기울이는 사람에게 주어진다. 그것이 당연하다.

하나님의 음성을 듣기 위해선 사야 한다. 내가 계획했던 것, 내가 이미 확보했던 시간과 맞바꿔야 한다. TV 보는 시간을 내놓고, 주 앞에 머무는 것을 사야 한다. 친구를 만나고, 스마트폰을 보는 시간을 내놓고, 하나님의 음성을 듣는 것을 사야 한다. 이것이 바로 사는 것이다. 대가를 지불하는 것이다.

오랫동안 공짜로 은혜 받는 것에 익숙해서 하나님의 음성을 듣는 삶도 공짜로 될 거라고 생각하면 안 된다. 어김없이 날마다 주시는 24시간을 가지고 사야 한다. 하나님의 음성을 듣는 삶을 살기 위해 가장 귀한 시간대를 내놓기로 결정하고 선포해야 한다.

"이제부터 하나님 앞에 나아가 머무는 삶을 내 모든 삶에서 가장 귀한 것으로 삼겠습니다. 하나님의 음성을 듣기 위해 대가를 지불하겠습니다. 다른 것과 바꾸지 않겠습니다."

예수님의 경우

예수의 소문이 더욱 퍼지매 수많은 무리가 말씀도 듣고 자기 병도 고침을 받고자 하여 모여 오되, 예수는 물러가사 한적한 곳에서 기도하시니라. 눅 5:15,16

많은 사람들이 예수님에게 몰려왔다. 예수님은 말씀을 가르치시고, 병을 고치심으로 이들을 섬기셨다. 그래서 몹시 바쁘셨다. 그렇지만 때로 사람들에게서, 분주한 사역에서 물러가셨다. 수많은 사람들이 예수님을 기다리고 있었지만 예수님은 한계를 그으시고, 한적한 곳에서 기도하셨다.

동사인 "물러가사"는 한 번만 물러가신 게 아니라 습관적으로 물러가신 걸 말한다. 사람을 사랑하시는 예수님은 병든 자를 치유하고 상한 자를 고치셨지만 습관적으로 이런 일정에서 물러가셨다. 왜냐하면 하나님과 함께 머무는 게 더 귀했기 때문이다. 예수님은 대가를 지불하셨다.

십자가 목걸이를 사라 김미진

내가 독수리제자훈련학교의 학생으로 있을 때의 일이다. 첫 수업이 '하나님 음성 듣는 삶'이었다. 하나님과 동행하는 삶은 어머니가 늘 강조하셨기에 내게는 자연스러웠다. 그런데 교과 과목으로 하나님의 음성을 듣는 법을 배우는 것은 내 신앙적 배경(고신)으로는 받아들이기가 무척 어려웠다.

강의를 들은 후 하나님의 음성을 듣는 것에 대해 더 헷갈렸고, 이단 같다는 생각도 들었다. 시간이 지날수록 더 혼란스럽더니 전혀 들리지 않았다(당시 내 상태가 문제였는지, 강의가 설득력이 없었는지 모르겠다). 학교 소그룹 모임에서는 하나님의 음성을 듣는 것을 여러 방법으로 훈련하고, 학생들은 소그룹 시간에 들은 음성을 나누었는데, 나는 늘 못 들었고, 안 들렸다.

9개월의 훈련 기간이 지나 현장 실습으로 중국에 가게 되었다. 여전히 나는 하나님의 음성을 듣지 못했다. 팀원들이 하나님의 음성을 들은 걸 나눌 때면 나는 늘 "못 들었습니다"라고 대답했다. 우리 팀에서 듣지 못하는 사람은 나뿐이었다.

중국에 도착했다. 어떤 일이든지 매번 음성을 듣고 결정하고, 움직였다. 당연히 나는 괴로운 날들을 보냈다. 그래서 간절한 마음으로 주께 나아가고 또 나아갔다. 그때 엉뚱한 생각이 머릿속에 들어왔다.

'십자가 목걸이를 사라.'

처음에는 하나님의 음성으로 받아들이기가 무척 어려웠다. 더구나 '왜 제가 십자가 목걸이를 사야 되죠'라고 주께 물었을 때 아무 대답이 없으셨다. 또 전도 여행을 떠날 때 개인 재정을 가지고 갈 수 없다는 규정으로 내게는 한푼도 없었다. 고민을 하다가 팀의 리더인 이태영 간사님에게 조심스럽게 나누었다.

간사님은 내가 음성을 들었다는 사실만으로 기뻐하며 말했다.

"그 음성에 기꺼이 대가를 지불할 용의가 있나요? 그렇다면 지금 이 상황에서 자매님이 할 수 있는 게 무엇인지 생각해보고 다시 오세요."

하지만 나는 생각했다.

'10원도 없는 상황에서 대가 지불을 어떻게 하지? 하나님의 음성이라는 확신도 없는데 그냥 무시할까, 아니면 이 음성에 어떤 대가를 지불해야 하나?'

계속되는 갈등 속에서 나는 대가를 지불하기로 결정했다. 내가 끼고 있던 반지와 목걸이를 팔아서 십자가 목걸이를 사기로 했다. 내 결정을 들은 간사님이 격려해주었고, 얼마의 중국 돈을 보태주었다. 나는 십자가 목걸이를 사서 주님 앞에 나아갔다.

'주님! 말씀하신 대로 십자가 목걸이를 사왔습니다. 제가 이 목걸이로 무엇을 해야 하는지 말씀해주세요.'

그때 내 머릿속에 한 생각이 강력하게 떠올랐다.

'그 목걸이를 김성훈 형제에게 주어라.'

이 음성은 무척 나를 힘들게 했고, 순종하려면 용기가 필요했다.

'아니, 여자도 아닌 남자에게 목걸이를 주라니…. 우리 팀은 내가 하나님의 음성을 못 듣는 사람으로 알고 있는데, 처음 들은 음성이 남자에게 목걸이를 주라는 거라고 하면 그들이 뭐라고 할까?'

간사님에게 상의하니 들은 음성에 순종하라고 권면해주었다. 나는 용기를 내서 김성훈 형제에게 십자가 목걸이를 건네주면서 말했다.

"하나님께서 형제님에게 이 목걸이를 주라고 하셨습니다."

그러고는 빨리 뒤돌아서 와버렸다. 그 이후 하나님의 음성을 더 듣고 싶지 않았다. 음성을 듣는 게 부담이 되고, 내 행동도 후회가 되고, 팀원들을 볼 때마다 부끄러웠다. 다른 사람들은 세계와 나라를 향한 하나님의 뜻 같은 굉장히 거룩한 음성들을 들었다. 그런데 내가 들은 음성은 고작 십자가 목걸이를 사서 한 형제에게 주라는 것이었다.

전도 여행을 마치고 다시 훈련 학교로 돌아왔다. 며칠이 지난 어느 날, 한 자매가 나를 만나자고 했다. 김성훈 형제의 아내였다. 결혼한 지 약 2개월 정도 되었는데 형제가 주의 종의 길을 가면서 재정이 어려워서 결혼 선물을 받지 못했다고 말했다. 그러면서 기도 수첩을 내게 보여주며 울었다. 거기에 이렇게 적혀 있었다.

'아버지, 남편에게 십자가 목걸이를 받고 싶어요!'

자매는 결혼 첫날부터 기도했다고 했다.

지금 이 글을 쓰면서 다시 내 눈에 눈물이 고인다. 한없는 아버지의 사랑, 세밀하신 아버지의 그 사랑 때문에.

"주의 말씀은 내 발에 등이요, 내 길에 빛이니이다"(시 119:105).

하나님께서는 내가 그분의 음성에 순종하면 그다음의 걸음을 인도하시는 분이다.

하나님의 음성을 듣기 위해 대가를 지불하라는 홍성건 목사님의 강의를 들은 후 나는 세 가지를 결단했다.

첫째, 새벽과 저녁에 1시간씩 하나님 앞에 머문다.

둘째, 하나님께 나에 대한 결정권을 완전히 드린다.

셋째, 하나님 안에서 누리는 친밀함과 음성 분별을 위해 매일 열 장씩 말씀을 읽는다. █████

세븐업(7up)

하나님의 음성을 듣는 삶을 살고자 한다면 그분 앞에 머무는 습관을 가져야 한다. 날마다 일정 시간을 따로 떼어 하나님 앞에 나아가 음성에 귀를 기울이는 연습을 해야 한다.

어느 정도의 시간을 내는 게 좋을까? 처음부터 무리하지 않는 게 좋다. 하루에 2시간씩 내놓겠다고 하지 말라. 아마 3일도 못 갈 것이다. 실현 가능한 것부터 시작해야 한다. 서서히 시간을 늘려야 한다.

나는 '세븐업'(7up)을 권하고 싶다. 하루에 7분, 내 상태가 최고로 좋을 때 해야 한다. 잠자기 전, 하루 종일 일하고 지친 밤은 피하라.

일반적으로 새벽이 가장 좋다. 새벽의 10분은 보통 때의 1시간보다 훨씬 효과가 있다. 여러 가지 방해로부터 피할 수 있다. 30분만 일찍 일어나 7분의 시간을 가지라.

세븐업은 새벽 기도를 말하는 게 아니다. 주님과 나와 단둘이 머무는 시간이다. 기도 제목을 가지고 기도하는 시간이 아니라 '아버지, 제게 말씀하십시오. 제가 듣겠습니다'라고 고백하며 그분이 말씀하시기를 기다리는 시간이다. 그분의 음성에 귀를 기울이는 시간이다.

7분을 쉽게 생각할 수 있지만 막상 시작하면 얼마 동안은 매우 길다고 느낄 것이다. 타이머를 맞춰놓고 주 앞에 머물라. 처음에는 잡념과 졸음에 맞서 싸우게 된다. 하나님 앞에 머무는 삶이 어색할 수밖에 없다. 이전에 그런 시간을 주 앞에 내놓은 적이 없기 때문이다. 그러나 일주일 혹은 서너 주일 정도 계속하다 보면 어느 순간에 잡념이 사라진다. 내 영이 맑아진다.

여전히 주님의 임재가 느껴지지 않고, 음성이 들리지 않을 수 있다. 그러나 내 속사람은 점점 안정되고 침착해진다. 일상생활에서 판단력과 분별력과 지혜가 생기며 사람을 대할 때 여유도 생긴다.

내가 아는 한 사람은 날마다 가장 중요한 시간에 7분간 주 앞에 머물기로 결심하고 그대로 했다. 처음에는 졸음과 잡념, 피곤함과 싸우는 데 그 시간을 보냈다. 그러기를 몇 주간이나 했지만 어떤 음성도 듣지 못했다. 그래도 실망하지 않고 계속 주 앞에 머물며 기도했다.

"주께서 성경에서 명확히 '내게 나아와 귀를 기울이고 들으라'고 말씀하시니 순종합니다."

그러던 어느 날, 그는 하나님의 임재를 느꼈다. 그분에 대한 경외심이 생기고, 말할 수 없는 마음의 평강과 고요함이 몰려왔다. 그리고 하나님께서 아버지로서 그의 어깨에 손을 얹으시는 걸 알았다. 그분이 부드럽게 말씀하시기 시작할 때 그의 눈에 눈물이 흘렀다. 그의 영이 높이 올라가 하나님의 영광 앞에 머물며 밀려오는 행복감을 느꼈다.

많은 사람들이 바쁜 일상생활 속에 묻혀 산다. 하나님의 임재에 머무는 감격을 모른다. 배부르게도 부유하게도 하지 못할 것을 위해 일하느라 임재의 놀라움을 놓치고 산다. 주님의 임재하심 앞에 머물 줄 아는 사람이 복되다. 그는 반드시 주께서 약속하신 풍성한 삶을 경험하게 될 것이다. 그분의 뜻이 무엇인지 이해하기 시작하고 지혜로운 사람이 될 것이다. 그의 얼굴은 평안하고, 삶은 안정되며, 아무리 복잡하고 힘든 상황에 처해도 평상심을 유지할 수 있게 될 것이다.

세븐업 연습하기

세븐업은 연습을 통해 익숙해진다. 주님은 우리에게 경건에 이르는 연습을 하라고 명하신다.

경건에 이르도록 네 자신을 연단하라. 육체의 연단은 약간의 유익이 있으나 경건은 범사에 유익하니 금생과 내생에 약속이 있느니라. 딤전 4:7,8

세븐업은 경건에 이르는 시간이다. 나는 다음의 순서로 이 시간을 갖는다.

첫째, 눈을 뜨면 가장 먼저 하나님께 오늘 하루를 위한 감사와 성령 충만을 위한 기도를 한다. "오직 성령으로 충만함을 받으라"(엡 5:18)라는 명령은 '날마다 받으라'라는 것이다.

"아버지, 오늘 하루를 주심을 감사드립니다. 지금 성령으로 충만하게 하셔서 성령의 능력과 인도하심으로 주를 섬기게 해주소서."

둘째, 거실로 나가서 무릎을 꿇고 세븐업 시간을 가진다.

"아버지, 제게 말씀하소서. 제가 듣겠습니다."

그리고 그분의 음성을 듣길 기다린다. 하나님께서 말씀하시면 그것을 기록한다. 이런 시간을 매일 아침에 7분간 가진다. 어느 때는 아무 음성도 들리지 않는다. 그래도 습관적으로 하나님 앞에 머무는 시간을 갖는다.

셋째, 이 시간이 지나면 말씀을 묵상한다. 묵상의 시간도 하나님의 음성을 듣는 연습에 매우 효과적이다.

그리고 주어진 기도 목록으로 기도한다. 기도 시간은 각 사람에 따라 다르다. 30분, 40분, 50분, 한 시간, 한 시간 반, 두 시간 …. 그 후에 시간을 내어 성경 열 장을 읽는다. 한 번에 다 읽을 시간이 충분하지 않으면 몇 번에 나누어 읽는다. 먼저 두세 장을 읽는다. 오전 중에 휴식 시간을 가질 때 두세 장을 또 읽는다. 점심 후에 다시 두세 장을 읽는다. 오후의 휴식 시간에 한두 장을 읽는다. 그리고 저녁식사를 한 후에 다시 두세 장을 읽는다.

- 세븐업(7up)은 갈망함으로 시작한다.
- 세븐업(7up)은 기다림의 연속이다.
- 세븐업(7up)은 하나님의 음성 듣기를 사모하는 시간이다.
- 세븐업(7up)은 하나님의 영광, 그분의 얼굴을 구하는 시간이다.
- 세븐업(7up)은 하나님을 향한 갈망함에 대한 내 우선순위다.
- 세븐업(7up)은 하나님과의 친밀감의 시작이다.
- 세븐업(7up)은 하나님의 임재를 경험하는 시간이다.
- 세븐업(7up)은 하나님의 음성을 들으며 그분과 교제하는 시간이다.

하나님과 친밀감을 가지라

출애굽한 이스라엘 백성들은 광야로 들어가 먼저 시내산 아래에서 1년 정도 머물렀다. 거기서 그들은 하나님의 임재를 경험했다. 출애굽기 19장과 24장에서는 하나님의 임재를 경험하는 원칙을 제시한다. 이스라엘 백성, 70인의 장로들, 모세에게 임한 하나님의 임재 정도가 각각 다르다.

이스라엘 백성의 경우

여호와께서 모세에게 이르시되, "너는 백성에게로 가서 오늘과 내일 그들을 성결하게 하며, 그들에게 옷을 빨게 하고 준비하게 하여 셋째 날을 기다리게 하라. 이는 셋째 날에 나 여호와가 온 백성의 목전에서 시내산에 강림할 것임이니, 너는 백성을 위하여 주위에 경계를 정하고 이르기를, '너희는 삼가 산에 오르거나 그 경계를 침범하지 말지니 산을 침범하는 자는 반드시 죽임을 당할 것이라' 하라." 출 19:10-13

하나님께서 시내산 아래에 머물고 있는 이스라엘 백성들에게 모세를 통해 말씀하셨다.

"내가 너희 가운데 임할 것이다. 너희들은 거룩함으로 준비하라."

온 세계에 있는 민족들 가운데서 민족 전체가 하나님을 모시고 그분의 임재를 경험한 민족은 이스라엘밖에 없다. 그런데 하나님께서는 "너는 백성을 위해 주위에 경계를 정하라. 백성들은 바로 그 경계선 바깥에만 있어야 된다. 더 이상 올라오지 마라. 거기까지다. 그 경계를 침범하는 자는 반드시 죽을 것이다"라고 하셨다. 이스라엘 백성들에게 하나님을 만날 준비를 하라고 하시면서도 한계를 그으셨다. 산에는 오르지 말라고 하셨다.

70인 장로들의 경우

또 모세에게 이르시되, "너는 아론과 나답과 아비후와 이스라엘 장로 칠십 명과 함께 여호와께로 올라와 멀리서 경배하고, 너 모세만 여호와께 가까이 나아오고 그들은 가까이 나아오지 말며 백성은 너와 함께 올라오지 말지니라." 출 24:1,2

70명의 장로들에게는 이스라엘 백성들보다 하나님 앞에 더 가까이 갈 수 있는 특권이 있었다. 장로들은 산으로 올라갔다. 그러나 어느 정도에서 멈추라고 경계선을 그으시고, "멀리서 경배하라"라고 하셨다.

모세와 아론과 나답과 아비후와 이스라엘 장로 칠십 인이 올라가서 이스라엘의 하나님을 보니, 그의 발 아래에는 청옥을 편 듯하고 하늘 같이 청명하더라. 하나님이 이스라엘 자손들의 존귀한 자들에게 손을 대지 아니하셨고 그들은 하나님을 뵙고 먹고 마셨더라. 출 24:9-11

이스라엘 백성들보다 더 가까이 하나님께 나아와 머무는 장로들은 놀라운 주의 임재를 경험했다. 그들은 주님의 영광을 더 가까이에서 보았다. 백성들이 경험하지 못한 하나님을 경험했다.
"그 발아래 청옥을 편 듯하고 하늘같이 청명하다."
하나님께서는 그들에게 손대지 않으셨다. 오히려 그들은 하나님을 뵙고 먹고 마셨다. 그분의 임재 가운데 영적인 풍성한 삶을 누렸다.

모세와 여호수아의 경우

여호와께서 모세에게 이르시되, "너는 산에 올라 내게로 와서 거기 있으라. 네가 그들을 가르치도록 내가 율법과 계명을 친히 기록한 돌판을 네게 주리라."
모세가 그의 부하 여호수아와 함께 일어나 모세가 하나님의 산으로 올라가며 장로들에게 이르되, "너희는 여기서 우리가 너희에게로 돌아오기까지 기다리라. 아론과 훌이 너희와 함께하리니 무릇 일이 있는 자는 그들에게로 나아갈지니라." 출 24:12-14

하나님께서 모세에게 70인 장로들보다 더 가까이 올라오라고 말씀하셨다. 모세가 하나님 앞으로 올라갈 때 그의 종인 여호수아를 데려갔다. 둘은 장로들보다 하나님께 "더 가까이" 나아갔다.
70인의 장로들은 하나님께로 올라갔지만 "멀리서" 경배했다. 장로들은 이스라엘 백성들보다 하나님께 더 가까이 왔지만 모세에 비하면 "멀리"이다.

모세의 경우

모세가 산에 오르매, 구름이 산을 가리며 여호와의 영광이 시내산 위에 머무르고, 구름이 엿새 동안 산을 가리더니 일곱째 날에 여호와께서 구름 가운데서 모세를 부르시니라.

산 위의 여호와의 영광이 이스라엘 자손의 눈에 맹렬한 불같이 보였고, 모세는 구름 속으로 들어가서 산 위에 올랐으며, 모세가 사십 일 사십 야를 산에 있으니라. 출 24:15-18

모세는 산에 올라 하나님의 임재 앞에 홀로 머물렀다. 여호수아는 중간에 머물러야 했다. 여호수아는 장로들과 모세 사이에 머물렀다. 모세가 정상에 이르렀을 때 구름이 산을 가렸다. 높은 산이다.

하나님께서 언제 모세에게 말씀하셨는가? 모세는 언제 하나님의 음성을 들었는가? 그가 산에 오른 지 일곱째 날이었다. 처음 엿새 동안은 하나님의 음성을 듣지 못했다. 하나님께서 침묵하셨다. 그는 엿새 동안이나 침묵하시는 주님 앞에 머물러 있어야 했다. 일곱째 날에야 하나님께서 그를 구름 가운데로 부르셨다.

침묵하시는 하나님 앞에 엿새 동안 머물며 기다리는 건 결코 쉽지 않다. 그 시간에 간간히 읽을 만한 성경도, 경건 서적도 없었고, 음악을 들을 MP3 플레이어도 없었다. 주변에 아무것도, 아무도 없었다. 그곳의 낮과 밤의 온도 차이는 상상을 초월할 정도였다. 밤에는 무섭고, 지루하고, 답답했을 수도 있다.

1시간을 기다리는 것도 쉽지 않은데 엿새나 침묵하시는 하나님 앞에 모세는 홀로 머물러 있어야 했다. 그는 어떻게 기다릴 수가 있었을까? 하나님을 향한 갈망함과 기다림과 사모함이 그것을 가능하게 한다. 그분의 음성이 들릴 때까지 말씀하시는 하나님 앞에 끝까지 머물며 조급하거나 초조해하지 않고 기다리는 건 보통 일이 아니다.

오직 하나님을 향한 갈망과 갈급함을 가지고 전심으로 그분의 얼굴을 구함으로서만 가능하다.

> 하나님이여, 주는 나의 하나님이시라. 내가 간절히 주를 찾되 물이 없어 마르고 황폐한 땅에서 내 영혼이 주를 갈망하며 내 육체가 주를 앙모하나이다. … 나의 영혼이 주를 가까이 따르니 주의 오른손이 나를 붙드시거니와, 시 63:1,8

히브리어에는 "간절히"라는 단어가 없다. "새벽에"라는 단어를 대신 사용한다. 하나님을 향한 갈급함과 간절함의 표현은 새벽에 주의 얼굴을 구하는 것이다. 또 "가까이"는 마치 담쟁이가 담에 딱 붙어 있는 것처럼 주를 따르는 걸 말한다.

하나님께서는 모세가 산에 오른 첫날부터 말씀하실 수 있었지만 엿새 동안 침묵하셨다. 모세의 갈급함을 보고 싶으셨던 것이다. 이것이 이후 모세의 사역에 열쇠가 되었다.

산 위의 여호와의 영광이 이스라엘 자손의 눈에는 맹렬한 불같이 보였다(출 24:17 참조). 그들의 눈에는 시내산에 강림하신 하나님이 "맹렬한 불"처럼 보였다. 그러나 모세가 바라볼 때는 "영광"이었다. 똑같은 하나님을 바라보는데 거리에 따라서 달라진다. 가까이 갈수록 그분을 더 잘 알게 된다.

사람이 자기의 친구와 이야기함같이, 여호와께서는 모세와 대면하여 말씀하시며, 모세는 진으로 돌아오나 눈의 아들 젊은 수종자 여호수아는 회막을 떠나지 아니하니라. 출 33:11

모세와 하나님의 관계가 얼마나 놀라운가! 사람이 자기의 친구와 이야기함같이 대면하여 말씀하신다. 모세가 하나님께서 특별히 선택하신 사람이기에 이처럼 놀라운 친밀감을 누릴 수 있었을까? 아니다. 하나님과의 친밀감은 모세 자신에 의해 결정되었다. 그는 엿새 동안 버티며 하나님의 말씀을 기다렸다.

다른 어느 것보다 하나님과 친밀함이 그에게는 가장 귀했다. 그의 시간표에서 하나님 앞에 머무는 게 최우선이었다. 그는 대가를 지불했다. 이것이 그를 하나님의 친구되게 만든 비결이다. 내가 할 일을 다하고 남는 시간에 주를 만나는 게 아니라, 주 앞에 머무는 삶을 최우선적으로 가진 사람에게 이 같은 은혜가 주어진다.

여호와께서 이르시되, "내가 내 모든 선한 것을 네 앞으로 지나가게 하고 여호와의 이름을 네 앞에 선포하리라. 나는 은혜 베풀 자에게 은혜를 베풀고 긍휼히 여길 자에게 긍휼을 베푸느니라." 출 33:19

하나님께서 은혜 받을 자와 받지 못할 자, 긍휼히 여길 자와 아닌 자를 이미 결정하셨다고 오해할 수 있다. 그렇지 않다. 그분은 우리 모두에게 은혜를 베풀려고 기다리시고, 긍휼히 여기려고 일어나신다. 그러나 우리가 여러 가지 일로 바빠서 그분 앞에 나아가지 않으면 그 은혜를 받을 수 없다. 갈급함으로 주 앞에 나아가 은혜와 긍휼을 구할 때 받을 수 있다. 하나님께서는 누구에게나 은혜를 주시고 긍휼히 여기길 원하신다. 그러나 그분을 간절히 기다리는 사람을 기다리신다.

> 너희가 내게 부르짖으며 내게 와서 기도하면, 내가 너희들의 기도를 들을 것이요, 너희가 온 마음으로 나를 구하면, 나를 찾을 것이요 나를 만나리라. 렘 29:12,13

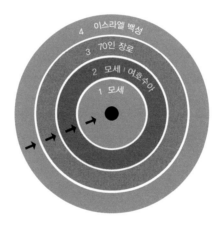

하나님과 갖는 친밀감의 거리는 각각의 갈망함의 정도로 결정된다. 그리고 그것은 우선순위를 통해 알 수 있다. "원하건대 주의 영광을 내게 보이소서"(출 33:18). 이것이 모세의 마음이다. 그는 무엇보다 주님의 영광을 보길 간절히 구했다.

나보다 나를 더 잘 아시는 하나님 _{김미진}

아주 오래전의 이야기다. 어려서 시골에서 살 때 산에 올라가 쥐불놀이를 하다가 큰불을 냈다. 그때 아빠가 겁에 질린 나를 번쩍 들어 올려 다락방에 숨기시고는 "아빠가 다 해결하고 돌아올 때까지 여기 있어"라고 하셨다. 그리고 경찰서에 가서서 모든 문제를 해결하셨다.

또 한번은 옆집을 홀딱 태우기도 했다. 옆집에 볏단이 태산같이 쌓여 있었다. 불을 조금 붙여서 깡통에 넣는다는 게 그 볏단과 집으로 옮겨 붙었다. 그때도 아빠는 나를 다락방에 숨기셨다. 이불을 넣어 주면서 아빠가 올 때까지 가만히 있으라고 하셨다. 옆집을 다 고쳐 주어야 하는 큰 재정적 손실이 있었다. 그래도 내게 "괜찮아, 그럴 수도 있지"라고 하셨다. 그렇게 언제나 내 편이셨다.

하루는 학교에서 놀다가 5대 독자인 남자친구의 이를 부러뜨렸다. 그 아이의 엄마가 우리 집으로 찾아왔다. 아빠는 또 나를 번쩍 들어 다락방에 숨기셨다. 한번은 시골 재래식 변소에 빠져서 온몸에 구더기와 똥을 뒤집어쓰고 나왔다. 아빠는 나를 보자마자 이불로 감싸 안고 집으로 들어가셨다.

이런 일들이 무수히 많았다. 그런데도 한 번도 나를 야단치시지 않았다. 늘 "괜찮아, 아빠가 있잖아. 나는 언제나 네 편이야"라고 하셨다. 아빠는 절대적인 내 지지자요, 격려자요, 후원자였다.

그런데 중학교 1학년이던 어느 날, 내가 잠들어 있는 사이에 아빠가 심장마비로 돌아가셨다. 나는 한순간에 모든 걸 잃었다. 돌아올 수 없는 길을 말없이 가신 아빠에게 배신감마저 들었다. 세상에 나

홀로 버려진 것 같은 큰 상처를 입고, 장례식에도 가지 않았다.

이후에 아빠를 통해 유지해온 생활 방식을 근본적으로 수정하는 게 내게는 몹시 어려웠다. 혼자서 모든 문제를 처리해야 하는 현실은 잔인했고, 처절한 외로움 속에 나는 방황의 시간을 보내야 했다.

한번은 형편이 어려워 학교 등록금을 못 내어 수업 시간에 복도에 나가 꿇어앉아 벌을 섰다. 정말 서러웠다.

'아빠만 살아 계셨어도….'

힘든 현실은 신앙에 있어서 방황하게 했지만, 한편으로는 마음 깊은 데서 하나님을 향한 갈망이 일어나게 했다. 감사하게도 하나님께서는 내 마음이 계속 짓눌리게 하지 않으셨다. 뭔가에 대한 갈망을 마음에 묻어두는 게 지혜롭지 않다는 걸 깨달았다. 그래서 하나님을 간절히 찾기로 결심했다. 아빠와 같은 존재가 내게 절실히 필요했기 때문이었다.

어느 날, 성경을 읽다가 주체할 수 없는 눈물이 쏟아졌다.

"내 아버지에게는 양식이 풍족한 품꾼이 얼마나 많은가. 나는 여기서 주려 죽는구나"(눅 15:17).

주님의 음성이 들렸다.

'품꾼도 아버지와 함께 있으면 풍족히 먹는단다. 사랑하는 딸아, 넌 고아처럼 있구나. 하지만 넌 고아가 아니란다. 나는 네 아빠란다.'

얼마나 울었는지 모른다.

'하나님이 내 아빠라고?'

여호와여, 주께서 나를 살펴보셨으므로 나를 아시나이다. 주께서 내가 앉고 일어섬을 아시고, 멀리서도 나의 생각을 밝히 아시오며, 나의 모든 길과 내가 눕는 것을 살펴보셨으므로 나의 모든 행위를 익히 아시오니, 여호와여, 내 혀의 말을 알지 못하시는 것이 하나도 없으시니이다. 주께서 나의 앞뒤를 둘러싸시고, 내게 안수하셨나이다. 이 지식이 내게 너무 기이하니 높아서 내가 능히 미치지 못하나이다. 시 139:1-6

고아처럼 지내던 내게 나보다 날 더 잘 아시는 하나님께서 찾아오셨다.

나를 살펴보시고 나를 아시는 하나님 아버지
내 앉고 일어섬을 아시는 하나님 아버지
내 생각까지도 아시는 하나님 아버지
내가 눕는 것과 내 행위를 아시는 하나님 아버지
내 혀의 말을 아시는 하나님 아버지

육신의 아빠보다 나를 더 잘 알고 계시는 하나님께서 내 아빠로 오셨다. 따스함으로 날 지지하시고, 용납하시고, 감싸안으시는 아빠 하나님을 깊이 만났다. 아빠와 딸의 친밀함으로.

두려워하지 말라. 나는 네 방패요, 너의 지극히 큰 상급이니라. 창 15:1

내가 결코 너희를 버리지 아니하고 너희를 떠나지 아니하리라 하셨느니라. 그러므로 우리가 담대히 말하되, 주는 나를 돕는 이시니, 내가 무서워하지 아니하겠노라. 사람이 내게 어찌하리요. 히 13:5,6

우리의 삶에서 고통스러운 일들이 생기지 않는다는 말이 아니다. 하나님께서 우리와 늘 함께 계시고, 우리를 그리스도 예수 안에 있는 그분의 사랑에서 끊을 수 없다는 것이다. 우리 삶의 목표가 하나님을 영화롭게 하며 그분 자체를 즐거워하게 될 때, 외로움과 고독함은 하나님 안에서 누리는 친밀함으로 바뀔 것이다.

3

하나님은
우리에게
어떻게
말씀하시는가

chapter 4

기록된 말씀을 통해 말씀하신다

하나님께서 말씀하시는 길

평생 동안 주의 음성에 귀 기울이지 않고 내 마음대로 살던 사람이 한순간에 귀가 뻥 뚫려서 들을 수 있을 거라고 생각한다면 하나님을 오해한 것이다. 하나님을 기계적인 존재로 여기고, 자신도 그렇게 생각해서 어떤 과정만 통과하면 뭔가 되는 걸로 생각하면 안 된다.

하나님과 우리는 인격적인 존재다. 인격적인 만남을 통해 관계가 형성된다. 이 관계는 항상 시간을 요구한다. 내가 얼마나 시간을 내느냐에 달려 있다. 하나님께서는 언제든 시간을 낼 준비가 다 되어 있으시다. 바빠서 내가 만나고 싶어도 안 만나주시는 분이 아니다. 이미 나를 만날 준비가 다 되셨는데 우리가 바빠서 못 만나는 것이다.

하나님의 음성을 들음에 있어서 또 다른 어려움은 내가 기대하는 방법으로 듣기를 원하는 것이다. '내 귀에 들리는 소리'로 하나님께서 말씀하실 거라고 생각한다. 그러나 어떤 방법으로 말씀하실지는 그분이 결정하신다. 내가 원하는 방법을 일방적으로 요구할 수 없다.

이르시되, "내 말을 들으라. 너희 중에 선지자가 있으면 나 여호와가 환상으로 나를 그에게 알리기도 하고, 꿈으로 그와 말하기도 하거니와, 내 종 모세와는 그렇지 아니하니, 그는 내 온 집에 충성함이라. 그와는 내가 대면하여 명백히 말하고 은밀한 말로 하지 아니하며," 민 12:6-8

하나님께서 여러 가지 방법으로 말씀하신다. 어떤 경우에는 꿈이나 환상으로 말씀하신다. 또는 은밀한 말로 하지 않고 대면하여 명백히 말씀하신다. 선지자들에게는 꿈과 환상을 통해 은밀히 말씀하셨고, 모세에게는 대면하여 명백히 말씀하셨다. 이 모든 것은 그분이 선택하신다.

더 중요한 건 하나님과 인격적인 사귐이 먼저 있어야 한다는 것이다. 하나님께서는 다른 선지자들보다 모세에게 더 친밀함을 보여주셨다. 왜냐하면 그들보다 모세가 하나님 앞에 더 머물렀기 때문이다. 하나님과 인격적인 사귐, 그분 앞에 머무는 삶, 순종과 충성의 삶, 갈급함으로 나아가는 삶에 따라서 하나님의 음성을 듣는 경우들이 각각 다르다.

하나님의 음성은 어떻게 듣는가? 하나님께서는 우리에게 어떤 방법으로 말씀하시는가? 말씀하시는 방법들(the ways of speaking of God)은 어떤 것이 있는가?

하나님께서는 기록된 말씀, 즉 성경을 통해 우리에게 가장 많이 말씀하신다. 이것이 가장 보편적이며 일반적인 방법이다. 어떤 사람들에게는 충격일 수 있다. 성경을 통해 말씀하심을 몰랐기 때문이다.

성경의 사건들을 읽을 때 마치 지금 내 삶에 일어나고 있는 것처럼 읽기 바란다. 그런 일들이 내게도 일어날 수 있을 거라고 상상하면서 읽는 것이다.

'이 말씀은 나와 아무 상관이 없다. 내게는 절대 일어나지 않을 것이다. 이런 놀라운 일들이 과거에는 있었지만 지금은 일어나지 않을 것이다.'

이런 마음으로 읽으면 말씀과 멀어지고, 그 말씀 속에서 주께서 내게 말씀하시는 걸 듣기가 어렵다.

시편을 살펴보면, 시편을 노래하는 사람들이 그 당시보다 천 년 전의 사건을 말하는 걸 볼 수 있다. 예를 들면 "홍해를 가르시고 바다를 육지같이 건너게 하시는 여호와를 찬양하라", "광야를 지나가는 동안에 만나를 주신 하나님을 찬양하라"라는 내용들이다. 그런데 가사가 과거가 아닌 현재 시제로 되어 있다. 지금 내 앞에서 일어나는 것처럼 노래한다. 그때 그 하나님께서 지금도 여전히 동일하게 일하심을 믿기 때문이다. 이전에 놀라운 일을 행하신 하나님이 지금 내 하나님이시기 때문이다.

말씀을 대할 때 먼 나라의 옛날이야기가 아니라 내 이야기이며 내게도 얼마든지 일어날 수 있는 일이라고 기대하고 믿는 게 필요하다. 그래야 말씀을 볼 때마다 지금 내게 말씀하시는 하나님을 만날 수 있다.

하나님께서 성령충만한 사람들을 통해 성경을 기록하시고, 그 기록된 말씀인 성경을 통해 우리에게 말씀하신다. 성경을 기록하신 목적은 전적으로 우리를 위한 것이다. 성경은 단지 이스라엘 백성의 생성 과정을 기록한 역사책이 아니다. 아브라함이나 이삭, 야곱, 요셉 등에 대한 자서전도 아니다. 물론 하나님께서 역사에 관심이 없으시다는 말이 아니다.

성경은 하나님의 관점의 기록이다. 그리고 이를 통해 그분이 오늘을 사는 우리에게 말씀하신다. 성경을 대할 때 우리가 무엇보다 집중해야 하는 건 성경의 내용을 넘어서서 하나님의 관점을 살피고, 내게 말씀하시는 게 무엇인지 깨닫는 것이다.

무엇이든지 전에 기록된 바는 우리의 교훈을 위하여 기록된 것이니, 우리로 하여금 인내로 또는 성경의 위로로 소망을 가지게 함이니라. 롬 15:4

성경을 읽을 때 시간과 공간을 넘어서서 오늘 내게 하시는 그분의 음성에 귀를 기울여야 한다. 성경은 우리에게 소망과 위로를 주기 위해 기록된 하나님의 말씀이다. 성경을 통해 우리는 무장되고, 하나님의 뜻이 무엇인지 알아서 그분의 뜻을 따라 살 수 있다.

내가 강의할 때는 시간과 공간적인 한계가 있다. 더 많은 사람들에게 알리고 싶을 때 좋은 방법이 책을 쓰는 것이다. 기록하는 것이다. 이것이 소통의 한 방법이다. 하나님께서 우리와 소통하시기 좋은 방법으로 택하신 게 바로 문자로 기록된 성경이다.

하나님께서 우리에게 주신 세 가지 놀라운 선물이 있다. 첫 번째는 그분의 아들인 예수 그리스도를 주신 것, 두 번째는 성경을 인간의 언어로 기록하여 주신 것, 세 번째는 성령을 주신 것이다. 성령은 우리가 성경 말씀을 이해할 수 있게 도와주신다. 우리의 눈을 떠서 말씀을 보게 하시고, 귀를 열어서 말씀을 듣게 하시며, 마음으로 말씀을 이해할 수 있게 역사하신다. 우리는 성경을 통해 말씀하시는 하나님과 만난다. 기록된 말씀을 통해 내게 하시는 말씀의 내용에 귀를 기울인다.

하나님의 음성의 특징

하나님의 음성의 특징을 알면 그 음성을 듣는 데 매우 유익하다. 왜냐하면 하나님의 음성인지 아닌지를 구별하는 기준이 되기 때문이다.

> 예언하는 자는 사람에게 말하여 덕을 세우며 권면하며 위로하는 것이요, 고전 14:3

예언은 하나님께서 예언의 은사를 가진 사람을 통해 내게 말씀하신 것이다. 그 내용을 보면 하나님의 말씀의 특징을 알 수 있다. 예언은 덕을 세우고, 권면하며, 위로하는 것이다.

"덕을 세우다"에서 '세우다'(build up, 오이코도메오[oikodomeo])의 의미는 '건축하다'(유 20절 참조), '든든히 서가다'이다(행 9:31 참조).

하나님의 말씀은 우리를 무너뜨리는 게 아니라 세워준다. 넘어진 자를 세워주고, 무너진 걸 다시 건축하게 하고, 약한 자를 강하고 더 든든히 서도록 한다.

"권면하다"(encourage, 파라클레시스[paraklesis])는 '곁에 서서 응원하고 지지하고 후원하다', '격려하다'라는 뜻이다. 하나님의 말씀은 우리를 격려하신다. 응원하고, 후원하고, 전폭적으로 지지하며 용기를 주신다. 하나님의 말씀은 내 곁에 계시며 나를 지지하는 아버지의 음성이다.

"위로하다"(comfort, 파라뮈디아[paramuthia])의 영어는 com과 fort의 합성어이다. 'fort'는 '요새'라는 뜻이다. 접두사 'com'은 뒤의 단어를 강화시킬 때 쓴다. 그러므로 '요새를 더 견고하게 하다', '내 삶을 더 굳건하게 세워주다'라는 뜻이다. 하나님의 말씀은 나를 더욱 굳건하게 세워준다.

나를 격려하고, 위로하며, 든든히 서게 하는 게 바로 하나님 말씀의 특징이다. 낙심하게 하고, 침체에 빠뜨리고, 묶이게 한다면 하나님의 음성이 아니다. 하나님의 말씀은 그분의 성품에서 나온다. 하나님은 사랑이시다. 그래서 늘 아버지요, 목자요, 친구로서 내게 말씀하신다.

모든 성경은 하나님의 감동으로 된 것으로, 교훈과 책망과 바르게 함과 의로 교육하기에 유익하니, 이는 하나님의 사람으로 온전하게 하며, 모든 선한 일을 행할 능력을 갖추게 하려 함이라. 딤후 3:16,17

성경은 우리 삶의 방향을 가리키는 지침서이다. 우리의 갈 길을 안내하는 내비게이션이나 지도와 같다. 하나님께서 성경을 기록하신 목적은 전적으로 우리의 유익을 위해서다. 교훈, 책망, 바르게 함, 의로 교육함이 그것이다.

"교훈"은 방향성이다. 우리가 가야 할 방향을 가리킨다. "책망"은 우리가 길을 잘못 들어설 때 알려주는 알림 장치다. 정죄나 심판이 아니라 더 이상 잘못된 방향으로 진행하지 않도록 경고한다. "바르게 함"은 잘못 들어선 길에서 원래의 길로 돌아갈 수 있도록 제시하는 교정자의 역할이다. 성경은 잘못을 지적하거나 문제를 분석하고 판단하게 하는 게 아니라 어떻게 하면 그 길에서 회복할 수 있는지를 보여준다. "의로 교육함"은 목적한 곳까지 갈 수 있도록 격려하고 지지하며 후원하는 역할이다. 그렇게 함으로 우리가 낙심하거나 포기하지 않도록 돕는다.

말씀의 유익성

→ ① 교훈
④ 의로 교육함 →
③ 바르게 함
② 책망

① 교훈
② 책망
③ 바르게 함
④ 의로 교육함

하나님께서는 '내가 무엇을 잘못하고 있고, 내가 어떤 사람인가'를 분석하지 않으신다. 그것을 목록으로 만들어 나를 점검하지도 않으신다. 내가 길을 잘못 들어섰을 때 알게 하시고, 돌아갈 길을 알려 주시며 끝까지 성취하도록 이끄신다.

그러므로 잘못된 길로 들어섰을 때, 낙심하거나 정죄감에 빠지지 말아야 한다. 하나님께서는 우리를 정죄하지 않으신다. 회복의 길을 제시하고, 회복시키신다. 더 나아가 완주하도록 우리 곁에서 격려하고 지지하시며, 우리의 앞에서 이끄신다.

성경은 우리를 하나님의 사람으로 온전하게 한다. 또 모든 선한 일을 행할 능력을 갖추게 한다. "갖추게 한다"라는 건 무장시킨다는 뜻이다. 전쟁에서 승리할 수 있는 군인으로 먼저 무장시킨 후 전쟁터로 보내는 것처럼 하나님의 뜻을 따라 살 수 있는 지혜와 능력을 주신다. 이것이 하나님 말씀의 특징이다. 하나님의 음성은 이 같은 하나님 말씀의 특징과 일치한다.

로고스와 레마

문자적으로 기록된 하나님의 말씀인 신구약 66권의 성경을 '로고스'(logos)라고 한다. 기록된 그 말씀이 내게 개인적으로 말씀하실 때가 있다. 내게 힘을 주고 생명과 능력이 된다. 이것을 '레마'(rhema)라고 한다.

예를 들면, 모든 전선(電線)에는 전력이 흐른다. 그 전력이 건물로 이어지고 누군가 스위치를 켤 때 불이 들어온다. 우리는 그때 전력을 경험하게 된다. 전선에 흐르는 전력을 '로고스'라고 한다면 건물에 등을 밝혀주는 전력을 '레마'라고 할 수 있다. 문자적으로 기록된 하나님의 말씀인 로고스를 개인적으로 경험할 때 그 말씀이 레마가 된다.

> 하나님의 말씀은 살아 있고 활력이 있어, 좌우에 날선 어떤 검보다도 예리하여, 혼과 영과 및 관절과 골수를 찔러 쪼개기까지 하며, 또 마음의 생각과 뜻을 판단하나니, 히 4:12

이 구절에서 "하나님의 말씀"은 원어로 '로고스'이다. 로고스의 말씀은 문자일 뿐이다. 그러나 살아 있고 활력이 있는 말씀, 어떤 검보다도 예리하여 내 혼과 영과 관절과 골수를 찔러 쪼개는 말씀의 능력을 경험한다면, 그 말씀은 '레마'이다.

> 사람이 떡으로만 살 것이 아니요, 하나님의 입으로부터 나오는 모든 말씀으로 살 것이라. 마 4:4

"하나님의 입으로부터 나오는 모든 말씀"은 원어로 '레마'이다. 우리가 음식을 먹음으로 육체를 강건하게 하는 것같이 하나님의 레마의 말씀은 우리의 속사람을 강건하게 한다. 우리가 겉사람의 건강을 위해서 음식을 먹듯이, 속사람의 건강을 위해서는 레마의 말씀을 먹어야 한다.

그러므로 믿음은 들음에서 나며 들음은 그리스도의 말씀(:레마)으로 말미암았느니라. 롬 10:17

이 구절의 "그리스도의 말씀"은 원어로 '레마'이다. 믿음은 성경을 문자적으로 읽거나 들을 때가 아니라 내게 개인적으로 하시는 그리스도의 레마의 말씀을 들을 때 생긴다.

무리가 몰려와서 하나님의 말씀(:로고스) 을 들을새, 예수는 게네사렛 호숫가에 서서 … 말씀(일반적으로 말하고, 이야기하는 것)을 마치시고 시몬에게 이르시되, "깊은 데로 가서 그물을 내려 고기를 잡으라." 시몬이 대답하여 이르되, "선생님, 우리들이 밤이 새도록 수고하였으되 잡은 것이 없지마는 말씀(:레마)에 의지하여 내가 그물을 내리리이다" 하고, 그렇게 하니 고기를 잡은 것이 심히 많아 그물이 찢어지는지라. 눅 5:1,4-6

베드로는 다른 사람들처럼 로고스의 말씀을 들었다. 그러나 그는 "깊은 데로 가서 그물을 내려 고기를 잡으라"라는 말씀을 자신에게 하시는 레마의 말씀으로 들었다. 레마의 말씀에는 능력이 있다. 그 말씀에 순종할 때, 베드로는 생애 최고의 날을 맞이했다. 그물이 찢어지고, 두 배가 물에 잠길 만큼 엄청난 양의 물고기를 잡았다. 대박이 터진 날이었다! 베드로는 그날 레마의 말씀에 반응했다.

이러므로 우리가 하나님께 끊임없이 감사함은, 너희가 우리에게 들은 바 하나님의 말씀(:로고스)을 받을 때에, 사람의 말로 받지 아니하고 하나님의 말씀(:레마)으로 받음이니 진실로 그러하도다. 이 말씀이 또한 너희 믿는 자 가운데서 역사하느니라. 살전 2:13

데살로니가의 그리스도인들은 바울이 전파하는 하나님의 로고스의 말씀을 들었다. 그리고 들은 바 말씀에 믿음으로 반응할 때 레마의 말씀의 역사를 경험했다. 그들의 믿음에 관한 소문이 그들이 사는 도시뿐 아니라 주변 지역까지 널리 퍼졌다.

하나님이 세상을 이처럼 사랑하사 독생자를 주셨으니, 이는 그를 믿는 자마다 멸망하지 않고 영생을 얻게 하려 하심이라. 요 3:16

요한복음 3장 16절은 로고스의 말씀이다. 그러나 내게 개인적으로 하시는 말씀으로 듣고 믿을 때 레마의 말씀의 역사로 영생을 얻게 된다. 마치 다음과 같이 들리게 된다.

하나님이 **나를** 이처럼 사랑하사 독생자를 주셨으니, 이는 그를 믿는 **나에게** 멸망하지 않고 영생을 얻게 하려 하심이라. 요 3:16

이 말씀이 내게 개인적으로 하시는 말씀으로 들리고, 그 말씀을 믿을 때 구원의 역사가 일어난다. 하나님의 로고스의 말씀이 내 것으로 들려서 믿을 때, 레마의 말씀으로 바뀌어 내게 생명의 능력으로 일한다.

송신기와 수신기

이는 마치 방송 시스템과 같다. 아나운서가 방송국에서 마이크에 대고 말한다. 그러면 방송국에서는 그 음성을 송신기로 가게 한다. '송신기'는 음성을 전파로 바꾸어 보내는 기능이 있다. 그 전파가 공중으로 이동한다.

우리가 아나운서의 음성을 들으려면 그 전파를 다시 처음의 음성으로 전환하는 장치를 통해야 가능하다. 이 장치를 '수신기'라고 한다. 수신기를 통해 우리의 귀에 아나운서의 음성이 들린다. 처음에 말했던 그대로 들린다. 전파의 속도는 매우 빨라서 공간을 뛰어넘는다. 그래서 방송국과 청취자의 거리에 상관없이 들리는 속도가 같다. 놀라운 발명이다!

기록된 말씀인 성경을 통해 하나님의 음성을 듣는 것도 이와 같은 원리다. 하나님의 말씀은 레마이다. 하나님의 말씀은 힘이 있어서 듣는 자들이 살아나고, 치유되고, 위로와 격려를 받고 세워진다. 레마의 말씀은 창조하는 힘이 있다. 우리를 자유케 하고, 치료한다.

레마의 말씀이 성령에 의해 문자로 기록되었다. 이것이 곧 하나님의 기록된 말씀인 성경, 로고스이다. 그리고 우리가 기록된 로고스의 말씀을 읽거나 들을 때 성령께서 그 말씀을 레마의 말씀으로 바꾸어 믿는 우리에게 말씀의 능력을 경험하게 하신다.

로고스와 레마

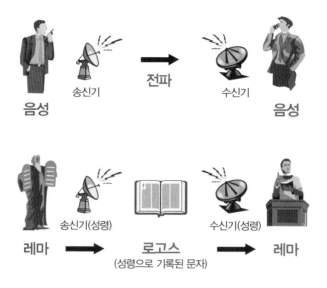

방송국에서 아나운서의 음성을 송신기를 통해 전파로 바꾸어 송출하면 수신기가 다시 원래의 음성으로 바꾸어 우리의 귀에 아나운서의 말이 그대로 들리게 된다. 이처럼 하나님의 레마의 말씀을 성령께서 로고스의 말씀, 문자(:모든 성경)로 기록하시고, 우리가 그 로고스의 말씀을 듣고 믿을 때 성령께서 다시 레마의 말씀으로 듣게 하신다.

성경은 단지 신학자들이 연구하기 위한 책이 아니다. 성경은 나를 위한 하나님의 말씀이다. 우리가 성경을 대할 때 하나님의 음성을 듣게 된다. 마치 송수신기에 의한 '음성 → 전파 → 음성'의 흐름처럼, 성령에 의해 '레마 → 로고스 → 레마'로 내게 말씀하신다.

그러므로 우리는 "성령님, 이 기록된 말씀을 통해 레마로 제게 말씀하십시오"라고 기도해야 한다.

어거스틴은 성경을 읽다가 예수를 믿고 삶을 완전히 주께 드렸다. 특히 로마서 13장 11-14절 내용의 "지금은 잠잘 때가 아니요, 일어나 깰 때다. 빛의 옷을 입자"라는 말씀을 "너, 이때까지 방탕하게 살았던 삶을 끝내버리고 이제부터 빛의 자녀로 살아라"라고 듣고 거듭났다. 성령께서 그에게 레마로 말씀하셨다.

하나님의 음성 듣기를 원하면 성경 말씀을 대해야 한다. 성경을 많이 대할수록 성령께서 기록된 말씀을 통해 내게 레마로 말씀하심을 듣는 게 더 수월하다.

부자와 나사로

한 부자가 있어 자색 옷과 고운 베옷을 입고 날마다 호화롭게 즐기더라. 그런데 나사로라 이름하는 한 거지가 헌데 투성이로 그의 대문 앞에 버려진 채, 그 부자의 상에서 떨어지는 것으로 배불리려 하매, 심지어 개들이 와서 그 헌데를 핥더라.

이에 그 거지가 죽어 천사들에게 받들려 아브라함의 품에 들어가고, 부자도 죽어 장사되매, 그가 음부에서 고통 중에 눈을 들어 멀리 아브라함과 그의 품에 있는 나사로를 보고 불러 이르되, "아버지 아브라함이여, 나를 긍휼히 여기사 나사로를 보내어 그 손가락 끝에 물을 찍어 내 혀를 서늘하게 하소서. 내가 이 불꽃 가운데서 괴로워하나이다.”
아브라함이 이르되, “애, 너는 살았을 때에 좋은 것을 받았고 나사로는 고난을 받았으니 이것을 기억하라. 이제 그는 여기서 위로를 받고 너는 괴로움을 받느니라. 그뿐 아니라 너희와 우리 사이에 큰 구렁텅이가 놓여 있어, 여기서 너희에게 건너가고자 하되 갈 수 없고, 거기서 우리에게 건너올 수도 없게 하였느니라.” 이르되, “그러면 아버지여! 구하노니 나사로를 내 아버지의 집에 보내소서. 내 형제 다섯이 있으니 그들에게 증언하게 하여 그들로 이 고통받는 곳에 오지 않게 하소서.” 아브라함이 이르되, “그들에게 모세와 선지자들이 있으니 그들에게 들을지니라.” 이르되, “그렇지 아니하니이다! 아버지 아브라함이여, 만일 죽은 자에게서 그들에게 가는 자가 있으면 회개하리이다.” 이르되, “모세와 선지자들에게 듣지 아니하면 비록 죽은 자 가운데서 살아나는 자가 있을지라도 권함을 받지 아니하리라” 하였다 하시니라. 눅 16:19-31

이 부자는 혼자서 모든 걸 배불리 먹는 속부였다. 나사로는 부자의 식탁에서 떨어지는 부스러기를 먹으며 살던 거지였다. 그런데 죽고 나서 거지 나사로는 아브라함의 품에서 위로받고, 이 속부는 불구덩이에 떨어졌다. 그는 그곳에서 엄청난 고통 가운데 지냈다. 부자가 생각했다.

'내 형제들이 나처럼 살다간 여기로 오겠구나. 나처럼 살지 않고 가난한 사람들을 돌본다면 아브라함의 품에 가겠구나.'
그래서 그가 아브라함에게 간청했다.

"내 형제가 다섯이 있는데 나사로를 보내어 이곳의 실상을 알게 하여 그들로 하여금 이 고통받는 곳에 오지 않게 하소서."

아브라함이 그에게 "모세와 선지자들이 있으니 그들에게 들으라"라고 했다. 그러자 부자가 "아닙니다. 죽었던 나사로가 가서 말하면 형제들이 회개할 것입니다!"라고 했다.

아브라함이 대답했다.

"아니다. 그들이 만일 모세와 선지자들에게 듣지 않는다면 비록 죽은 자 가운데서 살아나는 자가 있을지라도 권함을 받지 아니하리라."

"모세와 선지자들이 있으니 그들에게서 들으라"라는 건 곧 성경을 말한다. 모세는 '모세오경' 즉, 율법서를 가리킨다. 선지자들은 선지서를 말한다. 율법(:히브리어로 '토라')과 선지자(:히브리어로 '나비')는 구약을 대표한다.

우리 주 예수님이 "하나님을 사랑하고 이웃을 사랑하는 것이 율법과 선지자의 강령이니라"(마 22:40)라고 하심은 곧 "구약 성경 전체의 요약이다"라는 의미다.

로마서 3장 21절에 "이제는 율법 외에 하나님의 한 의가 나타났으니 율법과 선지자들에게 증거를 받은 것이라"라고 하심은 하나님의 의, 즉 예수 그리스도를 구약 성경 전체에서 증거하고 있다는 의미다.

주 예수께서 "너희가 성경에서 영생을 얻는 줄 생각하고 성경을 연구하거니와, 이 성경이 곧 내게 대하여 증언하는 것이니라"(요 5:39)라고 하셨다. 죽었던 나사로가 살아서 하나님의 뜻을 전달하는 것을 통해 하나님의 음성을 듣는 것이나 성경을 통해 그분의 음성을 듣는 것이 동일하다는 말이다.

무엇보다 성경을 통해 하나님의 음성을 듣는 게 더 중요하다. 하나님은 성경을 통해 그분의 뜻을 우리에게 전달하신다. 우리가 성경을 읽을 때 하나님의 음성을 듣지 않는다면 죽은 나사로가 살아나서 그분의 말씀을 전달해도 듣지 않을 것이다.

우리는 기록된 성경을 통해 하나님의 음성을 들어야 한다. 이것이 말씀을 대하는 중요한 자세이다. 하나님의 말씀 즉, 성경을 통해 하나님을 만나고, 그분의 음성을 들으며, 뜻을 알게 된다.

다니엘은 예레미야서를 읽으면서 하나님의 음성을 들었다(단 9:1,2 참조). 이스라엘이 비록 그들의 죄로 바벨론의 포로로 사로잡혀 가지만 하나님께서 긍휼히 여기셔서 70년 후에는 다시 포로에서 돌이키겠다는 말씀이 기록된 예레미야서를 읽으면서 그는 연수(年數)를 계산했다(렘 25:11,12,29:10 참조). 그리고 금식하며 하나님께 기도하고 간구했다(단 9:3-19 참조).

구약의 히브리인들은 레위인들이 회중 앞에서 말씀을 읽을 때 모두 일어나서 들었다. "말씀하시는 하나님 앞에 내가 서서 내게 말씀하시는 음성을 듣겠습니다"라는 고백이다. 곧 "기록된 말씀을 통해 내게 하시는 하나님의 말씀을 듣고 순종하겠습니다"라는 것이다.

우리가 말씀을 전할 때는 옛날이야기나 지식을 전하는 게 아니다. 하나님께서 레마로 하시는 말씀을 대신 전하는 것이다. 말씀을 읽거나 들을 때 문자적인 지식을 넘어서서 주 앞에서 주님을 경외하는 마음으로, 오늘 주께서 내게 무엇을 말씀하시는가를 듣고자 귀를 기울여야 한다. 성경을 대할 때마다 "성령님, 이 기록된 말씀을 통해 제게 레마로 말씀해주소서"라고 요청해야 한다.

말씀과 성령

예언은 언제든지 사람의 뜻으로 낸 것이 아니요, 오직 성령의 감동하심을 받은 사람들이 하나님께 받아 말한 것임이라. 벧후 1:21

하나님의 레마의 말씀을 성령으로 말미암아 기록한 게 성경이다. 따라서 기록된 말씀을 또한 성령으로 말미암아 레마로 받아야 한다.

보혜사 곧 아버지께서 내 이름으로 보내실 성령, 그가 너희에게 모든 것을 가르치고, 내가 너희에게 말한 모든 것을 생각나게 하리라. 요 14:26

성령은 하나님께서 내게 말씀하신 것들을 가르치신다. 나로 기록된 말씀을 깨닫게 하신다. 수신기가 전파를 음성으로 바꾸는 것처럼 성령께서 로고스의 기록된 말씀을 레마로 바꾸어 내게 말씀하신다.

진리의 성령이 오시면, 그가 너희를 모든 진리 가운데로 인도하시리니,

그가 스스로 말하지 않고 오직 들은 것을 말하며 장래 일을 너희에게 알리시리라. 요 16:13

진리의 성령께서 오시면 진리를 가르치시는 걸 넘어서서 진리를 만나게 하신다. 문자를 넘어서서 레마로 말씀하시는 하나님을 만나게 하신다.

기록된 바, "하나님이 자기를 사랑하는 자들을 위하여 예비하신 모든 것은, 눈으로 보지 못하고 귀로 듣지 못하고 사람의 마음으로 생각하지도 못하였다" 함과 같으니라.
오직 하나님이 성령으로 이것을 우리에게 보이셨으니, 성령은 모든 것 곧 하나님의 깊은 것까지도 통달하시느니라.
사람의 일을 사람의 속에 있는 영 외에 누가 알리요. 이와 같이 하나님의 일도 하나님의 영 외에는 아무도 알지 못하느니라. 우리가 세상의 영을 받지 아니하고 오직 하나님으로부터 온 영을 받았으니, 이는 우리로 하여금 하나님께서 우리에게 은혜로 주신 것들을 알게 하려 하심이라. 고전 2:9-12

우리가 사는 공간에는 방송국에서 보내는 무수한 소리와 영상이 있다. 그렇지만 눈으로 볼 수 없고, 귀로 들을 수 없다. 왜냐하면 전파로 되어 있기 때문이다. 수신기(TV)를 통해 전파를 음성과 화상으로 바꾸어 우리가 보거나 들을 수 있다. 공간을 넘어 방송국에서 송출한 것을 내 눈으로 보고 귀로 들을 수 있다. 이것은 내 능력으로 이루어진 게 아니라 오직 송수신기를 통해 가능하다.

우리가 성경을 통해 하나님의 음성을 듣는 것도 마찬가지다. 하나님께서 예비하신 건 사람의 귀로 들을 수 없고 마음으로 깨달을 수 없다. 인간적인 능력으로는 불가능하다.

"오직 하나님이 성령으로 이것을 우리에게 보이셨다."

내 능력이 아니라 오직 성령으로 우리에게 가능하게 하셨다. 우리는 세상의 영을 받지 않고, 하나님으로부터 온 영이신 성령을 받았다. 그 이유는 성령께서 우리로 하여금 하나님께서 은혜로 주신 것들을 경험하게 하기 때문이다.

기록된 성경을 통해 하나님의 음성을 듣고, 그분을 경험하는 건 성령으로 이루어진다. 하나님의 말씀인 성경을 자기 지혜나 생각으로 이해하는 건 불가능하다. 학력이나 경력 또는 경험으로 되는 게 아니다. 오직 성령으로만 이해된다. 누구나 성령을 의지하고 구할 때 기록된 하나님의 말씀을 통해 하나님을 보고, 음성을 듣고, 그분의 뜻을 깨닫게 된다.

우리가 이것을 말하거니와 사람의 지혜가 가르친 말로 아니하고, 오직 성령께서 가르치신 것으로 하니, 영적인 일은 영적인 것으로 분별하느니라. 육에 속한 사람은 하나님의 성령의 일들을 받지 아니하나니, 이는 그것들이 그에게는 어리석게 보임이요, 또 그는 그것들을 알 수도 없나니, 그런 일은 영적으로 분별되기 때문이라. 고전 2:13,14

하나님의 음성 듣기는 신비주의인가 김미진

하나님의 음성 듣기를 삶의 일부로 이해하려면 공부를 해야 한다. 그렇지 않으면 신비주의로 빠지기가 쉽다. 하나님께서 창조하신 세계와 타락과 구속의 역사를 통해 볼 때, 그분이 우리 개인이나 민족들의 번영을 위해 말씀하시는 게 아니다. "그 안에 생명이 있었으니 이 생명은 사람들의 빛이라"(요 1:4).

우리가 하나님의 음성을 듣는 과정에서 실제적 역할을 하는 것은 '말씀'과 '성령'이다

> 너희가 흠이 없고 순전하여 어그러지고 거스르는 세대 가운데서 하나님의 흠 없는 자녀로 세상에서 그들 가운데 빛들로 나타내며, 생명의 말씀을 밝혀 나의 달음질이 헛되지 아니하고 수고도 헛되지 아니함으로 그리스도의 날에 내가 자랑할 것이 있게 하려 함이라. 빌 2:15,16

하나님이 우리에게 말씀하시는 근본적인 것은 우리가 세상의 빛이 되어 생명의 말씀을 빛으로 밝히는 것이다. 그러기 위해 성령께서 우리가 변화된 성품으로 예수님을 닮아가도록 이끄신다. 하나님나라 안에서 온전한 삶을 살려면 우리를 향한 하나님의 마음과 우리를 통해 이루실 그분의 계획과 창조세계 안에 우리와 함께하시는 그분의 역사를 말씀 안에서 공부해야 한다.

처음에 나는 하나님의 음성 듣기를 너무 신비주의적으로 이해했다. 내 앞날에 대해 점을 치는 느낌으로 음성을 듣길 원했다. 그런데 성경

공부를 통해 그런 오해들이 벗겨졌다. '말씀 읽기'와 '묵상'을 통해 그 분 자체를 알아가는 게 가장 중요한 역할을 했다. 내게 인생의 광야는 오히려 하나님을 올바로 알 수 있는 축복의 시간이었다. ▬▬▬

성경을 통해 하나님의 음성을 들으려면

첫째, 성령의 도우심을 받아야 한다. 말씀을 대할 때 성령의 인도하심을 받는 건 매우 중요하다. 성경의 별명이 'open book(열린 책) & closed book(닫힌 책)'이다. 성경은 누구나 열 수 있고, 읽고 이해할 수 있다. 필요하다면 문단 나누기를 할 수 있고, 장마다 제목을 정할 수 있고, 설명할 수도 있다. 또 단어를 설명하거나 원어로 해석할 수도 있다. 하지만 그렇다고 해서 그 말씀이 열린 책은 아니다.

이 기록된 말씀을 넘어서서 살리고, 치료하고, 위로하고, 세워주고, 자유케 하는 놀라운 하나님의 레마의 말씀이 내게 다가올 때, 이 책은 열린 책이다. 그러나 성경의 내용은 알고 있지만 말씀이 내 삶을 만지는 게 없고, 문자 이상의 의미가 없다면 그에게 성경은 닫힌 책이다.

하나님 앞에 나아가 내 마음을 열어놓고 성령께서 말씀하시도록 구할 때 비로소 성경은 열린 책이 된다. 성경을 볼 때 내 지식과 능력과 지혜만 의지한다면 성경은 닫힌 책이다. 오직 성령을 의지하여 도움을 받을 때 열린 책이 된다.

둘째, 갈급한 마음이 있어야 한다. 잠언 8장 17절에 "나를 사랑하는 자들이 나의 사랑을 입으며 나를 간절히 찾는 자가 나를 만날 것이니라"라고 약속하셨다. "간절히"가 히브리어로는 '새벽에'이다. 하루 중에 오전이나 낮, 오후나 저녁이 아닌 새벽에 주 앞에 나아가서 하나님의 얼굴을 구하는 건 갈급한 사람만 가능하다. 주의 음성 듣기를, 주를 만나기를 사모하는 사람은 새벽에 주를 찾는다.

또 "누구든지 내게 들으며 날마다 내 문 곁에서 기다리며 문설주 옆에서 기다리는 자는 복이 있나니"(잠 8:34)라고 말씀하신다. 나이와 성별, 믿음의 연조(年祚), 지위와 신분을 떠나서 누구나 주를 기다리면 만나주신다.

하나님 앞에 나아가 그분의 문 곁에서 말씀하시는 음성을 듣고자 기다려야 한다. 날마다 기다려야 한다. 이는 갈급한 사람만 가능하다. 그 사람은 모든 일을 제쳐두고 하나님을 찾는다.

> 너희가 내게 부르짖으며 내게 와서 기도하면
> 내가 너희들의 기도를 들을 것이요,
> 너희가 온 마음으로 나를 구하면 나를 찾을 것이요,
> 나를 만나리라.
> 이것은 여호와의 말씀이니라.
> 나는 너희들을 만날 것이며,
>
> 렘 29:12-14

"부르짖는다", "온 마음으로 구한다"라는 것은 우리의 갈급함의 표현이다. 이런 마음으로 주를 구하면 주께서 만나주신다.

시편 42편 1절에 "사슴이 시냇물을 찾기에 갈급함같이 내 영혼이 주를 찾기에 갈급하니이다"라고 고백한다.

팔복의 제1복은 '심령이 가난한 자'이다. 이런 사람들은 간절한 마음을 가졌다. 주께 대한 갈급함, 주를 사모하는 마음이 가난한 자의 특징이다. 하나님의 나라는 그런 사람의 것이다. 그러나 마음이 부유해서 새벽에 주를 찾지 않고, 무릎으로 살지 않고, 갈급한 마음이 없다면 라오디게아교회처럼 미지근한 신앙이 된다. 우리의 심령이 불타고 날마다 갈급한 사람이 되는 게 꼭 필요하다.

이처럼 갈급하고, 간절하고, 목마른 마음은 외부에서 오는 게 아니다. 내가 목마른 마음을 갖기로 결정할 때 온다. 가장 큰 불행은 내 속에 주를 찾는 갈급함이 없는 것이다. 우리는 매일, 스스로 결정해야 한다.

"주님 제가 목마릅니다. 갈급합니다. 간절합니다."

이 마음을 갖기로 결정하면 내 안에 갈급한 마음이 생긴다.

"나의 영혼이 주를 가까이 따르니 주의 오른손이 나를 붙드시거니와"(시 63:8)에서 "가까이 따르다"(cling to)는 마치 담쟁이가 담에 딱 붙어서 담을 타고 올라가듯이 내 영혼이 주를 가까이 따르는 것을 의미한다.

"내 영혼이 주께 딱 붙어 있겠습니다."

"주님과 나 사이에 어떤 장애물도 두지 않겠습니다."

"주님과 나 사이에 그 어떤 것도 끼어들지 못하게 하겠습니다."

이런 결심으로 주를 따르는 사람을 주께서 그의 오른손으로 굳게 붙들어주신다. 넘어지지 않고, 흔들리지 않게 하실 것이다. 그런 사람은 주님과 친밀감을 유지하며 그분의 음성을 듣고 반응하는 삶을 살 것이다.

chapter 5

말씀 묵상을 통해 말씀하신다

하나님의 음성을 듣는 길 – 말씀 묵상

우리는 하나님께서 기록된 말씀을 통해 우리에게 말씀하심을 살펴보고 있다. 우리가 하나님의 음성을 듣는 가장 일반적인 방법은 기록된 말씀을 통해 듣는 것이기 때문이다.

다윗은 말씀을 묵상할 때 성령께 요청했다.

내 눈을 열어서 주의 율법에서 놀라운 것을 보게 하소서. 시 119:18

나에게 주의 법도들의 길을 깨닫게 하여 주소서. 시 119:27,34

하나님의 말씀을 통해 주 앞에 머물 때 주께 요청해야 한다.

"주의 말씀을 저로 하여금 깨닫게 해주소서. 제 눈을 열어 보게 하소서. 제 귀를 깨우쳐 알아듣게 해주소서."

이사야는 성경을 대할 때 성령께서 자신의 귀를 깨우쳐서 알아듣게 해주시기를 구했다.

주 여호와께서 학자들의 혀를 내게 주사 나로 곤고한 자를 말로 어떻게 도와줄 줄을 알게 하시고, 아침마다 깨우치시되 나의 귀를 깨우치사 학자들같이 알아듣게 하시도다. 사 50:4

학자의 혀는 말로 사람들을 위로한다. 하나님의 말씀을 전하고, 그 사람의 상황에 맞는 위로와 회복과 격려를 하게 한다. 학자의 혀는 '아침마다 나의 귀를 깨우치셔서 먼저 알아듣게 하심'으로 가능하다.

학자의 혀가 되려면 먼저 학자의 귀가 되어야 한다. 혀는 말하고 귀는 듣는다. 맹인은 볼 수 없으나 듣고 말하기는 가능하다. 농아는 볼 수 있지만 말을 못하는 동시에 듣지 못한다. 먼저 듣고 그다음에 입으로 말한다. 귀로 들을 때 혀가 열린다. 귀와 혀는 서로 연관이 있다. 들을 줄 모르면 말할 줄도 모른다.

날마다 성경을 통해 하나님의 말씀을 귀로 들을 때 비로소 다른 사람들을 말로 위로하고 도와줄 수 있다. 하나님의 뜻을 따라 말하기를 원하고, 그리스도인으로서 세상에 영향을 주는 삶을 살기 원한다면 하나님의 음성을 들을 줄 알아야 한다.

하나님의 음성을 들으면 사고가 바뀐다. 사고가 바뀌면 말이 바뀌고, 말이 바뀌면 삶이 바뀐다. 내 삶이 바뀌면 세상에 영향을 주는 삶을 살게 된다.

아침마다 주 앞에 머물며 그분의 음성에 귀를 기울이는 세븐업이 중요하듯이 날마다 말씀을 묵상하는 시간도 귀하다. 우리가 하나님의 말씀을 묵상할 때 하나님의 음성을 듣게 된다. 말씀 묵상은 기록된 로고스의 말씀을 성령으로 우리에게 레마의 말씀으로 말씀하시는 과정이다.

마음의 정원사

그러므로 모든 더러운 것과 넘치는 악을 내버리고 너희 영혼을 능히 구원할 바 마음에 심어진 말씀(:로고스)을 온유함으로 받으라. 약 1:21

꽃씨를 심지 않고 가지고만 있으면 그대로 있지만 그것을 땅에 심으면 생명을 내서 꽃을 피운다. 마찬가지로 로고스인 하나님의 말씀을 우리의 영혼을 능히 구원할 레마의 말씀으로 경험하려면 그 말씀을 마음에 심어야 한다.

하나님의 말씀(:로고스)은 마치 씨앗과 같다. 우리의 마음 밭에 심었을 때, 구원의 열매가 맺힌다. 열매는 하나님의 말씀인 레마이다. 그 말씀은 능히 우리의 영혼을 구원한다.

그래서 우리는 마음의 정원사가 되어야 한다. 정원사가 며칠간 정원을 돌보지 않으면 놀랍게도 잡초가 무성해지고 점점 황폐해진다. 잡초를 심지 않았지만 바람을 타고 날아온 잡초의 씨앗이 내 정원에 침입하여 정원을 해친다. 정원사는 정원에 잡초가 나지 않도록 부지런히 살펴야 한다. 또한 화초가 잘 자라서 아름다운 꽃을 피울 수 있도록 돌봐야 한다.

하나님의 말씀을 우리 마음의 정원에 심어야 한다. 어떻게 심을 수 있을까? 말씀을 마음에 심는다는 건 무엇을 의미하는가? 우리가 말씀을 묵상할 때 그 말씀이 마음에 심겨진다.

왜 말씀을 마음에 심어야 하는가

내 아들아, 내 말에 주의하며 내가 말하는 것에 네 귀를 기울이라. 그 것을 네 눈에서 떠나게 하지 말며, 네 마음 속에 지키라. 그것은 얻는 자에게 생명이 되며, 그의 온 육체의 건강이 됨이니라.

모든 지킬 만한 것 중에 더욱 네 마음을 지키라. 생명의 근원이 이에서 남이니라.

구부러진 말을 네 입에서 버리며, 비뚤어진 말을 네 입술에서 멀리하라. 네 눈은 바로 보며, 네 눈꺼풀은 네 앞을 곧게 살펴 네 발이 행할 길을 평탄하게 하며, 네 모든 길을 든든히 하라. 좌로나 우로나 치우치지 말고 네 발을 악에서 떠나게 하라. 잠 4:20-27

하나님은 마음을 강조하신다. 마음이 생명의 근원이 되기 때문이다. 그러므로 마음을 지켜야 한다. 우리의 마음을 잘 돌봐야 한다. "마음을 지키라"라는 건 마치 정원사가 정원을 가꾸듯 마음을 돌보라는 것이다. 한마디로 마음의 정원사가 되라는 것이다.

마음의 정원사가 되는 게 왜 중요한가? 내 마음에 무엇이 심겼는지가 중요하기 때문이다. 모든 생명의 근원이 마음에 있기에 '마음에 무엇이 심겼는가'가 삶 전체에 큰 영향을 준다. 내 마음의 상태에 따라 내 삶이 형성된다.

컴퓨터-입력과 출력

컴퓨터에 무엇을 입력하든지 그대로 저장되고 출력된다. 가령 '나는 하나님을 사랑하지 않습니다'라고 입력하면 그대로 저장된다. 그리고 프린터로 출력하면 그대로 나온다. 그런데 내가 원하는 건 '나는 하나님을 사랑합니다'이다. 그래서 다시 출력을 한다. 결과는 똑같다. 내가 원하는 걸 얻을 때까지 계속 출력하려고 한다면 안타깝게도 시간과 재정만 낭비할 뿐이다.

왜 내가 원하는 메시지가 나오지 않고 내가 원하지 않는 메시지만 출력되는가? 그것은 입력을 잘못했기 때문이다. 입력한 대로 저장되어 있다. 그런 경우 어떻게 해야 하는가? 먼저 컴퓨터에 저장되어 있는 원하지 않는 메시지를 'delete'(삭제) 버튼을 눌러 삭제한다. 그러고는 다시 내가 원하는 메시지인 '나는 하나님을 사랑합니다'를 입력해야 출력이 된다.

여기서 출력은 '행동'의 영역이다. 우리가 행동을 교정하는 데 초점을 맞춘다면 근본적인 해결이 되지 않는다. 입력은 우리의 '생각'의 영역이다. 컴퓨터 본체는 '마음'의 영역이다. 우리가 입력하는 그것이 그대로 본체에 저장되듯이 무엇을 생각하는지가 마음에 저장되고, 그것에 의해 행동한다.

  우리가 무엇을 입력하든지 그대로 저장되고, 저장된 대로 출력된다. 그래서 가장 중요한 게 입력이다. 이 과정에서 모든 게 결정된다. 즉 무엇을 생각하느냐에 따라 행동이 결정된다.

  생각을 심으면 행동을 거둔다.
  행동을 심으면 습관을 거둔다.
  습관을 심으면 인격을 거둔다.
  인격을 심으면 영원을 거둔다.

  한마디로 생각에 따라 행동과 습관과 인격이 형성된다. 무엇을 생각하느냐에 따라서 마음에 그대로 심긴다. 마음과 생각이 연결되어 있기 때문이다. 우리의 생명의 근원이 마음에서 나오기에 생각이 무엇보다 중요하다.

생각을 새롭게 하라

하나님께서는 생각의 중요성에 대해 로마서와 에베소서와 골로새서, 그리고 빌립보서를 통해 강조하셨다.

> 너희는 이 세대를 본받지 말고, 오직 마음을 새롭게 함으로 변화를 받아, 하나님의 선하시고 기뻐하시고 온전하신 뜻이 무엇인지 분별하도록 하라. 롬 12:2

이 세대를 본받지 않고 하나님의 뜻을 따라 살려면 내가 먼저 변화를 받아야 한다. 어떻게 변화를 받을 수 있는가? 마음을 새롭게 할 때 가능하다. 여기서 마음은 생각의 영역이다.

> 너희는 유혹의 욕심을 따라 썩어져 가는 구습을 따르는 옛 사람을 벗어버리고, 오직 너희의 심령이 새롭게 되어, 하나님을 따라 의와 진리의 거룩함으로 지으심을 받은 새 사람을 입으라. 엡 4:22-24

벗어버려야 할 것은 옛 사람이다. 옛 사람의 특징은 유혹의 욕심을 따라 썩어져 가는 옛 습관을 따른다. 에베소서 4장 17-19절에서 옛 습관을 열거하고 있다. 허망한 마음으로 행함, 어두워진 총명, 하나님의 생명에서 떠나게 하는 무지함과 굳어진 마음, 감각이 없어져 방탕과 방임함으로 모든 더러운 것을 욕심으로 행함이다. 입어야 할 것은 새 사람이다. 새 사람의 특징은 의와 진리의 거룩함이다.

어떻게 옛 사람을 벗고 새 사람을 입을 수 있을까? 더 이상 옛 사람의 행동을 따르지 않고 새 사람의 행동을 할 수 있을까?

이것은 오직 심령을 새롭게 할 때 가능하다. 에베소서 4장 23절의 "심령을 새롭게 하는 것"과 로마서 12장 2절의 "마음을 새롭게 하는 것"의 한국어 표현은 다르지만 원어로는 같은 단어다. 심령 혹은 마음은 생각의 기능이다. 어떤 단어나 문장, 의미를 띠는 사고의 영역이다. 그러므로 '생각을 새롭게 하는 것'이 변화의 열쇠다.

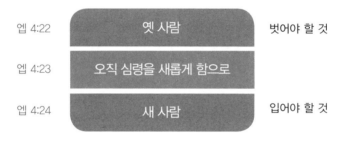

너희가 서로 거짓말을 하지 말라. 옛 사람과 그 행위를 벗어버리고, 새 사람을 입었으니, 이는 자기를 창조하신 이의 형상을 따라 지식에까지 새롭게 하심을 입은 자니라. 골 3:9,10

새 사람을 입는 비결은 "지식에까지 새롭게 할 때" 이루어진다. 지식은 어떤 것을 이해하고 인식하는 걸 말한다.

끝으로 형제들아, 무엇에든지 참되며, 무엇에든지 경건하며, 무엇에든지 옳으며, 무엇에든지 정결하며, 무엇에든지 사랑받을 만하며, 무엇에든지 칭찬받을 만하며, 무슨 덕이 있든지, 무슨 기림이 있든지 이것들을 생각하라. 빌 4:8

에베소서 4장 23절의 "심령이 새롭게 되어", 로마서 12장 2절의 "마음을 새롭게 함으로", 골로새서 3장 10절의 "지식에까지 새롭게 하심", 이 세 구절은 같은 영역을 말한다. 그리고 빌립보서 4장 8절은 이것을 한마디로 요약하는데, 곧 "이것들을 생각하라"이다. 즉, '생각의 여덟 가지 기준'이다.

내 삶의 변화의 열쇠는 오직 한 가지, 생각을 새롭게 하는 것이다. 이것은 곧 컴퓨터의 입력에 해당한다. 어떤 정보를 컴퓨터에 입력할 것인가, 말 것인가를 결정한 후에 입력하고 본체에 저장한다. 이같이 결정하여 입력하는 게 생각하는 과정이다.

생각은 지적인 이해와 인식의 능력이 있다. 즉 무엇을 생각할 것인가, 말 것인가를 분별할 수 있다. 보는 눈과 듣는 귀를 통해 정보가 들어오고 생각이 이루어진다. 그러므로 보고 듣는 걸 내 마음에 다 들어가게 하면 안 된다. 언제나 거름망이 있어야 한다. 이를 통해 들어갈 것과 걸러낼 것을 구별해야 한다.

다음의 여덟 가지 기준의 거름망을 통과해야 한다.

1. 무엇이든지 참된 것
2. 무엇이든지 경건한 것

3. 무엇이든지 옳은 것

4. 무엇이든지 정결한 것

5. 무엇이든지 사랑받을 만한 것

6. 무엇이든지 칭찬할 만한 것

7. 무엇이든지 덕이 있는 것

8. 무엇이든지 명예로운 것

이것들을 생각 안에 들어가게 하라. 반대의 것들은 다 걸러내라. 우리는 지금 정보의 홍수 시대를 살고 있다. 우리의 눈과 귀로 수많은 정보가 밀고 들어오려고 한다. 이때 거름망으로 내 마음의 정원을 잘 가꾸어야 한다. 그러지 않으면 내가 원하지 않는 것들이 들어와 내 마음을 황폐하게 만든다.

생각의 거름망
여덟 가지 기준

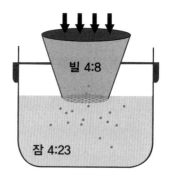

빌 4:8

잠 4:23

모든 지킬 만한 것 중에 더욱 네 마음을 지키라. 생명의 근원이 이에서 남이니라. 잠 4:23

새가 당신의 머리 위로 날아가는 것을 막을 수 없지만
당신 머리 위에 둥지를 트는 것은 막을 수 있다.

- 마르틴 루터

생각이 결과를 낳는다 　김미진

나는 완전히 망하기 전에 지푸라기라도 잡고 싶은 심정으로 하나님의 음성을 듣고 예언한다는 사람들을 찾아다녔다. 위로를 받기도 했지만 어떤 경우에는 조종당한다는 느낌을 받았다. 나를 한쪽으로 몰아가는 사람도 있었다. 그가 시키는 대로 일을 진행하도록 나를 부리는 경우도 있었다.

그때는 잘 몰랐지만 내 목자의 음성이 아닌 걸 내 영이 알고 있었다. 하나님의 계획은 목자들을 통해 양을 이끌어가신다. 양은 그분의 음성을 알고 타인을 따르지 않는다(요 10:1-16 참조).

망한 후에 살던 집에서는 쫓겨났고, 당장 끼니를 해결하지 못할 지경이 되었다. 굶는 아들을 위해 쌀 한 되가 필요했다. 친구 집에 쌀을 얻으러 갔는데 친구의 딸이 엄마가 집에 없다고 했다.

다음 날도, 그다음 날에도, 아침에도, 저녁에도 친구는 없었다. 어느 날, 딸이 또 엄마가 없다고 하기에 친구가 올 때까지 기다리기 위해 대문 앞에 앉았다. 얼마가 지났을까. 집에 없다던 친구의 목소리가 집안에서 들려왔다. 살짝 창문으로 친구의 모습이 보였다. 나는 그 자리에 힘없이 주저앉고 말았다. 이때를 놓치지 않고 사탄이 내게 속삭였다.

'넌 버림받았어. 친한 친구까지 널 버렸잖아.'

친구에 대한 배신감과 절망이 몰려왔다. 그 이후부터 사람들을 만나고 싶지 않아서 나만의 세계로 숨어버렸다. 내 얼굴에서 웃음이 완전히 사라졌다. 내가 처한 환경이 나를 지배하기 시작했다. 계속되는 부정적인 생각이 나를 사로잡았고, 결국 스스로 목숨을 버리려는 행동으로 이어졌다.

이때 나를 잡아준 게 "생각이 결과를 낳는다"라는 홍 목사님의 강의였다. 머릿속에 무엇을 입력하면 그대로 출력(행동)되어 나온다는 거였다. 상처 입은 마음의 회복과 새로운 삶을 위해 나는 필사적으로 머릿속의 입력(생각)을 바꿔야 했다.

말씀 묵상과 세븐업 시간을 통해 말씀으로 내 마음과 머릿속을 채우고, 말씀대로 생각하고 말하는 법을 배웠다.

그러던 어느 날, 또 사탄이 '하나님도 널 사랑하지 않아'라고 내게 속삭였다. 하나님의 사랑까지 의심하게 하는 그의 전략이었다. 나는 바로 거울 앞으로 달려가 거울 속의 내게 말했다.

"아니, 하나님께서는 미진이를 사랑하신다. 당신의 목숨까지 주신 사랑으로 나를 사랑하신다."

이 연습은 놀라운 효과를 가져다주었다. 얼마 지나자 거울 속의 내가 웃고 있었다. 사탄이 속삭일 때마다 그의 말을 거절하고, 하나님의 말씀대로 내게 말해주는 연습을 통해 웃음을 되찾았다. 그리고 내가 처한 환경에서 말씀하시는 하나님의 음성으로 인해 희망이 보이고, 점점 소망이 생겼다.

여호와의 말씀이니라. 너희를 향한 나의 생각을 내가 아나니 평안이요, 재앙이 아니니라. 너희에게 미래와 희망을 주는 것이니라. 너희가 내게 부르짖으며 내게 와서 기도하면 내가 너희들의 기도를 들을 것이요, 너희가 온 마음으로 나를 구하면 나를 찾을 것이요, 나를 만나리라.
렘 29:11-13

하나님께서 절망 가운데 있는 나를 이 말씀으로 격려하셨다. 그리고 나를 향한 그분의 생각을 말씀해주셨다. 재앙이 아니라 평안이었다. 그분이 설계하신 내 미래를 말씀해주셨다. 그것은 소망이었다. 내가 주께 나아갈 때마다 내 기도를 들으시고, 주를 찾을 때마다 만나주신다고 말씀하셨다.

무엇을 읽고, 듣고, 보고, 생각하는지가 그렇게 중요한지 몰랐다. 말씀에 기반을 두고 생각을 바꾸는 훈련을 통해 점점 마음이 바뀌게 되었다. 생각 따로, 행동 따로일 수가 없다. 상황만 되면 생각했던 게 행동으로 나온다. ▬▬▬

말씀 묵상은 어떻게 하는가

너희 영혼을 능히 구원할 바 마음에 심어진 말씀을 온유함으로 받으라.
약 1:21

말씀을 마음에 심는 과정이 곧 '말씀 묵상'이다. 말씀을 마음의 정원에 심지 않으면 온갖 것들이 생각을 통해 마음에 들어간다. 세상적인 것(:철학과 이론과 각종 사상), 육신적이고, 정욕적인 것들이 내 생각을 사로잡으려고 한다.

그런데 생명의 근원이 마음에 있다. 그러므로 마음을 지키고 잘 돌봐야 한다. 가장 아름답고 좋은 것을 마음의 정원에 심어야 한다. 잡초가 들어오면 속히 뽑아버려야 한다. 정원이 황폐해지지 않도록 날마다 돌봐야 한다.

내 마음의 정원에 무엇을 심는 게 가장 좋은가? 바로 하나님의 말씀이다.

내 아들아, 내 말에 주의하며 내가 말하는 것에 네 귀를 기울이라. 그것을 네 눈에서 떠나게 하지 말며, 네 마음 속에 지키라. 잠 4:20,21

우리의 귀를 기울여 말씀을 듣고, 그 말씀을 눈에서 떠나지 말게 하고, 마음속에 새긴다. 그리고 하루 종일 그 말씀이 내 삶에서 행동으로 나타나도록 한다. 이것이 묵상의 과정이다.

말씀 묵상의 유익

복 있는 사람은 악인들의 꾀를 따르지 아니하며 죄인들의 길에 서지 아니하며 오만한 자들의 자리에 앉지 아니하고, 오직 여호와의 율법을 즐거워하여 그의 율법을 주야로 묵상하는도다. 그는 시냇가에 심은 나무가 철을 따라 열매를 맺으며, 그 잎사귀가 마르지 아니함 같으니, 그가 하는 모든 일이 다 형통하리로다. 시 1:1-3

이 말씀 가운데 중심 되는 단어는 '복 있는 사람'이 아니라 '말씀을 묵상하는 자'이다. 말씀을 묵상하는 자의 삶의 결과를 말하고 있다.

말씀을 묵상하는 사람에게 어떤 일이 일어나는가?

첫 번째, 말씀을 묵상하는 사람은 '복'이 있다. 시편 1편 1절에 "복이 있다"라는 건 하나님께서 아브라함에게 "내가 너를 축복하리라"라고 하실 때의 복과 의미가 다르다. 이 복은 '넘치는 기쁨이 있다'라는 뜻이다. 하나님의 말씀을 묵상하는 자의 삶에는 넘치는 기쁨이 있다. 그래서 어떤 환경에 처할지라도 기뻐할 수 있다. 말씀을 묵상하는 사람에게는 상황을 이기는 기쁨이 있다.

이 땅에 사는 사람은 모두 기후의 영향을 받는다. 가끔 구름이 두껍게 덮여 있으면 대낮에도 컴컴하다. 그런데 비행기를 타고 이륙하면 (국내선은 보통 고도 5-8킬로미터, 국제선은 10킬로미터 이상으로 난다),

아무리 두꺼운 구름이 덮이고, 비가 많이 와도 그것을 뚫고 올라간다. 그래서 두꺼운 구름 위로, 빛나는 태양 아래 날아가고 있는 걸 창을 통해 보게 된다. 더 이상 흐리거나 비가 오지 않고 태양이 빛난다.

지상에 있는 사람에게는 여전히 두꺼운 구름으로 태양이 가려서 보이지 않는다. 그는 기후에 영향을 받는다. 구름이 없으면 맑은 날, 많으면 흐린 날, 비가 오면 비오는 날이다.

그러나 비행기를 타고 높은 데로 날아가는 사람에게는 항상 맑은 날이다. 아래는 비가 와도 위는 맑다. 그는 환경 위에 있는 사람이다. 시편에서 말하는 복은 이런 것이다. 말씀을 묵상하는 사람은 복이 있다.

높은 데로 다니는 사람의 고백을 들어보라.

비록
무화과나무가 무성하지 못하며
포도나무에 열매가 없으며
감람나무에 소출이 없으며
밭에 먹을 것이 없으며
우리에 양이 없으며
외양간에 소가 없을지라도,
나는 여호와로 말미암아 즐거워하며
나의 구원의 하나님으로 말미암아 기뻐하리로다.
주 여호와는 나의 힘이시라.

나의 발을 사슴과 같게 하사

나를 나의 높은 곳으로 다니게 하시리로다.

합 3:17-19

이 사람은 가진 게 아무것도 없다. 그래도 즐거워하며 기뻐한다. 그의 기쁨이 오직 하나님으로 말미암아 오기 때문이다. 그의 힘은 하나님이다. 그분이 힘이요, 기쁨이요, 즐거움이다. 이런 사람은 환경의 영향을 받지 않는다.

하나님은 이런 사람의 발을 사슴과 같게 하셨다. 사슴의 발은 앞발보다 뒷발이 더 길다. 그래서 높은 데를 빨리 올라간다. 바위를 건너뛸 때도 미끄러지지 않는다. 말씀을 묵상하는 사람은 이런 삶을 산다. 그에게는 늘 넘치는 기쁨이 있다.

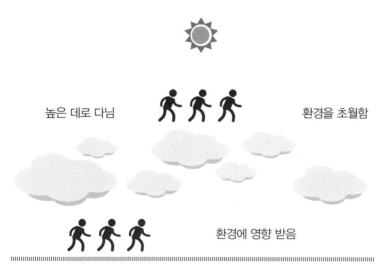

높은 데로 다님   환경을 초월함

환경에 영향 받음

빌립보서는 복음을 전파하다가 감옥에 갇힌 바울이 감옥 밖의 빌립보 그리스도인들에게 보낸 편지다. 그래서 '옥중서신'이라고 불린다. 그러나 빌립보서는 '기쁨의 책'이라고도 불린다. 감옥 안의 바울이 감옥 밖의 그리스도인들에게 "기뻐하라"라고 계속 강조하기 때문이다. 얼마나 놀라운 일인가! 감옥 밖의 사람이 수감자에게 "비록 환경이 힘들더라도 우리 주 예수 그리스도를 생각함으로 견디기 바랍니다. 그런 가운데도 기뻐하기 바랍니다"라고 해야 하지 않을까? 그런데 빌립보서는 정반대의 상황이다.

이와 같이 너희도 기뻐하고 나와 함께 기뻐하라. 빌 2:18

나의 형제들아, 주 안에서 기뻐하라. 빌 3:1

주 안에서 항상 기뻐하라. 내가 다시 말하노니 기뻐하라. 빌 4:4

바울의 기쁨은 환경을 초월했다. 감옥은 그의 기쁨을 가둘 수가 없었다. 그는 높은 데로 다니는 사람이다. 말씀을 묵상할 때 이런 기쁨이 주어진다.

두 번째, 말씀을 묵상하는 사람은 철을 따라 열매를 맺는다. 가장 큰 열매는 '성령의 열매'이다. 아홉 가지 성령의 열매는 성품의 열매다.

오직 성령의 열매는 사랑과 희락과 화평과 오래 참음과 자비와 양선과 충성과 온유와 절제니 이같은 것을 금지할 법이 없느니라. 갈 5:22,23

말씀을 묵상하는 사람은 갈수록 예수 그리스도를 닮아간다. 그의 모습에서 예수 그리스도의 모습이 보이고, 그리스도의 향기를 맡을 수 있다. 또한 조건 없는 사랑이 드러난다. 그는 기쁨의 삶, 화평의 삶, 용서와 용납, 하나됨의 삶을 산다. 급히 성내지 않고 혈기를 다룰 줄 안다. 맡겨진 일에 충성하며 성실하다. 그래서 말씀을 묵상하는 사람은 주변의 사람들과 좋은 관계를 갖는다.

세 번째, 말씀을 묵상하는 사람은 잎사귀가 마르지 아니함 같다. 잎사귀가 마른 것 같은 삶은 여유가 없다. 마음이 딱딱하고 메마르고 강퍅하다. 잎사귀가 마르지 않는다는 것은 물기가 있어 싱싱하고 생동감이 있다는 것이다. 생명이 흘러가기 때문에 늘 푸르다. 이처럼 말씀을 묵상하는 사람은 다른 사람을 대할 때 '여유'와 '부드러움'이 있다. 역동적이며 삶에 활기가 넘친다.

네 번째, 말씀을 묵상하는 사람은 하는 모든 일이 다 '형통'하다. 이는 '막힘이 없다'라는 것이다. 성공하는 삶, 실패가 없는 삶이다. 사람들은 자신의 능력의 한계로 인해 실패에 대한 두려움이 있다. 그러나 말씀을 묵상하는 사람은 하나님이 주시는 지혜와 능력으로 주어진 일을 충분히 감당한다. 주변 사람들에게도 호의를 받는다.

모세에 이어 리더십을 발휘해야 하는 여호수아에게 한 가지 부담이 있었다. 그의 마음에는 '과연 나는 성공할 수 있을까'라는 생각으로 가득했다. 하나님께서 그에게 성공의 비결을 말씀하셨다.

이 율법책을 네 입에서 떠나지 말게 하며, 주야로 그것을 묵상하여 그 안에 기록된 대로 다 지켜 행하라. 그리하면 네 길이 평탄하게 될 것이며, 네가 형통하리라. 수 1:8

말씀 묵상의 조건

오직 여호와의 율법을 즐거워하여 그의 율법을 주야로 묵상하는도다. 시 1:2

말씀을 묵상할 때 말씀을 즐거워하라. 말씀을 억지로 대하지 말고 기쁘게 대하라. 의무감이 아니라 가장 맛있는 음식을 먹는 것처럼, 멋진 풍경을 구경하는 것처럼 말씀을 즐거워하라.

금 곧 많은 순금보다 더 사모할 것이며 꿀과 송이꿀보다 더 달도다. 시 19:10

또한 말씀을 주야로 묵상하라. 아침에 묵상하고 끝나는 게 아니라 종일 묵상하는 것이다. 아침에 묵상한 말씀을 내내 소화시키는 것이다. 소와 양이 네 개의 위가 있어서 먹은 음식을 하루 내내 되새김질하듯이.

아침에 묵상한 걸 출근하면서 한 번 더 생각해보라. 점심 식사 후에 다시 되새김질하라. 저녁에 퇴근하면서 또 묵상하라. 처음엔 익숙하지 않아 시간이 많이 걸릴 것이다. 그러나 나중에는 단 30초, 1분만이라도 시간을 내어 되새김질할 수 있다.

아침에 한 번만 묵상하고 끝낸 것과 하루에 여러 번 되새김질하면서 묵상한 건 그 결과가 다르다. 되새김질을 하면 할수록 소화가 잘되듯이 그 말씀이 내 안에서 위에 언급한 네 가지의 결과를 낳게 하는 정도가 다르다. 주야로 말씀을 묵상하는 연습을 하라.

말씀 묵상은 어렵지 않다. 어떤 사람은 어렵다고 생각해서 다른 사람들이 친절하게 설명한 걸 읽는 것으로 대신한다. 처음에는 익숙하지 않기에 어려울 수 있지만 익숙해지면 말씀 묵상의 축복을 경험할 것이다.

말씀 묵상할 때 좋은 질문이 필요하다.

"성령님, 이 기록된 말씀을 통해 제게 말씀하소서."

그리고 나서 말씀을 천천히 읽는다. 처음에 읽을 때 아무런 느낌이 없다면 다시 읽는다. 그러다 어느 한 단어, 한 구절, 한 단락에서 마음에 무언가 주어지는 게 있다. 마치 누가 옆구리를 콕 찌르듯이, 아니면 살짝 어깨를 두드리듯이 내 마음을 움직이는 게 있다. 이 구절을 통해 주님이 내게 말씀하시기 때문이다. 그럴 때 그 부분에 집중하여 처음의 질문을 다시 하라.

"주님, 이 기록된 말씀을 통해 제게 말씀하소서."

성령께서 지금 내게 응답하시는 중이다. 첫 질문에 이어 더 발전된 질문을 하라.

"주님, 이 말씀을 통해 제게 무엇을 말씀하기 원하십니까?"

그리고 주께서 말씀하신 걸 노트에 적는다. 나는 이때 "하나님의 음성을 들었다"라고 말한다. 그러나 다르게 표현하는 사람도 많다.

"이 말씀으로 은혜를 받았다."

"이 말씀에 감동받았다."

"이 말씀에 마음이 찔렸다."

"이 말씀이 위로가 되었다."

표현은 다르더라도 실상은 다 같다. 각자가 받은 이해가 다르기 때문이다. 그러나 시간이 지나고 하나님과 친밀해질수록 묵상을 통해 그분의 음성을 인식하게 될 것이다.

내게 감동이 되는 말씀이 있다면 주님이 내게 말씀하고 계신 것이다. 주의 음성을 듣고 있는 것이다. 계속 주 앞에 귀를 기울이고 머무는 삶을 살면 나중에는 인격적으로 주께서 내게 말씀하시는 걸 알게 된다.

처음에는 감동이 되거나, 은혜가 되거나, 마음이 기쁘거나, 위로가 되거나, 평안함을 느끼는 등 내 안에서 뭔가 나를 건드리는 게 느껴진다. 표현은 다르지만 계속 주 앞에 가까이 가면 갈수록 나중에는 하나님의 음성으로 들린다.

주일에 같은 설교를 들어도 "오늘 목사님을 통해 하나님께서 내게 이렇게 말씀하셨다"라고 하는 사람이 있는가 하면 "오늘 목사님의 말씀에 은혜를 받았다", "감동이 되었다"라고 표현하기도 한다. 하나님의 음성을 듣는다는 것에 대해 한쪽으로만 생각하지 말라. 그 사람의 상황에 따라 다르게 표현될 뿐이다.

주께서 말씀하신 것 또는 내게 은혜가 된 것을 노트에 적고, 다음의 질문을 주님께 드린다.

"성령님, 이 말씀에 대해 제가 어떻게 행동하기를 원하십니까? 구체적으로 어떤 게 있습니까?"

그럴 때 내 마음에 이해가 되는 구체적 행동들을 노트에 적는다. 그리고 오늘 말씀하신 것에 따라 살 수 있도록 기도한다.

묵상의 질문을 보면 알 수 있듯이 묵상은 성경 공부를 하는 시간이 아니다. 내용을 분석하고 이해하는 것도 아니다. 묵상을 통해 하나님께서 말씀하시는 것을 개인적, 인격적으로 듣는 것에 초점이 있다. 묵상은 누구를 위한 시간이 아니다. 전적으로 나를 위한 시간이다. 기록된 말씀을 통해 내게 레마로 말씀하심을 듣는 시간이다.

나는 묵상을 마친 사람들에게 종종 "오늘 묵상 말씀을 통해 하나님이 당신에게 하신 말씀이 무엇입니까"라고 질문한다. 내 관심은 '주께서 이 말씀을 통해 내게 무엇을 말씀하셨는가'에 있다. 그리고 다음의 질문을 한다.

"주께서 당신에게 말씀하신 것에 대해 당신은 어떻게 반응하셨습니까?"

묵상의 초점은 언제나 '내게 하시는 하나님의 말씀'에 있다. '우리에게' 또는 '여러분에게'가 아니다. 그러므로 묵상을 계속하는 동안 우리는 하나님의 음성에 점점 민감해진다.

말씀 묵상은 가급적 성경의 순서를 정하고 묵상하되 잘게 썰어서 한다. 가령 요한복음이라면 각 장과 절을 1:1-18, 1:19-28, 1:29-34, 1:35-51, 2:1-11, 2:12-25절로 나눠 묵상한다. 요한복음의 묵상을 마쳤다면 기도하면서 묵상할 다른 책을 정한다. 사도행전으로 이어서 할 수도 있고, 구약에서 정할 수도 있다. 그러나 겹치지 않고 성경 전체를 묵상하는 게 좋다.

묵상을 노트에 적는 습관을 들이라. 그리고 그 묵상한 말씀을 가능한 한 사람 이상에게 나누라. 나눌 때 다시 내 것이 된다. 나눌 때도 언제나 "이 말씀을 통해서 하나님이 제게 이러이러한 말씀을 하셨습니다"라고 하는 게 중요하다. 그리고 "그 말씀에 대해 저는 구체적으로 이렇게 행동할 것입니다"라고 말하는 습관을 들이자.

그리고 저녁에 그 말씀으로 나를 살펴본다.

'오늘 묵상한 말씀이 내 삶에 어떤 영향을 미쳤는가? 내 삶에 어떤 간증이 있었는가?'

그리고 기도로 하루를 마무리한다.

이처럼 묵상의 삶은 하나님의 음성을 듣는 삶을 사는 데 가장 좋

은 길이다. 기록된 로고스의 말씀을 넘어서서 내게 개인적으로 말씀
하시는 레마의 말씀에 귀를 기울이자.

chapter 6

제2차적인 방법으로 말씀하신다(1)

- 성령의 내적 증거와 내적 음성

하나님의 음성은 분별해야 한다

우리는 하나님의 형상을 따라 인격적인 존재로 지음을 받았다. 하나님은 우리와 인격적인 교제를 하신다. 하나님께서는 개인적으로 말씀하신다. 아브라함, 이삭, 야곱, 모세, 사무엘, 다윗이 그 예다.

그런데 하나님께서 기록된 성경을 통해 우리에게 레마로 말씀하실 때 말씀하시지 않는 부분이 있다. 예를 들어 내가 어느 나라에 갈 것인가, 누구와 결혼할 것인가, 어떤 일을 해야 할 것인가, 내가 가진 것 중에서 혹시 누구에게 무엇을 주기를 원하시는가 같은 부분들은 구체적으로 기록되어 있지 않다.

그러면 어떻게 하나님의 뜻을 알 수 있을까? 이런 부분에 대해서는 제2차적인 방법으로 말씀하신다. 다음의 네 가지로 말씀하신다.

1. 내적인 증거를 통해 말씀하신다.
2. 내적인 음성으로 말씀하신다.
3. 외적인 증거를 통해 말씀하신다.
4. 외적인 음성으로 말씀하신다.

여호와 하나님은 말씀하시는 분이라는 것을 기억하라. 하나님은 내게 개인적, 인격적으로 말씀하신다. 그분은 창조주요 왕이시지만 또한 내 아버지요 친구요 목자이시다. 그래서 내가 단지 일꾼으로만 그분 앞에 머물기를 원하지 않으신다. 사랑하는 자녀로, 친구로 교제하기를 원하신다. 그분은 나 개인에게 관심이 많으시다.

하나님께서 말씀하시는 네 가지 중에 어떤 길로 말씀하시든지 언제나 변하지 않는 원칙이 있다.

첫째, 하나님의 음성은 언제나 기록된 성경 말씀의 범위를 넘지 않는다. 어떤 내용이든지 성경의 큰 틀 안에 있다.

바울은 고린도전서 4장 6절에서 "형제들아, 내가 너희를 위하여 이 일에 나와 아볼로를 들어서 본을 보였으니, 이는 너희로 하여금 기록된 말씀 밖으로 넘어가지 말라 한 것을 우리에게서 배워 서로 대적하여 교만한 마음을 가지지 말게 하려 함이라"라고 했다. 그러므로 우리가 하나님의 음성을 여러 가지 통로로 들을 때 기록된 말씀의 범위 안에 있는지를 먼저 점검해야 한다.

둘째, 하나님의 음성은 언제나 그분의 성품과 일치한다. 하나님의 성품과 지금 내가 들은 말씀이 일치하는가를 살펴봐야 한다. 요한일서 4장 8절에 "사랑하지 아니하는 자는 하나님을 알지 못하나니, 이는 하나님은 사랑이심이라"라고 하셨다. 하나님께서는 사랑을 주시기도 하고, 우리를 사랑하기도 하신다. 성경의 모든 내용들의 핵심에 접근하려면 '하나님은 사랑이시라'라는 비밀번호(password)를 입력하면 된다.

하나님께서 모세에게 자신을 알리셨다. "나는 여호와이다. 여호와는 자비롭고 은혜로운 하나님이다. 나는 그리 쉽게 노하지 않으며 사랑과 진실이 큰 하나님이다. 나는 수천 대에 이르기까지 한결같은 사랑을 베풀며 잘못과 허물과 죄를 용서할 것이다. 하지만 죄를 그냥 보고 넘기지는 않겠다. 나는 죄를 지은 사람뿐만 아니라, 그의 삼 대나 사대 자손까지 벌을 내릴 것이다"(출 34:6,7, 쉬운성경).

셋째, 하나님께서 말씀하실 때 다음과 같은 질문을 한다.

"이 일을 통해 하나님께서 영광을 받으시는가?"

하나님의 성품을 한마디로 종합하면 '영광의 하나님'이시다. 하나님께서 말씀하신 대로 우리가 순종할 때 언제나 이를 통해 영광을 받으신다.

넷째, 하나님께서 말씀하실 때 다음과 같은 질문을 한다.

"내가 이 말씀에 순종할 때 사람을 유익하게 하는가?"

하나님은 사랑이셔서 그 결과가 사람을 유익하게 하신다. 예수님은 우리에게 생명과 풍성한 삶을 주시려고 이 세상에 오셨다(요 10:10 참조).

나는 세 아이들이 어릴 때 종종 동화책을 읽어주었다. 또 손녀에게도 읽어주었다. 그중에 그림 형제의 동화집 《늑대와 일곱 마리 아기 염소》가 있었다. 일곱 마리의 아기 염소가 있다. 하루는 엄마가 시장에 가면서 아이들에게 신신당부를 한다. 왜냐하면 숲 속 맞은편에서 늑대가 항상 염소들을 노리고 있기 때문이다.

"절대로 문을 열어주면 안 된다."

아기 염소들은 "걱정하지 마세요. 우리가 다 잘할게요"라고 자신 있게 말한다. 그런데 엄마가 가자마자 때를 만난 늑대가 집으로 와서 문을 두드린다. 하지만 아기 염소들은 문을 열어주지 않는다.

"우리 엄마의 목소리가 아닌데요?"

목소리로 엄마를 구별한다. 늑대가 숲 속의 부엉이 박사에게 가서 상담을 하니 분필 가루를 먹고 가라고 한다. 엄마의 목소리로 바뀐 늑대가 다시 와서 문을 두드린다. 그러나 이번에도 아기 염소들은 문을 열어주지 않는다.

"목소리는 맞는데 발이 엄마의 발이 아닌데요?"

문틈으로 쑥 들어온 늑대의 발을 보고 아기 염소들이 말한다. 늑대는 또 실패한다. 하지만 이후에 아기 염소들에게 위기가 오지만 엄마 염소의 용감함으로 모두 무사히 탈출하고, 늑대는 죽게 된다.

이 동화에서 인상 깊은 건 아기 염소들의 분별력이다. 이들은 늑대의 말을 듣고 무조건 문을 열어주지 않았다. 목소리와 발 모양으로 엄마와 늑대를 분별했다. 우리도 이같이 분별해야 한다. "예언하는 자는 둘이나 셋이나 말하고 다른 이들은 분별할 것이요"(고전 14:29).

위의 네 가지 기준으로 살피면 된다.

- 하나님 말씀의 범위 내에 있는가
- 하나님의 성품에 일치하는가
- 하나님께 영광이 될 것인가
- 사람들에게 유익할 것인가

우리의 입을 사용하신다 　김미진

8년 전쯤의 이야기다. 기도 중에 두 개의 나무 토막에 '북한', '남한'이라고 적혀 있는 게 보이더니 하나로 합쳐지면서 '통일한국'이란 글씨가 보였다. 주께서 통일이 된다고 말씀하셨고, 바로 이어서 황금으로 된 큰 산을 보여주셨다. 왕의 기업들을 통해 교회들에 큰 재물을 주신다고 하셨다. 내가 주께 여쭈었다.

'왜 이렇게 하십니까?'

주께서 말씀하셨다.

'너는 한국교회와 디아스포라 교회들을 다니면서 왕의 재정 원칙을 가르치라. 개인과 가정과 기업과 교회의 주인을 맘몬('재물'이라는 뜻으로 하나님과 대립되는 우상을 일컬음)에서 하나님으로 바꾸라. 너는 내 교회에게 먼저 빚을 갚으라고 외쳐라. 내가 너와 함께할 것이다.'

굉장히 부담스러운 하나님의 말씀을 받았다. 그때 내가 말했다.

'주여, 보낼 자를 보내소서. 누가 제 말을 들을 것이며, 어느 교회

가 저를 초청할 것입니까? 주여, 제가 약하고 두렵습니다.'

그때 주께서 다음 말씀들이 생각나게 하셨다. 불붙은 떨기나무를 통해 하나님을 만난 모세는 이렇게 말한다.

"오 주여, 나는 본래 말을 잘 하지 못하는 자이다. 주께서 주의 종에게 명령하신 후에도 역시 그러하니, 나는 입이 뻣뻣하고 혀가 둔한 자이다." 여호와께서 그에게 이르시되, "누가 사람의 입을 지었느냐? … 이제 가라. 내가 네 입과 함께 있어서 할 말을 가르치리라." 출 4:10-12

너는 그에게 말하고 그의 입에 할 말을 주라. 내가 네 입과 그의 입에 함께 있어서 너희들이 행할 일을 가르치리라. 그가 너를 대신하여 백성에게 말할 것이니 그는 네 입을 대신할 것이요, 너는 그에게 하나님같이 되리라. 출 4:15,16

사도 바울도 자신의 말과 지혜로 하지 않았다.

형제들아, 내가 너희에게 나아가 하나님의 증거를 전할 때에 말과 지혜의 아름다운 것으로 아니하였나니 … 내 말과 내 전도함이 설득력 있는 지혜의 말로 하지 아니하고, 다만 성령의 나타나심과 능력으로 하여, 너희 믿음이 사람의 지혜에 있지 아니하고 다만 하나님의 능력에 있게 하려 하였노라. 고전 2:1,4,5

예레미야는 여호와의 말씀을 부담으로 느꼈다.

내가 다시는 여호와를 선포하지 아니하며 그 이름으로 말하지 아니하리라 하면, 나의 중심이 불붙는 것 같아서 골수에 사무치니 답답하여 견딜 수 없나이다. 렘 20:9

내 마음이 상하며 내 모든 뼈가 떨리며 내가 취한 사람 같으며 포도주에 잡힌 사람 같으니, 이는 여호와 그 거룩한 말씀 때문이라. 렘 23:9

하나님은 사람의 음성이나 언어를 사용하셔서 사람을 통해 말씀하신다. 우리는 하나님의 동역자이며 친구로서 그분의 일에 동참하고 있다. 다음 세대에게 전달되는 과정에서도 하나님은 우리의 입을 사용하신다. 성경 속의 인물들에게 말씀하신 방법으로 오늘날도 말씀하신다. ▃▃▃

성령의 내적 증거

하나님께서는 내적인 증거를 통해 우리에게 말씀하신다.

성령이 친히 우리의 영과 더불어 우리가 하나님의 자녀인 것을 증언하시나니, 롬 8:16

내가 하나님의 자녀인 것을 어떻게 알 수 있을까? 성령께서 친히 우리 영과 더불어 우리가 하나님의 자녀인 것을 증거하심으로 안다. '증거하신다'는 우리가 하나님의 자녀임을 알게 되는 걸 말한다. 이 때 우리는 확신한다. 내면에 평강이 있고 기쁨이 주어진다. 이것이 성령의 내적 증거이다. 하나님께서 우리에게 말씀하시는 방법이다.

영, 혼, 몸의 기능
사람은 영과 혼과 몸으로 구성되어 있다.

> 평강의 하나님이 친히 너희를 온전히 거룩하게 하시고, 또 너희의 온 영(spirit)과 혼(soul)과 몸(body)이 우리 주 예수 그리스도께서 강림하실 때에 흠 없게 보전되기를 원하노라. 살전 5:23

사람은 영과 혼과 몸으로 이루어졌다.

영의 기능은 하나님과 교제할 때, 혼의 기능은 사람과 교제할 때 필요하다.

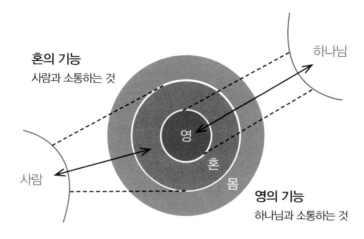

혼의 기능은 지(知, 지식-아는 것), 정(情, 감정-느끼는 것), 의(意, 의지-결정하는 것)의 세 요소로 되어 있다. 일반적으로 사람이 인격적인 존재라고 하는 건 이 기능을 통해 설명된다.

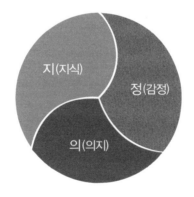

하나님께서 그분의 뜻을 내 영을 통해 알려주신다. 하나님과 소통과 교제하는 건 혼의 기능이 아니라 영의 기능으로 이루어진다. 영적인 지식과 이해, 감정과 느낌, 의지의 기능을 통해 그분의 음성을 듣고 이해하고 느낀다.

영의 감정 기능을 통해 하나님의 음성을 듣는다

하나님께서 성령으로 우리의 영의 감정 기능을 통해 내적인 증거를 주신다. 그래서 "확신이 있다" 또는 "확신이 없다"라고 말하고, "기쁨이 있다" 또는 "기쁨이 없다"라고 반응한다. 또한 "평강이 있다", "평강이 없다"로 반응하기도 한다. 하나님께서 성령으로 내 영의 감정 영역을 통해 내게 증거하셔서 내적인 확신과 평강과 기쁨의 반응이 있게 된다.

그래서 우리는 하나님께서 말씀하실 때 그분의 뜻이 무엇인지 알게 된다. 성령이 우리의 영과 더불어 확신과 평강과 기쁨을 통해 그분의 뜻을 알게 하신다.

그리스도의 평강이 너희 마음을 주장하게 하라. 너희는 평강을 위하여 한 몸으로 부르심을 받았나니, 너희는 또한 감사하는 자가 되라. 골 3:15

그리하면 모든 지각에 뛰어난 하나님의 평강이 그리스도 예수 안에서 너희 마음과 생각을 지키시리라. 빌 4:7

성령께서 '내 안에 평안을 주시느냐, 주시지 않느냐'에 따라 주의 뜻을 알 수가 있다.

그때에 예수께서 성령으로 기뻐하시며 이르시되, 눅 10:21

제자들은 기쁨과 성령이 충만하니라. 행 13:52

예수님은 성령으로 기뻐하셨다. 제자들은 기쁨과 성령이 충만했다. 성령으로 오는 기쁨이다.

마리아가 이르되, 내 영혼이 주를 찬양하며, 내 마음이 하나님 내 주를 기뻐하였음은, 눅 1:46,47

이 구절에서 "내 영혼"은 혼(soul)을, "내 마음"은 영(spirit)을 가리킨다. 이처럼 기쁨은 혼과 영의 영역에 함께 주어진다. 주께서 말씀하실 때는 우리의 영이 기뻐한다. 성령께서 기쁨을 주심으로 하나님의 뜻임을 증거하신다.

영의 감정 기능 - 신호등과 같다

길을 건널 때 신호등을 통해 건널 때와 멈출 때를 안다. 초록불은 '가라'이고, 빨간불은 '멈추라'는 신호이다. 하나님께서는 우리가 하나님의 뜻을 따라 행할 것인지, 멈추어야 할 것인지를 성령의 내적 증거를 통해 말씀하신다. 우리 안에 확신과 평강과 기쁨이 있으면 행하라는 것이다. 마치 초록불과 같다. 그러나 불안하고 확신과 기쁨이 없다면 행하지 말고 멈추라는 것이다. 빨간불이 켜진 것이다. 초록불이나 빨간불이나 모두 하나님께서 내게 말씀하시는 것이다.

내가 확신하지 않는 게 아니라 성령께서 내 영을 통해 확신을 주시거나 주시지 않음으로 그분의 뜻을 알게 하신다. 내적인 확신과 평강과 기쁨이 있거나 없는 것으로 알려주신다. 이것은 일반적으로 우리가 단순한 결정을 할 때 일어난다. '할 것인가 말 것인가, 갈 것인가 아닌가'를 결정해야 할 때 성령께서 그분의 뜻을 알려주시는 방법이다.

이럴 때는 우리의 이해의 차원으로만 반응하지 말고, 하나님께서 내게 말씀하신다는 차원으로 반응해야 한다. "하나님께서 내게 확신과 평강과 기쁨을 통해 말씀하셨습니다. 나는 그분의 음성을 들었습니다"라고 고백해야 한다.

기쁨과 평강의 내적 증거   김미진

남편은 병원 컨설팅 회사를 하고 있다. 병원으로부터 의뢰가 들어왔을 때, 주님의 음성을 듣고 결정한다. 이때 하나님께서 강한 내적 확신으로 이끌어가신다. 그분이 이끄실 때는 말할 수 없는 평강과 확신이 생기고, 아니면 불안하고, 멈출 것에 대한 마음이 강하게 든다고 한다. 그리고 주께서 말씀하신 병원들은 반드시 성장하는 걸 본다.

나도 사람들이 만나자고 요청하거나 사업을 함께하자고 제안을 받을 때, 주께서 내적인 증거로 말씀하시길 구한다.

한번은 어떤 사람이 만나자고 하는데 마음에 평강이 없었다. 만나지 않는 게 좋겠다는 생각이 들었다. 그러나 그와 관계를 생각해서 만나게 되었다. 그는 교육 사업을 제안했고, 나는 중간 역할을 하게 되었는데 그 과정에서 큰 손실을 보았다. 당시 그가 제안한 사업이 매우 좋아보였다. 이미 내 속에 욕심이 들어갔기 때문이었다.

주님의 뜻을 묻고 나갈 때, 욕심을 내려놓아야 한다. 내가 실수했을 때를 뒤돌아보면 주께서 말씀하셨지만 내 욕심이 순종하지 못하게 했고, 결과는 큰 손실로 돌아왔다.

어느 날 새벽이었다. 주께서 1억 2천만 원으로 3천 만 원짜리 자동차 4대를 구입해서 선교지로 보내라고 말씀하셨다. 그 음성을 남편에게 나누었더니 예배로 내가 들은 음성을 함께 검증하자고 했다. 아들 유진이까지 불러 그 음성을 나누자 아들이 즉시 말했다.

"엄마, 예배를 드리지 않아도 하나님의 음성이 맞습니다. 엄마가 나누실 때 제게 위로부터 큰 기쁨의 영이 임했어요. 제 영이 너무 기뻐요. 하나님의 말씀에 순종해서 선교지에 자동차를 보내면 좋겠어요."

그날 아들이 기쁨과 평강의 내적인 증거로 하나님의 음성을 구분하고 들었다. 그래서 우리는 기쁨으로 4대의 자동차를 선교지로 보냈다(《왕의 재정》, 183쪽 참조).

성령의 내적 음성

하나님께서 내적 음성을 통해 우리에게 말씀하신다.

여호와께서 이르시되, "너는 나가서 여호와 앞에서 산에 서라" 하시더니, 여호와께서 지나가시는데 여호와 앞에 크고 강한 바람이 산을 가르고 바위를 부수나 바람 가운데에 여호와께서 계시지 아니하며, 바람 후에 지진이 있으나 지진 가운데에도 여호와께서 계시지 아니하며, 또 지진 후에 불이 있으나 불 가운데에도 여호와께서 계시지 아니하더니, 불 후에 세미한 소리가 있는지라.
엘리야가 듣고 겉옷으로 얼굴을 가리고 나가 굴 어귀에 서매 소리가 그에게 임하여 이르시되, "엘리야야, 네가 어찌하여 여기 있느냐?" 그가 대답하되, "내가 만군의 하나님 여호와께 열심이 유별하오니 이는 이스라엘 자손이 주의 언약을 버리고, 주의 제단을 헐며, 칼로 주의 선지자들을 죽였음이오며, 오직 나만 남았거늘 그들이 내 생명을 찾아 빼앗으려 하나이다." 왕상 19:11-14

엘리야가 호렙산에서 하나님의 음성을 들었다. 그는 하나님의 "세미한 소리"를 들었다. 이를 쉬운성경은 "조용하고 부드러운 목소리"로, 현대인의성경은 "부드럽게 속삭이는 소리"로, 새번역은 "부드럽고 조용한 소리"로 번역했다. 흠정역(KJV)에는 "a still small voice"(세미한 음성)로, ESV에는 "the sound of a low whisper"(아주 작게 속삭이는 소리)라고 번역했다.

영의 지적 기능을 통해 하나님의 음성을 듣는다

세미한 음성은 귀에 대고 작은 목소리로 속삭이는 말이다. 하나님은 성령으로 엘리야의 영으로 더불어 말씀하셨다. 엘리야는 그의 영의 지적 기능을 통해 하나님의 음성의 내용을 알고 들었다.

우리가 혼의 지적 기능을 통해 다른 사람의 말을 알아듣듯이 엘리야는 영으로 하나님의 음성을 알아들을 수 있었다. 하나님께서 그의 영에 말씀하시는 음성은 귀에 대고 작은 목소리로 속삭이듯, 부드럽고 조용한 소리였다.

> 가는 중 다메섹에 가까이 갔을 때에 오정쯤 되어 홀연히 하늘로부터 큰 빛이 나를 둘러 비치매, 내가 땅에 엎드러져 들으니 소리 있어 이르되, "사울아, 사울아, 네가 왜 나를 박해하느냐?" 하시거늘, 내가 대답하되, "주님, 누구시니이까?" 하니, 이르시되, "나는 네가 박해하는 나사렛 예수라" 하시더라. 나와 함께 있는 사람들이 빛은 보면서도 나에게 말씀하시는 이의 소리는 듣지 못하더라. 행 22:6-9

다메섹으로 가던 사울에게 주께서 말씀하셨다. 사울은 주 예수님의 음성을 들었다. 그러나 그와 함께 있던 사람들은 빛은 보면서도 사울에게 말씀하시는 음성은 듣지 못했다. 주님이 일반적으로 들리는 소리로 사울에게 말씀하지 않으셨기에 사람들은 듣지 못하고 오직 사울만 들었다.

사람의 일을 사람의 속에 있는 영 외에 누가 알리요? 이와 같이 하나님의 일도 하나님의 영 외에는 아무도 알지 못하느니라. 우리가 세상의 영을 받지 아니하고 오직 하나님으로부터 온 영을 받았으니, 이는 우리로 하여금 하나님께서 우리에게 은혜로 주신 것들을 알게 하려 하심이라.

고전 2:11,12

사람이 영의 기능 가운데 지적인 기능을 통해 자신의 일을 아는 것처럼 성령께서 우리의 영으로 더불어 음성으로 말씀하실 때 우리의 영의 지적인 기능이 그 음성을 알아듣는다.

선지자 엘리야가 세미한 주의 음성을 들은 것과 사도 바울이 주의 음성을 들은 건 모두 성령의 내적 음성이다. 하나님께서 성령으로 우리의 영의 지식의 기능을 통해 말씀하신다. 성령께서 내적인 음성으로 말씀하신다. 그래서 "하나님의 세미한 음성을 들었다"라고 말한다.

너희가 오른쪽이든 왼쪽이든 잘못된 길로 가려 하면 뒤에서 "이 길이 옳은 길이니 이 길로 가거라" 하는 소리가 너희 귀에 들릴 것이다.

사 30:21, 쉬운성경

우리가 잘못된 길로 가려고 할 때 귀에 세미한 음성으로 말씀하시는 주의 음성을 듣게 된다. 우리는 영의 지적인 기능으로 내용을 이해한다.

주 하나님께서 나를 학자처럼 말할 수 있게 하셔서, 지친 사람을 말로 격려할 수 있게 하신다. 아침마다 나를 깨우쳐주신다. 내 귀를 깨우치시어 학자처럼 알아듣게 하신다. 주 하나님께서 내 귀를 열어주셨으므로, 나는 주님께 거역하지도 않았고, 등을 돌리지도 않았다.

사 50:4,5, 새번역

주께서 아침마다 닫힌 우리의 귀를 여신다. "아침마다"는 오전이 아니라 새벽을 말한다. 그래서 하나님의 세미한 음성을 들으려면 새벽에 그분 앞에 앉아서 귀를 기울이는 연습을 해야 한다.

"내 귀를 깨우치시어"는 마치 잠자는 사람을 깨우는 것처럼 귀를 깨운다는 것이다. 사람이 잠들어 있으면 누가 와서 말해도 들을 수가 없다. 하나님께서 그런 귀를 깨우셔서 내게 말씀하시는 음성을 알아듣게 하신다.

"내 귀를 열어주셨으므로"는 마치 닫힌 문을 열듯이 닫힌 귀를 여신다는 것이다. 닫힌 귀는 소리를 알아듣지 못하는 귀다. 외국어를 처음 들으면 귀가 닫힌 문처럼 알아듣지 못하는 것과 같다. 그래서 하나님께서 내 귀를 여셔서 그분의 음성을 알아듣게 하신다. 이같이 잠자는 귀를 깨우듯이, 닫힌 귀를 열듯이 하나님께서 우리가 그분의 음성을 알아듣도록 도우신다.

하나님의 세미한 음성을 단기간에 들으려고 하면 안 된다. 우리가 외국어를 익힐 때도 많은 시간을 듣고 대화한다. 인격적인 존재로서 지속적인 만남을 통해 외국어를 알아듣게 되듯이 하나님과 관계도 마찬가지다. 그분 앞에 머무르는 시간을 가져야 한다. 하나님의 세미한 음성을 듣는 시간을 가져야 한다. 이사야 선지자처럼 '새벽에' 나아가 귀를 기울이면 우리도 그처럼 말하게 될 것이다.

"주께서 아침마다 내 귀를 깨우쳐 알아듣게 하십니다."

"닫힌 내 귀를 열어서 그분의 세미한 음성을 듣게 하십니다."

새벽에 하나님께서 내 잠자는 귀를 깨우시고, 닫힌 내 귀를 여시는 것에 대한 내 응답은 그분 앞에 나아가 머무는 것이다. 이사야는 하나님께서 아침마다 성령으로 자신의 귀를 깨우셨다고 말한다. 날마다 연습해야 한다. 아침마다 말씀을 묵상하는 시간이 하나님의 세미한 음성을 듣는 시간이다. 기록된 말씀을 통해 레마의 생명의 말씀으로 내 귀에 들리게 하신다. 또한 아침마다 갖는 세븐업 시간은 닫힌 내 귀를 여서서 음성을 듣게 하시는 시간이다.

환경이 닫힐 때 주의 음성에 귀를 열라 김미진

성령의 내적 음성을 들을 때 나는 바로 알 수 있었다. 자녀가 부모의 목소리를 알아듣고, 양이 목자의 음성을 알아듣는 것처럼 내 영은 하나님의 음성을 알아들을 수 있었다.

대학에 다닐 때의 일이다. 친구들과 함께 울릉도로 놀러갈 계획을 세웠다. 영덕과 강구 사이에 해상공원이 생겼고, 울릉도로 가는 헬리콥터 운항 노선이 생겼다. 우리는 첫 비행의 주인공이 되고자 울릉도에 가기로 했다. 그런데 떠나기 전날, 내게 급하고 중요한 일이 생겼다.

친구들에게 미안하기도 하고, 약속을 지키지 못하는 게 몹시 짜증이 나고 마음이 불편했다. 그런데 이상하게도 이런 마음이 점점 불안한 마음으로 바뀌었다. 나는 주께 잠깐 기도했다. 주님의 특별한 음성은 들을 수 없었으나 성경 말씀이 떠올랐다.

"여호와는 나의 목자시니 내가 부족함이 없으리로다. 그가 나를 푸른 초장에 누이시며 쉴 만한 물가로 인도하시는도다."

시편 23편 1,2절의 목자이신 주님이 양인 나를 가장 좋은 곳으로 인도하시는 분이라는 걸 묵상하니 불평하며 불안했던 마음이 안정을 찾았다.

그때는 주께서 내게 무슨 말씀을 하시는지 전혀 알아채지 못했다. 친구들만 먼저 출발하고, 나는 다음 날 가기로 했다. 그런데 친구들이 이 일로 논의를 했고, 나와 의리를 지키기 위해 다음 날 출발하겠다고 연락이 왔다.

그런데 뉴스와 신문을 통해 우리가 타려던 헬기가 해상공원에서 출발하여 울릉도에 도착하지 못한 걸 알게 되었다. 공중에서 헬기에 불이 났고, 바다로 가라앉는 사고가 난 것이었다. 이 일은 내게 큰 교훈을 주었다. 환경이 닫히거나 열릴 때는 반드시 주의 음성에 귀를 열라!

이삭은 축복의 약속이 있는 아브라함의 씨이다. 그런데 그를 번제로 드리라는 하나님의 말씀에 어떻게 순종할 수 있었을까?(창 22:2,3

참조). 이삭을 번제로 드리라는 하나님의 말씀을 들었을 때, 매일 친밀감 속에서 듣던 그 음성이었다. 그래서 아침 일찍 출발했다. 모리아 땅에 이르러 하나님께서 말씀하신 산 앞에서 아브라함은 종들에게 말했다.

"너희는 나귀와 함께 기다리라. 내가 아이와 함께 저기 가서 예배하고 우리가 너희에게로 돌아오리라"(창 22:5).

아브라함의 믿음이 보이는가? "우리가 돌아오리라", 죽은 자 가운데 살리실 것을 믿었다(히 11:19 참조). 그는 하나님의 성품과 그분의 말씀을 신뢰했다. ▬▬▬

성령의 인도함을 받으라

무릇 하나님의 영으로 인도함을 받는 사람은 곧 하나님의 아들이라.
롬 8:14

우리는 하나님의 영, 즉 성령으로 인도함을 받는다. 성령께서 우리의 영의 기능을 통해 우리를 이끌어가신다. 내적인 증거를 통해 말씀하심을 듣는다. 또한 확신과 평강과 기쁨을 주신다. 내적인 음성을 통해 말씀하심을 듣는다. 하나님께서 세미한 음성으로 말씀하신다.

우리가 성령을 인도하는 게 아니다. 내 방식으로 말씀하시도록 요구하는 게 아니다. 성령께서 이끄시는 대로 우리가 따라간다. 그분의 인도함을 받는다. 어떤 방법으로 내게 말씀하시든지 그분의 음성에 귀를 기울이는 것이다. 성령께서 내적 증거로 말씀하시든지, 내적음성으로 말씀하시든지 우리는 그분의 인도함을 받아야 한다. 우리가 주께 나아가 그분의 음성에 귀를 기울이면 주께서 내 마음을 이끌어가신다.

> 왕의 마음이 여호와의 손에 있음이 마치 봇물과 같아서, 그가 임의로 인도하시느니라. 잠 21:1

> 왕의 마음은 흐르는 물줄기 같아서 주님의 손 안에 있다. 주님께서 원하시는 대로 왕을 이끄신다. 새번역

봇물이란 '보의 물'을 말한다. 농부가 논에 물을 대기 위해 개천의 물을 막아 원하는 논에 흐르게 한다. 논에 물이 다 차면 다시 그 물을 옆의 논에 넣는다. 보의 물이 흘러가는 길은 농부의 손에 달려 있다.

농부가 보의 물을 끌어가는 것처럼 우리의 마음이 여호와의 손에 있으면 그분이 임의로 인도하신다. 하나님께서 내 마음을 이끌어가신다. 평강이나 기쁨이나 확신을 주신다. 또는 우리의 귀를 깨우쳐 세미한 음성을 듣게 하신다.

그래서 하나님의 영, 즉 성령의 인도함을 받는 법을 배워야 한다. 성령께서는 내적인 증거나 내적인 음성으로 말씀하신다. 말씀을 묵

상할 때나 세븐업 시간에 주의 음성에 귀를 기울이고 성령께 내 마음을 맡기면 그분이 원하시는 대로 말씀하실 것이다.

뿐만 아니라 우리의 일상생활에서도 언제나 내 영이 하늘을 향해 열려 있기 때문에 성령께서 내게 말씀하시는 음성에 귀를 기울여야 한다. 내 생각에 어떤 단어가 떠오르게도 하시고, 감동을 주기도 하심으로 내게 말씀하시는 주의 음성을 듣게 하신다.

우리의 영의 정적, 지적 기능을 통해 성령께서 말씀하신다. 감동이 있거나, 어떤 이해가 되거나, 어떤 내용이 떠오르거나, 성령께서 날 이끄시며 말씀하신다. 우리는 그 음성에 귀를 기울이면 된다. 그러면 점점 음성이 익숙해지고, 명확해질 것이다. 하나님과 친밀감이 더할수록 그분의 세미한 음성을 잘 듣게 된다.

음성을 들을 때 하나님을 경험하게 된다 김미진

나는 인천에서 일산까지 출퇴근 시간이 5시간 정도 되는 거리를 대중교통으로 다닌 적이 있다. 차로 가면 1시간도 걸리지 않는 거리였다. 그래서 중고차 구입을 위해 10개월 동안 5백만 원을 모았다. 드디어 차를 구입하려는 부푼 꿈을 안고 집을 막 나서려는데 한 가지 생각이 쑥 들어왔다.

'C국에 있는 이태영 선교사에게 5백만 원을 선교 헌금으로 보내라.'

이 생각은 분명 내게서 나온 게 아님에도 불구하고 내 생각이었다.

사람의 영혼은 여호와의 등불이라. 사람의 깊은 속을 살피느니라.

잠 20:27

이 말씀에 순종하기까지 쉽지 않았지만 나는 순종했다. 우리의 생각을 통해서 계속 떠오르는 생각으로 다가오시는 주님의 말씀을 잘 분별하면 우리는 놀라운 결과들을 볼 수 있다. 이후에 주께서 놀라운 방법으로 중고차 대신 대형 승용차를 선물로 주셨다. 나는 재물을 통해 말씀하시는 하나님을 경험했다(《왕의 재정》, 106쪽 참조).

영혼 깊숙이 들어오는 하나님의 음성을 듣고 배워갈 때 우리는 하나님을 경험하게 된다. 그분과 동행하는 삶을 살 수 있다. ▬▬▬

chapter 7

제2차적인 방법으로 말씀하신다(2)

- 성령의 외적 증거와 외적 음성

성령의 외적 증거

성령께서 우리의 영의 정적인 기능을 통해 말씀하실 때 이를 '성령의 내적인 증거'라고 했다. 그리고 성령께서 영의 지적인 기능을 통해 말씀하실 때 이를 '성령의 내적인 음성'이라고 했다.

성령께서 말씀하시는 또 다른 길들을 살펴보려고 한다.

성령께서 외적 증거를 통해 말씀하신다. 이것은 환경을 통해 말씀하시는 경우를 말한다. 종종 우리는 하나님의 음성을 확신하고자 양털 시험을 하기도 한다.

온 이스라엘이 헤브론에 모여 다윗을 보고 이르되, "우리는 왕의 가까운 혈족이니이다. 전에 곧 사울이 왕이 되었을 때에도 이스라엘을 거느리고 출입하게 한 자가 왕이시었고, 왕의 하나님 여호와께서도 왕에게 말씀하시기를, '네가 내 백성 이스라엘의 목자가 되며, 내 백성 이스라엘의 주권자가 되리라' 하셨나이다" 하니라.

이에 이스라엘의 모든 장로가 헤브론에 있는 왕에게로 나아가니, 헤브론에서 다윗이 그들과 여호와 앞에 언약을 맺으매, 그들이 다윗에게 기름을 부어 이스라엘의 왕으로 삼으니, 여호와께서 사무엘을 통하여 전하신 말씀대로 되었더라. 대상 11:1-3

환경을 통해 말씀하신다

1) 다윗의 경우

다윗은 하나님께서 자기를 이스라엘의 왕으로 세우신 줄 알았다. 그는 하나님의 뜻을 알고 사무엘을 통해 그분의 음성도 이미 들었다. 그럼에도 스스로 왕이 되려고 계획하거나 시도하지 않았다.

그는 하나님의 뜻을 알았지만 "내가 왕이 되겠다"라고 하지 않았다. 그는 백성들을 설득하면서 "하나님께서 사무엘을 통해 내게 말씀하시기를 '내가 너를 이 나라의 왕으로 삼았다'"라고도 하지 않았다. 하나님께서 그를 왕으로 삼기로 하셨다면 온 이스라엘에 있는 리더들의 마음을 움직여 그들이 그에게 와서 왕이 되어달라고 할 것이다. 그때가 바로 왕이 되는 날이다.

다윗이 십 대 목동 시절에 하나님께서 사무엘을 통해 그에게 기름을 부어 이스라엘 왕으로 삼으셨다. 그러나 실제로 그가 왕이 된 때는 30세였다. 다윗은 십 년이 넘는 시간을 기다렸다. 그는 스스로 왕이 되고자 서두르지 않았다. "나의 앞날이 주의 손에 있사오니"(시 31:15)라고 고백했다. 하나님께서 환경을 통해 그가 왕이 될 때를 말씀하실 걸 그는 믿었다.

이것이 하나님께서 말씀하시는 길이다. 환경을 통해 그분의 뜻을 알게 하신다. 하나님께서 환경의 문을 열고 닫으신다. 역사의 주인은 하나님이시다. 환경을 통해 그분의 뜻을 이루신다. 다윗은 때와 시기와 방법도 하나님께서 행하실 걸 믿었다.

2) 고넬료의 경우

가이사랴에 고넬료라 하는 사람이 있으니, 이달리야 부대라 하는 군대의 백부장이라.

그가 경건하여 온 집안과 더불어 하나님을 경외하며 백성을 많이 구제하고 하나님께 항상 기도하더니, 하루는 제9시쯤 되어 환상 중에 밝히 보매, 하나님의 사자가 들어와 이르되, "고넬료야" 하니 고넬료가 주목하여 보고 두려워 이르되, "주여 무슨 일이니이까?" 천사가 이르되, "네 기도와 구제가 하나님 앞에 상달되어 기억하신 바가 되었으니, 네가 지금 사람들을 욥바에 보내어 베드로라 하는 시몬을 청하라. 그는 무두장이 시몬의 집에 유숙하니 그 집은 해변에 있다" 하더라.

마침 말하던 천사가 떠나매, 고넬료가 집안 하인 둘과 부하 가운데 경건한 사람 하나를 불러 이 일을 다 이르고 욥바로 보내니라. 행 10:1-8

당시는 복음이 이방인에게 전해지지 않았다. 가이사랴는 예수님 당시의 팔레스타인 지역에 로마군 부대의 본부가 있는 곳이다. 고넬료는 거기서 근무하는 로마군 장교였다. 그는 이방인으로서 하나님을 경외했다. 구제를 많이 하고, 항상 기도하는 사람이었다.

어느 날, 그가 제9시에 기도할 때 환상 중에 주께서 말씀하셨다.

"네 기도와 구제가 하나님 앞에 상달되었다."

하나님은 그의 구제를 보시고, 기도를 들으셨다. 제9시는 오늘의 시간으로 오후 3시다. 그 시간은 팔레스타인 지역이 가장 더울 때다. 그러나 그는 그때 기도했다. 하나님께서 베드로가 있는 곳을 자세히 알려주시며, 가서 그를 초청하라고 하셨다. 그리고 구체적으로 자세히 말씀하셨다. 당시의 주소는 오늘과 다르다.

"욥바의 해변에 있는 무두장이 시몬의 집."

고넬료는 즉시 순종했다. 하인 두 명과 경건한 로마 병사 한 명을 불러서 하나님께서 말씀하신 대로 욥바로 보냈다.

이튿날, 그들이 길을 가다가 그 성에 가까이 갔을 그때에, 베드로가 기도하려고 지붕에 올라가니 그 시각은 제6시더라.

그가 시장하여 먹고자 하매 사람들이 준비할 때에, 황홀한 중에 하늘이 열리며 한 그릇이 내려오는 것을 보니, 큰 보자기 같고 네 귀를 매어 땅에 드리웠더라. 그 안에는 땅에 있는 각종 네 발 가진 짐승과 기는 것과 공중에 나는 것들이 있더라. 또 소리가 있으되, "베드로야, 일어나 잡아 먹어라" 하거늘 베드로가 이르되, "주여, 그럴 수 없나이다. 속되고 깨끗하지 아니한 것을 내가 결코 먹지 아니하였나이다" 한대, 또 두 번째 소리가 있으되, "하나님께서 깨끗하게 하신 것을 네가 속되다 하지 말라" 하더라. 이런 일이 세 번 있은 후 그 그릇이 곧 하늘로 올려져 가니라. 행 10:9-16

베드로가 제6시에 기도하려고 지붕에 올라갔다. 제6시는 지금의 시각으로는 정오다. 고넬료는 오후 3시에, 베드로는 정오에 기도했다. 기도에 항상 힘쓰는 경건한 사람들을 보라. 이런 사람들은 하나님의 음성에 민감하다. 하나님께서 말씀하실 때 들을 준비가 되어 있다.

하나님께서 베드로에게 환상 중에 말씀하셨다. 비몽사몽간에 하늘이 열리면서 네 모퉁이가 묶인 큰 보자기 같은 게 땅으로 내려오는 걸 보았다. 그 속에는 각종 네 발 가진 짐승과 기는 것과 공중에 나는 새들이 있었다.

율법에 의하면 이것은 먹지 말라고 하는 것들이다. "베드로야, 일어나 잡아먹으라"라는 음성을 들었다. 그는 "아니오, 깨끗지 못한 건 먹을 수 없습니다"라고 했다. 그런데 이 일이 세 번이나 반복되었다. 하나님께서 보이시는 꿈이나 환상은 두 번 이상 반복되는 경우가 많다. 그리고 언제나 기억에 뚜렷이 남아 있다.

베드로가 본 바 환상이 무슨 뜻인지 속으로 의아해하더니, 마침 고넬료가 보낸 사람들이 시몬의 집을 찾아 문 밖에 서서, 불러 묻되, "베드로라 하는 시몬이 여기 유숙하느냐?" 하거늘, 베드로가 그 환상에 대하여 생각할 때에 성령께서 그에게 말씀하시되, "두 사람이 너를 찾으니 일어나 내려가 의심하지 말고 함께 가라. 내가 그들을 보내었느니라" 하시니 베드로가 내려가 그 사람들을 보고 이르되, "내가 곧 너희가 찾는 사람인데 너희가 무슨 일로 왔느냐?" 그들이 대답하되, "백부장 고넬료는 의인이요, 하나님을 경외하는 사람이라. 유대 온 족속이 칭찬하더니, 그가 거룩한 천사의 지시를 받아 당신을 그 집으로 청하여 말을 들으려 하느니라" 한대, 베드로가 불러들여 유숙하게 하니라.

행 10:17-23

베드로는 자기가 본 환상이 무슨 뜻인지 이해하지 못했다. 그런데 성령께서 말씀하신 대로 두 사람이 그를 찾아온다. 고넬료가 보낸 사람은 세 명인데 두 명은 유대인 하인이고, 한 명은 로마 군인이었다. 당시 이방인은 유대인의 집에 못 들어오기에 바깥에 있었다.

베드로가 환상을 보지 못했다면 그들을 집에 들이지 않았을 것이고, 그들에게 가지도 않았을 것이다. 당시는 이방인들과 교제하거나 복음을 전하는 게 금기시되었다. 그러나 환상을 통해 유대인의 고정관념을 깨뜨렸다. 베드로는 주께서 "그들에게 가라"라고 말씀하신 줄 알았다.

우리가 주목해야 할 것은 하나님께서 베드로에게 말씀하신 시점이다. "이튿날, 그들이 길을 가다가 그 성에 가까이 갔을 그때에" 즉, 고넬료가 보낸 이들이 베드로가 사는 집에 거의 도달할 시점에 주께서 베드로에게 말씀하셨다.

로마인 고넬료는 당시 유대인의 문화를 알고 있었다. 그가 보낸 사람들이 문전박대를 당할 걸 알았다. 그러나 고넬료는 그들을 보냈다. 그에게 말씀하신 하나님께서 분명히 길을 열어주실 거라고 믿었다. 하나님께서는 고넬료와 베드로에게도 말씀하셨다.

이튿날 베드로는 가이사랴에 있는 고넬료의 집으로 갔다. 고넬료는 자신의 가족과 가까운 친구들을 불러 모으고 기다렸다. 그는 베드로가 올 것을 믿었다. 고넬료의 순종과 확신이 놀랍다. 하나님께서 말씀하셨다면 베드로에게도 말씀하실 걸 믿었다. 하나님께서 그에게 환경의 문을 여셨다.

다윗도 하나님께서 환경을 통해 말씀하실 걸 믿었다. 그래서 스스로 왕이 되려는 시도를 하지 않았다. 그는 하나님의 인도하심을 받았다. 환경을 통해 말씀하시는 음성에 귀를 기울였다. 고넬료는 그에게 말씀하신 하나님께서 베드로에게도 말씀하실 걸 믿었다. 이것이 하나님의 뜻을 따라 행하는 사람의 특징이다.

환경을 통해 새로운 길로 이끄시다 김미진

남편과 나는 오직 주님의 뜻을 따라 살고 싶었다. 주님께서 우리 가정을 강하게 이끌고 계신다고 느꼈다. 그러나 주변의 상황으로 우리가 머뭇거리고 있을 때, 주께서 모든 환경을 닫으셨고, 한쪽으로는 새로운 환경을 여시면서 우리를 완전히 새로운 길로 이끄셨다. 하던 사업은 내 뜻과 상관없이 정리됐고, 이전의 모든 관계가 깨지는 시간을 보냈다.

남편은 기도하며 나와 아들을 데리고 그 환경을 떠나기로 결정했다. 우리에게 새로운 삶이 시작되었다. 환경을 열고, 닫으시는 걸 통해 주께서 말씀하셨다. 우리는 닫힌 길을 내 힘으로 열려고 하지 않고, 열리는 길을 주님 앞에서 검증하면서 따라가는 지혜를 배웠다.

내가 독수리 예수제자훈련학교(BEDTS)를 개척하여 학교장으로 섬길 때 시간과 열정과 재정을 들여 충성함으로 온 힘을 다해 섬겼고, 학교는 부흥했다. 그러나 지부에 새로운 리더가 오면서 학교장의 자리를 내려놓게 되었다. 섭섭하고 억울했지만 주께서 주신 권위에 순복해서 사임했다.

그곳을 나오고 난 뒤 나를 향한 하나님의 계획을 알게 되었다. 하나님께서는 사건과 환경을 통해 우리를 훈련시키셨다. 믿음과 순종과 충성의 테스트를 하면서 나를 이끌어가셨다.

다윗이 블레셋 전쟁에서 크게 승리했을 때의 노래다.

"여인들이 뛰놀며 노래하여 이르되, 사울이 죽인 자는 천천이요 다윗은 만만이로다"(삼상 18:7).

사울과 다윗의 관계처럼 주께서 내게도 그런 환경을 허락하셨다. 때로는 "천천이요"의 환경에 두어 내 질투심과 경쟁의식에 대해, 때로는 "만만이요"의 환경에 두어 내 교만과 자만심에 대해 말씀하셨다. 환경을 통해 말씀하시는 하나님의 음성을 들으라!

남편이 기도하고 제주 열방대 성경연구학교(SBS, School of Biblical Studies)에 공부하러 간다고 했다. 그런데 당시 우리에게는 공부할 수 있는 재정이 전혀 없었다. 남편은 주께서 말씀하셨으니 열어주실 걸 믿고 기도했다. 하지만 나는 믿지 않았다. 갑자기 천만 원이란 돈이 어떻게 생긴단 말인가!

　제주로 갈 시간은 점점 다가오고, 돈은 마련되지 않았다. 어느 날, 한 안과 병원의 원장님이 제주에 가기 전까지 한 달 정도 병원을 도와 달라고 했다(당시 병원 컨설팅을 해주었다). 남편이 도와주고, 3천만 원을 받았다. 가정과 사업장에 돈이 급히 필요했기에 남편은 그 돈을 내게 주고, 꼭 필요한 등록금만 가지고 제주로 갔다.

　성경연구학교에서 공부하려면 개인 노트북이 필수인데 남편에게는 노트북도, 구입할 경비도 없었다. 그는 누구에게도 말하지 않고, 그 저 하나님만 바라보았다.

　어느 날, 남편이 도왔던 병원장님이 고맙다며 노트북을 선물로 주 었다. 노트북을 받은 남편이 무척 감격하고 있는데, 주께서 '그 노트 북은 네 것이 아니다. 너는 통로이다. 그것을 ○○○ 간사에게 주어라' 라고 말씀하셨다.

　이 음성에 남편은 기쁘게 순종했으나 나는 마음이 몹시 어려웠다. 하나님께서 약 주고, 병 주시는 것 같은 느낌이 들었기 때문이다. 우 리는 그 간사님이 노트북을 놓고 수 년 동안 기도하고 있었다는 걸 나중에 알았다. 이후에 하나님께서 놀라운 방법으로 남편에게도 노 트북을 주셨다. 우리 중심에 있는 믿음의 순종을 요구하는 테스트를 하신 거였다. 신실한 남편은 이런 시험들을 잘 통과했는데, 나는 실 패하고, 넘어지고, 다시 일어나기를 반복하면서 주님을 알아갔다.

　어머니와 남편과 아들과 친구들 등 내가 관계하는 사람들의 눈(시 선)과 말을 통해 강한 메시지를 받을 때가 많다. 상대가 무엇에 집중하고 있는가를 알면 그 사람의 마음과 생각도 읽을 수 있다. 이것이 관계를 더 깊게 만든다. 그런데 우리는 하나님께서 무엇을 원하시는지 몰라서 답답하고 당황할 때가 많다.

예수님은 사람들의 목소리(외침을 포함)를 그냥 넘기지 않으셨다. 안식일에 회당에서 손 마른 사람을 보시고 지나치지 않고 고치셨고, 눈먼 자와 나병환자도 고치셨고, 죽은 자도 살리셨다. 하나님의 마음을 알았기에 그들을 고치신 것이다.

안식일에 손 마른 사람을 고치신 일로 예수님을 죽일 방법을 찾는 게 옳다고 여긴 사람들은 왜 그랬을까? 분별하지 못했기 때문이다. 무엇을 해야 하는지, 어떤 게 옳은 기준인지 알지 못했다.

"내 아버지께서 이제까지 일하시니 나도 일한다 하시매"(요 5:17).

예수님은 사람들의 말 속에서 하나님의 마음을 놓치지 않으셨다. 사람들의 말 속에서 주님의 음성을 분별하라!

3) 나의 경우

1982년 말에 하나님께서 내게 홍콩으로 가라고 말씀하셨다. 그곳에서 아시아 지도자들을 위한 선교 훈련 과정이 있었다. 주님께 기도했다.

'주님, 첫째는 여권이 나와야 되고, 둘째는 비자도 나와야 하고, 셋째는 비행기표가 있어야 됩니다.'

그래서 1983년 1월에 여권을 신청했다. 아이가 1983년 1월 1일에 태어나서 아이까지 포함해서 신청했다. 당시에는 여권을 발급받는 게 하늘의 별 따기였다. 3일 후에 서류가 반송되어 왔다.

'귀하는 대한민국 여권법상 여권 발급 요건에 충족되지 않습니다.'

나는 그 상황을 놓고 기도했다. 그때 주께서 다시 신청하라고 하셔서 재신청했다. 마찬가지로 반송되었다. 나는 또 기도했다. '가서 면담하라'라고 주께서 말씀하셨다. 담당자와 면담을 하며 여권을 받을 수 없는 이유만 듣고 왔다.

집으로 돌아왔을 때, 주님이 '다시 신청하라'라고 하셨다. 그래서 신청하고 또 면담했다. 그런데 놀랍게도 "당신 혼자만 가시오"라고 말했다. 담당자의 마음이 조금 열린 것이다. 내가 말했다.

"아니요, 하나님께서 모두 가라고 말씀했습니다."

담당자가 화를 내며 돌아가라고 했다. 여권을 줄 수 없다고 했다. 집에 와서 기도했다.

'주님, 어떻게 하면 좋겠습니까?'

그런데 다시 신청하라고 하셔서 또 신청하고 면담을 요청했다. 이번에는 "아이는 할머께 맡기고 부모만 가세요"라고 했다. 문이 조금 더 열렸다.

그런데 갑자기 애굽의 바로가 떠올랐다. 모세가 "내 백성을 보내라"라는 주의 말씀을 바로에게 전달했을 때, 그는 즉시 거절했다. 하나님의 이적 베푸심의 강도가 점점 높아질 때마다 바로는 타협했다.

- 이 땅에서 너희 하나님께 제사를 드리라(출 8:25).
- 너무 멀리 가지는 말라(출 8:28).

- 아이들과 양과 소는 머물러 두고 너희 장정만 가서 여호와를 섬기라(출 10:10,11 참조).
- 너희의 양과 소는 머물러 두고 너희 어린 것들은 너희와 함께 갈지니라(출 10:24).

나는 모세처럼 담대히 말했다.

"아니요, 하나님께서 아이까지 데리고 가라고 말씀하셨습니다."

담당자가 어이없어했다. 내가 그의 호의를 무시한 것으로 여겨 몹시 화를 내며 거절했다. 사실 그 정도면 당시에는 엄청난 배려였다. 그러나 나는 주의 말씀에 순종했다. 가족 모두가 나가는 게 그분의 뜻이었다.

'주님, 저는 외국에 나갈 마음이 없습니다. 가지 않아도 괜찮습니다. 제가 어떻게 하면 좋겠습니까?'

그때 주께서 이사야서 42장 13절을 통해 말씀하셨다.

"여호와께서 용사같이 나가시며 전사같이 분발하여 외쳐 크게 부르시며 그 대적을 치시리로다."

나는 다시 신청했다. 그랬더니 "며칠 후에 오시오"라고 했다. 그러고는 세 명의 여권을 발급해줬다. 지금도 그 여권을 기념으로 가지고 있다. 하나님께서 말씀하셨으면 반드시 환경을 통해서도 일하신다.

말씀하신 하나님께서 환경을 여서서 그분의 뜻을 확인시키셨다. 그런데 2차 관문인 비자 발급이 남아 있었다. 당시 홍콩은 영국 연방이었기에 영국대사관에서 비자를 받아야 했고 신청했을 때, 까다로운 영국의 법에 의해 힘들게 나왔다. 하지만 항공료가 남아 있었다. 나는 기도했다.

'주님, 여기까지 끝났습니다. 항공요금을 주시면 가고, 안 주시면 주의 뜻이 아닌 줄 알고 가지 않겠습니다.'

환경적으로 주의 뜻을 알고 싶었다. 외적 증거가 필요했다. 그리고 주님 앞에 기다렸다. 아무 일도 일어나지 않았다. 그런데 떠나기 2주 전에 응답하셨다. 편도 티켓을 주셨다. 물론 훈련을 받을 학비는 한 푼도 없었다. 돌아올 길이 막막했지만 세 식구가 홍콩행 비행기를 탔다. 그런데 하나님께서는 계속 내 믿음을 살피셨다.

홍콩에서 대만까지 가는 비행기 티켓을 주시고, 또 대만에서 일본까지 주시고, 일본에서 돌아올 비행기 티켓을 주셨다. 이런 과정을 통해 하나님께서 내 믿음을 보셨다. 그분은 얼마든지 처음부터 모든 걸 여시고 공급하실 수 있었다.

나는 하나님의 음성을 듣고, 그분을 신뢰하고, 순종하는 법을 배웠다. 하나님께서 홍콩으로 가서 훈련을 받으라고 말씀하셨고, 길을 열어주실 걸 믿는 믿음을 훈련시키셨다. 나는 어떠한 상황에서도 당황하거나 실망하지 않고 그분의 음성에 귀를 기울이는 법을 배웠다. 환경을 통해 말씀하시는 음성을 듣는 법을 배웠다.

양털 시험

하나님이 말씀하시는 외적 증거의 또 다른 길은 '양털 시험'이다. 그것은 기드온에게 일어난 사건이다.

기드온이 하나님께 여쭈되, "주께서 이미 말씀하심같이 내 손으로 이스라엘을 구원하시려거든, 보소서, 내가 양털 한 뭉치를 타작마당에 두리니, 만일 이슬이 양털에만 있고 주변 땅은 마르면, 주께서 이미 말씀하심같이 내 손으로 이스라엘을 구원하실 줄을 내가 알겠나이다" 하였더니 그대로 된지라.

이튿날, 기드온이 일찍이 일어나서 양털을 가져다가 그 양털에서 이슬을 짜니 물이 그릇에 가득하더라. 기드온이 또 하나님께 여쭈되, "주여, 내게 노하지 마옵소서. 내가 이번만 말하리이다. 구하옵나니 내게 이번만 양털로 시험하게 하소서. 원하건대 양털만 마르고 그 주변 땅에는 다 이슬이 있게 하옵소서" 하였더니, 그 밤에 하나님이 그대로 행하시니 곧 양털만 마르고 그 주변 땅에는 다 이슬이 있었더라. 삿 6:36-40

하나님은 기드온을 통해서 이스라엘을 미디안의 손에서 건지기를 원하셨다. 그러나 기드온에게 확신이 없었다. 그래서 그는 양털 시험을 했다. 이를 통해 하나님의 뜻을 확신하고 담대히 일어나 미디안을 쳐서 승리했다.

양털 시험은 하나님의 음성을 듣는 또 다른 길이다. 하나님의 뜻을 확실히 알고자 할 때, 이를 통해 확신을 갖는다. 또한 하나님께서 하나님 되심을 명확히 증명하시는 길이기도 하다.

1) 데이비드 윌커슨

《십자가와 칼》(베다니출판사 간)의 저자인 데이비드 윌커슨(David

Wilkerson)은 여러 차례 양털 시험을 통해 하나님의 음성을 듣고 순종한 놀라운 사역자다. 그는 시골에서 목회할 때, 매일 밤 거실에서 청소년 TV프로그램을 보았다.

어느 날, 그는 '내가 이 프로그램을 보는 대신 매일 2시간씩 청소년들을 위해 기도하면 어떨까' 하는 생각을 했다. 그러나 그는 그 생각을 반박했다.

'나는 청소년에 관심이 있으니 그들을 알려면 이 프로그램을 봐야 해.'

그런데 매일 그 생각이 맴돌았다. 그는 이것이 주께로부터 온 것인지를 알고 싶었다. 그래서 양털 시험을 했다.

'주님, 제가 TV를 보지 않고 이 시간에 청소년들을 위해 기도하기 원하시는지 알고 싶습니다. TV를 팔겠다는 광고를 종이에 써서 거리에 붙이겠습니다. 만일 이 생각의 배후에 주님이 계신다면 구매자가 즉시 나타나게 해주시옵소서. 30분 안에 붙이는 즉시요.'

그는 광고지를 붙이고 기다렸다. 시계를 보니 29분이 지나고 있었다. 그때 전화벨이 울렸다.

"TV를 팔겠다는 광고를 보고 전화했습니다. 얼마에 파실 건가요?"

그는 즉시 대답했다.

"100달러요."

그 순간까지도 그것을 얼마에 팔지 생각하지 않았었다.

"제가 사겠습니다."

"보지도 않고 사겠단 말입니까?"

"예, 15분 안에 돈을 가지고 가겠습니다."

그는 그날부터 청소년 프로그램을 보는 대신에 그 시간에 십 대들을 위해 기도하기 시작했다. 그리고 한 시골 목사가 뉴욕 맨해튼에 가서 폭력과 마약에 찌든 십 대 갱(gang)들을 주께로 돌아오게 하는 사역을 하게 되었다. 사역이 전 세계에 알려져 수많은 사람들이 동참했고, 그는 세계적으로 유명한 청소년 사역자가 되었다.

2) 어느 사역자의 이야기

내가 아는 한 사역자의 이야기다. 그는 아주 어릴 때 주를 영접하고 십 대에 예수께 헌신했다. 대학 시절에 성령세례를 받았고, 소명도 받았다. 청년들을 무장시켜 세상에 영향을 주고, 목회사역자와 현장사역자를 섬겨 교회로 하여금 세상에 영향을 주는 거였다. 그는 졸업 후의 진로를 두고 하나님께 기도했다. 그의 소명을 따라 살기 위한 길이 무엇인지를 구했다.

그의 앞에 두 가지 길이 있었다. 직장에 다니며 현장사역자로서 주를 섬기는 길과 목회사역자로서 주를 섬기는 길이었다. 그는 어느 쪽이 그가 걸어가야 할 길인지 몰랐다. 그래서 양털 시험을 하기로 했다. 먼저 취업 시험을 보기로 했다. 몇 군데에 원서를 내고 시험을 보았다. 그리고 기도했다.

'주님, 만일 12월 24일까지 합격 통지가 온다면 주의 뜻인 줄 알고 취직하여 현장사역자로 주를 섬기겠습니다.'

12월 24일까지 소식이 없었다. 그런데 25일, 성탄예배를 마치고 집에 오니 전보가 와 있었다.

'입사를 축하합니다.'

당시 우리나라에서 제일 큰 회사였다. 그런데 그는 그 전보를 보자마자 쓰레기통에 넣으면서 말했다.

"너무 늦었다."

그가 주께 구한 것은 12월 24일이었다. 그는 취업하여 현장사역자로서 주를 섬기는 건 부르심이 아니라는 걸 알았다. 그렇다면 목회사역자로서 주를 섬기는 길만 남았다. 그는 신학대학원의 입학 시험을 보았다. 12월 25일부터 원서를 준비하기에는 너무 늦었지만 모든 게 순탄하게 열렸다.

그러나 그의 마음에 신학대학원에 가서 목회사역자가 되는 게 주의 뜻인지 확신이 없었다. 그래서 이번에도 양털 시험을 구했다. 단지 신학대학원의 합격 여부로 주의 뜻을 아는 게 아니라 등록금 전액이 공급된다면 주의 뜻인 줄 알겠다고 기도했다. 그리고 신대원 시험을 보는 것과 그의 필요를 아무에게도 알리지 않고 오직 하나님께 구했다(그래야 양털 시험이다).

시험 과목은 성경, 영어, 상식 세 과목이었다. 그는 자신이 단 한 명에게만 전액 장학금이 주어지는 수석합격자인 줄 알았다. 그런데 발표일에 전화를 걸어 수석이 누구냐고 묻자 다른 사람의 이름이 들렸다. 수석이 아니었다. 이제 하나님께서 직접 등록금 전액을 공급하시는 것만 남았다.

그날부터 그는 주께서 등록금을 어떻게 공급하시는지 기다렸다. 물론 아무에게도 알리지 않았다. 그런데 납입일까지 아무 일도 일어나지 않았다. 그래서 그는 신대원에 가는 게 주의 뜻이 아닌 줄 알았다. 주의 뜻은 취업을 하거나 신학교에 입학하는 것만이 아니었다. 그 반대도 주의 응답이었다. 그는 두 가지 경우 모두 양털 시험으로 주의 뜻을 알았다.

그는 다음 날 바로 기도원으로 가서 5일간 금식기도를 했다.

'주님, 제가 주의 뜻을 따라 살기 위해 이 두 가지를 다 살폈지만 아니라고 말씀하시니 더 이상 할 수 있는 게 없습니다. 제가 앞으로 어떻게 하기를 원하십니까?'

나흘째 되던 날, 주께서 그에게 내적인 음성으로 말씀하셨다. 어느 선교회에 전임 간사로 지원하여 주를 섬기라는 거였다. 그 길은 이전에 한번도 생각해본 적이 없었다. 하지만 그는 기도원에서 내려와 그 선교회의 책임자와 대화하고 함께 기도로 확인한 후에 전임 간사로 사역을 시작했다.

이 사역자는 양털 시험으로 진로를 선택했다. 그는 하나님의 음성을 그 가운데 들었다. 양털 시험으로 구하고자 할 때 무엇을 구해야 할지 성령께서 보여주신다. 단, 하나님이 하셨다고 할 수 있는 양털 시험이어야 한다.

"하나님만이 이 일을 하실 것이다. 하나님 외에는 할 수 없다."

"하나님의 뜻이라는 것을 이를 통해 확실히 알 수 있어야 한다."

하나님과 양털 시험을 구한 자기 자신만이 아는 내용이어야 한다.

3) 아브라함의 종

아브라함이 자기 집 모든 소유를 맡은 늙은 종에게 이르되, "청하건대 내 허벅지 밑에 네 손을 넣으라. 내가 너에게 하늘의 하나님, 땅의 하나님이신 여호와를 가리켜 맹세하게 하노니, 너는 내가 거주하는 이 지방 가나안 족속의 딸 중에서 내 아들을 위하여 아내를 택하지 말고, 내 고향 내 족속에게로 가서 내 아들을 위하여 아내를 택하라." 창 24:2-4

아브라함은 자신의 충성된 늙은 종에게 이삭의 아내를 택하여 데려오도록 부탁했다. 그 종은 아브라함의 고향, 그의 족속에게로 갔다. 먼 길이었다.

이에 종이 그 주인의 낙타 중 열 필을 끌고 떠났는데, 곧 그의 주인의 모든 좋은 것을 가지고 떠나 메소보다미아로 가서 나홀의 성에 이르러, 그 낙타를 성 밖 우물 곁에 꿇렸으니 저녁 때라. 여인들이 물을 길으러 나올 때였더라.

그가 이르되, "우리 주인 아브라함의 하나님 여호와여, 원하건대 오늘 나에게 순조롭게 만나게 하사 내 주인 아브라함에게 은혜를 베푸시옵소서. 성 중 사람의 딸들이 물 길으러 나오겠사오니, 내가 우물 곁에 서 있다가 한 소녀에게 이르기를, '청하건대 너는 물동이를 기울여 나로 마시게 하라' 하리니, 그의 대답이 '마시라. 내가 당신의 낙타에게도 마시게 하리라' 하면 그는 주께서 주의 종 이삭을 위하여 정하신 자라.

이로 말미암아 주께서 내 주인에게 은혜 베푸심을 내가 알겠나이다.”

창 24:10-14

그 종은 이삭의 아내가 될 사람을 알아보기 위해 양털 시험을 했다. 그는 우물가에 앉아 하나님께 기도했다. 물을 길러 오는 소녀에게 물을 달라고 할 때 그 소녀가 물만 줄 뿐 아니라 자원하여 낙타에게도 물을 마시게 하면 그가 이삭의 예비 아내인줄 알겠다고 했다.

말을 마치기도 전에 리브가가 물동이를 어깨에 메고 나오니, 그는 아브라함의 동생 나홀의 아내 밀가의 아들 브두엘의 소생이라. 그 소녀는 보기에 심히 아리땁고 지금까지 남자가 가까이하지 아니한 처녀더라. 그가 우물로 내려가서 물을 그 물동이에 채워가지고 올라오는지라. 종이 마주 달려가서 이르되, “청하건대 네 물동이의 물을 내게 조금 마시게 하라” 그가 이르되, “내 주여, 마시소서” 하며 급히 그 물동이를 손에 내려 마시게 하고, 마시게 하기를 다하고 이르되, “당신의 낙타를 위하여서도 물을 길어 그것들도 배불리 마시게 하리이다” 하고 급히 물동이의 물을 구유에 붓고, 다시 길으려고 우물로 달려가서 모든 낙타를 위하여 긷는지라.
그 사람이 그를 묵묵히 주목하며 여호와께서 과연 평탄한 길을 주신 여부를 알고자 하더니 … 이에 그 사람이 머리를 숙여 여호와께 경배하고, 창 24:15-21,26

그 종이 양털 시험을 위해 기도를 마치기도 전에 리브가가 물을 길러 우물로 왔다. 그 종은 리브가에게 물을 달라고 요청했다. 리브가는 즉시 물동이를 손에서 내려 마시게 했다. 그리고 그 종이 물을 다 마셨을 때, 자원하여 낙타에게도 물을 길어 마시게 하겠다고 했다.

우물은 평지에 있지 않고 밑으로 내려가야 있었다. 리브가는 힘들게 물을 길어 올라왔지만 종이 물을 달라고 할 때 조금도 짜증내거나 불친절하거나 억지로 하지 않았다. 요청할 때 즉시 물을 주었다. 낙타들에게 물을 충분히 마시게 하려면 우물에 여러 차례 내려가야 했다. 그런데 자원하여 기쁨으로 섬겼다.

그 종은 리브가를 묵묵히 주목하며 하나님께서 그의 기도에 응답하시는지의 여부를 살폈다. 그리고 그것을 확신했을 때 그의 기도에 응답하신 하나님께 머리 숙여 경배했다. 그는 양털 시험을 통해 주의 뜻을 알았다.

양털 시험을 하다　김미진

제주도에 있을 때의 일이다. 남편은 아프리카로 선교를 가길 원했다. 그런데 내게는 '비즈니스 속으로 가라'라고 주께서 말씀하셨다. 남편의 결단이 굳건했기 때문에 내가 들은 말씀으로 양털 시험을 하기로 결정했다.

'주께서 제게 말씀하신 걸 남편에게도 동일하게 말씀해주세요.'

기도 노트에 적어두고 기도하며 기다리고 또 기다렸다. 물론 남편에게는 말하지 않았다. 그는 이미 선교지에 나갈 준비를 하고 있었다.

어느 날, 남편의 얼굴에 근심이 보였다. 그가 망설이다가 내게 말했다.

"주께서 비즈니스 속으로 가라고 말씀하셨어."

또 한번은 안경점을 할 때였다. 물건을 구입하기 위해 모아 놓은 돈을 아프리카에서 사역하는 한 선교사님의 선교 센터에 건축 헌금으로 드리라는 마음이 들었다. 나는 순종하고 싶었으나 주님의 음성인지, 내 생각인지 알 수가 없었다. 그 선교사님이 한국에 잠깐 나와 계실 때였다. 나는 기도했다.

'주님! 오늘 선교사님이 안경점에 오시면 주의 뜻인 줄 알겠습니다.'

그런데 선교사님이 오후에 안경을 맞추기 위해 오셨다. 내 안에 이런 생각이 들었다.

'이건 우연일 거야. 안경이 필요해서 오셨잖아.'

내 욕심이 말씀에 순종하지 못하게 했다. 선교사님은 그날 밤 비행기로 아프리카로 떠난다고 했다. 선교사님이 안경점을 떠난 후 말씀에 순종하지 못한 실패감과 후회가 밀려왔다. 나는 회개하고 돌이키며 주께 기도했다.

'주님의 말씀에 순종하겠습니다. 오늘 선교사님을 한 번 더 보내주심으로 저를 견고하게 세워주십시오. 주께서 다시 보내시지 않아도 돈은 송금하겠습니다.'

그런데 그날 밤에 떠난다던 선교사님이 저녁 8시가 넘은 시간에 안경점에 한 번 더 오셨다. 예전에 사용하던 안경의 나사못이 빠졌다면서 수리하기 위해서. 아프리카 행 비행기는 밤 11시라고 말했다. 나는 준비해놓은 재정을 선교사님에게 드렸다. 주님의 말씀에 순종한 그 자체로 나는 기뻤다.

하나님은 친절하시고, 기회를 주시며, 용서하길 기뻐하시고, 회개하고 돌이키는 자를 용납하시는 분이다. 나는 이 사건을 통해 더 명확하게 음성을 듣는 삶으로 나아가게 되었다. ▪▪▪▪

성령의 외적 음성

성령께서 외적 음성을 통해 우리에게 말씀하신다. 성령의 외적 음성에는 여러 가지가 있다. 꿈과 환상, 천사, 예언의 은사, 성령의 은사, 그리고 설교 말씀과 상담을 통해 말씀하신다. 그리고 실제로 들리는 소리로도 말씀하신다.

환상을 통해 말씀하신다

하나님은 많은 경우에 환상을 통해 뜻을 보여주신다. 우리는 이미 사도행전 10장을 살펴보았다. 하나님께서 환상 중에 고넬료에게 사람을 보내어 베드로를 청하라고 말씀하셨다. 또한 베드로에게도 이방인의 초청에 응해서 말씀을 전하라고 환상을 통해 말씀하셨다.

하루는 제9시쯤 되어 환상 중에 밝히 보매, 하나님의 사자가 들어와 이르되, "고넬료야" 하니 … 베드로가 기도하려고 지붕에 올라가니 그 시각은 제6시더라. 그가 시장하여 먹고자 하매 사람들이 준비할 때에 황홀한 중에 하늘이 열리며 한 그릇이 내려오는 것을 보니, 행 10:3,9-11

하나님이 환상 중에 아브라함에게 말씀하셨다.

이후에 여호와의 말씀이 환상 중에 아브람에게 임하여 이르시되, "아브람아, 두려워하지 말라. 나는 네 방패요, 너의 지극히 큰 상급이니라." 창 15:1

바울은 마게도냐 사람이 도와달라는 환상을 보았다. 그리고 그것을 하나님께서 그들에게 복음을 전하라고 말씀하신 줄로 인정했다. '인정했다'는 것은 마게도냐로 건너가서 복음을 전하라는 하나님의 말씀으로 들었다는 것이다. 하나님께서 그분의 뜻을 환상을 통해 보이셨다고 결론을 내렸다.

밤에 환상이 바울에게 보이니, 마게도냐 사람 하나가 서서 그에게 청하여 이르되, "마게도냐로 건너와서 우리를 도우라" 하거늘, 바울이 그 환상을 보았을 때 우리가 곧 마게도냐로 떠나기를 힘쓰니, 이는 하나님이 저 사람들에게 복음을 전하라고 우리를 부르신 줄로 인정함이러라. 행 16:9,10

하나님이 보여주시는 어떤 환상들은 해석이 필요하다. 그런 경우에는 하나님께서 환상을 보여주시고, 그것을 해석해주심으로 음성을 듣게 하신다. 느부갓네살이 본 환상을 하나님께서 다니엘에게 해석해주셨다. 느부갓네살이 본 것을 그에게 환상으로 보이셨다.

이에 이 은밀한 것이 밤에 환상으로 다니엘에게 나타나 보이매, 다니엘이 하늘에 계신 하나님을 찬송하니라. 단 2:19

하나님께서 예레미야에게 환상을 보이시고 해석하셨다.

여호와의 말씀이 또 내게 임하니라. 이르시되, "예레미야야, 네가 무엇을 보느냐?" 하시매, 내가 대답하되, "내가 살구나무 가지를 보나이다." 여호와께서 내게 이르시되, "네가 잘 보았도다. 이는 내가 내 말을 지켜 그대로 이루려 함이라" 하시니라.
여호와의 말씀이 다시 내게 임하니라. 이르시되, "네가 무엇을 보느냐?" 대답하되, "끓는 가마를 보나이다. 그 윗면이 북에서부터 기울어졌나이다" 하니, 여호와께서 내게 이르시되, "재앙이 북방에서 일어나 이 땅의 모든 주민들에게 부어지리라." 렘 1:11-14

살구나무를 보이시고, 이를 통해 그대로 이루실 걸 말씀하셨다. '살구나무'와 하나님께서 말씀하신 것을 "지키다"의 발음이 비슷하다. 살구나무는 히브리어로 '샤케드'(shaqed)이고, 지킨다는 '샤카드'(shaqad)이다.

윗면이 북에서부터 기울어진 끓는 가마를 보이시고, 이를 통해 재앙이 북에서부터 일어나 예루살렘과 유다에 임할 것을 말씀하셨다.

꿈을 통해 말씀하시다

하나님은 꿈속에서 말씀하시어 그분의 뜻을 보이신다. 야곱은 꿈에서 세 가지를 보았다. 세계에서 제일 긴 사닥다리, 그 위로 오르내리는 하나님의 사자들, 그 위에 서 계시는 하나님, 그리고 꿈에서 그분의 약속의 말씀을 들었다.

> 꿈에 본즉 사닥다리가 땅 위에 서 있는데 그 꼭대기가 하늘에 닿았고, 또 본즉 하나님의 사자들이 그 위에서 오르락내리락 하고, 또 본즉 여호와께서 그 위에 서서 이르시되, "나는 여호와니 너의 조부 아브라함의 하나님이요, 이삭의 하나님이라. 네가 누워 있는 땅을 내가 너와 네 자손에게 주리니" 창 28:12,13

요셉은 약혼녀인 마리아가 임신한 사실을 알고 파혼하려고 했지만 꿈에서 하나님의 음성을 듣고 마리아를 데려왔다.

> 이 일을 생각할 때에 주의 사자가 현몽하여 이르되, "다윗의 자손 요셉아, 네 아내 마리아 데려오기를 무서워하지 말라. 그에게 잉태된 자는 성령으로 된 것이라." … 요셉이 잠에서 깨어 일어나 주의 사자의 분부

대로 행하여 그의 아내를 데려왔으나 아들을 낳기까지 동침하지 아니
하더니 낳으매 이름을 예수라 하니라. 마 1:20,24,25

요셉에게도 주로 꿈을 통해 말씀하셨다. 헤롯을 피해 애굽으로 내
려갈 때도 꿈에서 말씀하심을 듣고 그가 움직였다. 그리고 애굽에서
다시 올라와 나사렛에 정착한 것도 꿈을 통해 하나님의 음성을 들었
기 때문이다(마 2:13-23 참조).

환상으로 말씀하시다 김미진

남편이 캐나다 토론토의 제자훈련학교에서 훈련받을 때의 일이다.
그는 하나님의 음성을 간절히 듣길 원했다. 그때까지만 해도 육신의
음성처럼 거룩하고 무게 있고, 엄중한 음성으로 "원석아" 하고 부르
실 거라고 오해하고 있었다.

어느 날, 기도 중에 신용카드의 모양을 보았다. 그다음 날은 가위
를 보았다. 하나님의 인도라는 걸 전혀 알지 못했으나 남편은 카드
를 잘라야 한다는 강한 마음이 들었다고 한다. 외국에서 카드 없이
지내는 건 부담스러웠지만 그는 카드를 잘랐다.

당시 나는 재정적으로 부도가 난 상태였으나 남편에게 말하지 않
았고, 혼자서 해결해보려고 전전긍긍할 때였다. 하나님께서는 그림
이나 이미지로도 말씀하시는 분이다.

또 한번은 내가 안경점을 할 때였다. 부도가 나면서 안경점을 다른 사람에게 넘겨주어야 했다. 그 과정에서 당장 생활비가 필요했던 나는 종업원으로 일하는 조건으로 안경점을 매각했다.

늘 "사장님, 대표님"이란 호칭에 익숙한 내가 종업원으로는 첫 출근을 하는 날이었다. 어제까지 대표로 있던 안경점에 출근해보니 새로 오신 사장님과 부장님이 있었다. 나는 종업원들이 입는 가운을 입고 청소부터 시작했다.

새로 온 부장님이 나를 "김 선생" 하고 불렀다. 당연히 나는 아니라고 생각했다. 내 호칭은 늘 "김 대표, 김 사장"이었기 때문이다. 그런데 또 "김 선생, 거기서 뭐해?" 하며 호통치는 목소리가 들렸다. 다른 종업원이 내게 말했다.

"부장님이 김 선생님을 부르시잖아요."

나는 당황했다.

'내가 김 선생이라니….'

하지만 잔인한 현실을 받아들여야만 했다.

안경점의 바로 뒷집에 1급 지체장애 아들을 둔 아주머니가 계셨다. 남편은 집을 나갔고, 아들과 살기 위해 그녀는 돈을 벌어야 했다. 그런데 아들 때문에 멀리 가지 못해서 안경점 앞에서 아이스크림 장사를 할 수 있도록 배려했다. 그런데 안경점의 주인이 바뀌면서 그 아주머니도 쫓겨나게 되었다. 내가 망하기 전에는 한 달에 50만 원 정도 생활비를 지원했는데 더 도울 수가 없었다.

안경점에서는 종업원들에게 매일 점심과 저녁 식사비가 지급되었다. 나는 그것을 아껴서 아주머니를 돕고 싶어서 도시락을 싸가지고 다녔다. 어느 날, 안경점 안에서는 식사를 할 수 없어서 옆에 붙어 있는 작은 창고에서 도시락을 먹는데, 부장님이 소리를 질렀다. 음식 냄새가 안경점 안으로 들어온다며 식대를 주는데 왜 도시락을 먹느냐고 했다. 나는 서럽고 슬펐지만 눈물을 삼켜야 했다.

'사장에서 종업원이 된 것도 서러운데, 창고에서 밥을 먹으면서 혼나다니….'

퇴근 후 교회 본당에서 기도하는데 친구인 경희가 환상을 보았다고 내게 말했다. 안경점에 무지개가 걸려 있었다고. 이 환상이 무엇을 의미하는지 내가 주께 물었을 때 '안경점을 다시 네게 줄 것이다'라고 약속하셨다. 그리고 놀랍게도 나중에 그렇게 되었다.

하나님께서 환상으로 말씀하실 때가 있다. 그러나 꿈과 환상과 기적만 바라지 마라. 한때 이것에만 의존하다가 굉장히 약해진 나를 발견했다. 순간순간마다 하나님의 메시지를 받는다는 어떤 분을 롤모델로 정하고 그렇게 살려고 애쓰다가 불가능한 일에 부딪히게 되었고, 결국 큰 실망에 빠졌다.

여기에서 빠져 나오는데 홍성건 목사님의 강의가 큰 도움이 되었다. 삶의 모든 원리가 이미 성경에 있다. 그러나 우리 삶의 아주 구체적인 것은 성경에 나와 있지 않다. 성경의 원리를 적용하여, 하나님의 뜻 안에 있는 것들에 대해 인도함을 받으며 선택하고, 우리의 삶을 주 안에서 주도적으로 이끌어가야 한다. ▬▬▬

천사를 통해 말씀하시다

하나님께서 천사를 통해 말씀하시는 경우가 성경에 많이 나와 있다. 마태복음에는 꿈을 통해, 누가복음에는 하나님이 천사를 통해 말씀하신 경우가 많다.

세례 요한의 아버지인 사가랴 제사장은 천사를 통해 아들인 요한이 태어날 걸 알았다.

주의 사자가 그에게 나타나 향단 우편에 선지라. 사가랴가 보고 놀라며 무서워하니, 천사가 그에게 이르되, "사가랴여, 무서워하지 말라. 너의 간구함이 들린지라. 네 아내 엘리사벳이 네게 아들을 낳아주리니, 그 이름을 요한이라 하라." 눅 1:11-13

6개월 후에는 천사 가브리엘이 마리아에게 나타나 하나님의 말씀을 전달했다. 마리아는 천사를 통해 예수님이 자신을 통해 나실 걸 들었다.

천사가 이르되, "마리아여, 무서워하지 말라. 네가 하나님께 은혜를 입었느니라. 보라, 네가 잉태하여 아들을 낳으리니 그 이름을 예수라 하라." 눅 1:30,31

아기 예수가 탄생하셨을 때, 천사는 양치는 목자들에게 제일 먼저 기쁜 소식을 전했다.

천사가 이르되, "무서워하지 말라. 보라, 내가 온 백성에게 미칠 큰 기쁨의 좋은 소식을 너희에게 전하노라. 오늘 다윗의 동네에 너희를 위하여 구주가 나셨으니 곧 그리스도 주시니라." 눅 2:10,11

천사들이 예수님의 무덤을 찾아온 여인들에게 예수님의 부활 소식을 전해주었다.

천사가 여자들에게 말하여 이르되, "너희는 무서워하지 말라. 십자가에 못 박히신 예수를 너희가 찾는 줄을 내가 아노라. 그가 여기 계시지 않고 그가 말씀하시던 대로 살아나셨느니라. 와서 그가 누우셨던 곳을 보라." 마 28:5,6

성령의 은사를 통해 말씀하시다

하나님께서 성령의 은사를 통해 말씀하신다. 예언의 은사를 가진 사람들이 성령으로 하나님의 말씀을 전달한다. 이 은사는 사람의 능력으로 앞날의 일을 보는 게 아니라 하나님께서 말씀하신 걸 대언(代言)하는 것이다.

인자야, 너는 이스라엘의 예언하는 선지자들에게 경고하여 예언하되, 자기 마음대로 예언하는 자에게 말하기를, "너희는 여호와의 말씀을 들으라. 주 여호와의 말씀에 '본 것이 없이 자기 심령을 따라 예언하는 어리석은 선지자에게 화가 있을진저'" 겔 13:2,3

예언은 하나님의 말씀을 듣고 전달하는 것이다. 거짓 선지자는 하나님의 말씀을 듣고도 전달하지 않고, 자기 마음대로 예언한다. 사도 바울이 가이사랴에 머물 때, 예언의 은사를 가진 아가보를 통해 앞날에 일어날 일에 대해 들었다.

아가보라 하는 한 선지자가 유대로부터 내려와, 우리에게 와서 바울의 띠를 가져다가 자기 수족을 잡아매고 말하기를, 성령이 말씀하시되, "예루살렘에서 유대인들이 이같이 이 띠 임자를 결박하여 이방인의 손에 넘겨주리라" 하거늘, 행 21:10,11

안디옥교회는 선지자 아가보를 통해 천하에 큰 흉년이 올 것을 듣고, 유대에 사는 형제들에게 부조(扶助)를 보냈다.

그때에 선지자들이 예루살렘에서 안디옥에 이르니, 그중에 아가보라 하는 한 사람이 일어나 성령으로 말하되, "천하에 큰 흉년이 들리라" 하더니, 글라우디오 때에 그렇게 되니라. 제자들이 각각 그 힘대로 유대에 사는 형제들에게 부조를 보내기로 작정하고, 이를 실행하여 바나바와 사울의 손으로 장로들에게 보내니라. 행 11:27-30

하나님으로부터 오는 예언은 사람을 무너뜨리는 게 아니다. 듣는 사람을 낙심하게 하거나 두렵게 하거나 묶이게 하지 않는다. 견고하게 해주고, 격려하며 위로한다.

그러나 예언하는 자는 사람에게 말하여 덕을 세우며 (견고하게 세워주며, 건축하게 하며), 권면하며, 위로하는 것이요. 고전 14:3

그래서 예언을 받을 때 하나님으로부터 온 것인가를 분별해야 한다.

예언하는 자는 둘이나 셋이나 말하고, 다른 이들은 분별할 것이요.
고전 14:29

경건한 상담, 설교, 강의를 통해 말씀하시다

하나님의 음성을 상담을 통해서도 들을 수 있다. 상담가의 말을 들을 때 주께서 우리에게 말씀하시는 경우가 있다. 물론 예언을 들을 때와 마찬가지로 분별해야 한다.

의논이 없으면 계획이 실패하고, 조언자가 많으면 성공한다.
잠 15:22, 쉬운성경

조언을 듣고 계획을 세워라. 전쟁을 하려면 지혜로운 조언을 들어라.
잠 20:18, 쉬운성경

또한 주일에 설교를 들을 때 성령께서 내게 하시는 말씀을 듣게 된다. 설교를 듣기 전에 기도하라.
'주님, 오늘 설교를 통해서 말씀하소서. 제가 듣겠습니다.'

내가 설교자로서 말씀을 전할 때의 목표는 하나다. 성령께서 전하는 말씀을 레마의 말씀이 되게 하시어 듣는 이들로 하여금 주의 음성을 듣고 순종하기를 바란다. 또한 성경을 강의할 때도 마찬가지다. 강의를 통해 주께서 내게 하시는 말씀을 들으려고 한다.

매스컴과 일상생활을 통해 말씀하시다

하나님 앞에 앉아 있을 때만 주의 음성을 들으려고 하는 게 아니라 가족들과 식탁에서 대화하거나 직장에서 동료들과 카페에서 친구와 나누는 일상의 대화를 통해서도 하나님께 귀를 기울이라. 또는 신문을 읽거나 TV를 시청할 때, 언제나 귀를 열어두라. 사람, 환경, 사건, 매스컴 등을 통해 말씀하시는 하나님의 음성에 민감하라. 우리는 언제나 하늘을 향해 열려 있어야 한다.

어떤 경우에는 하나님이 직접 말씀하지 않으시고 사람을 통해 말씀하신다. 다메섹 도상에서 주를 만나고 소명을 받은 사울은 금식하며 회개하며 기도했다. 하나님은 사울에게 직접 은혜를 주지 않으시고 아나니아를 보내어 말씀하시며 성령충만과 치유를 베푸셨다(행 9:10-17 참조).

하나님이 고넬료에게 성령의 은혜를 주시고자 할 때 직접 성령의 충만함을 주지 않으시고 베드로를 초청하여 주의 말씀을 들으라고 하셨다(행 10장 참조).

어떤 일을 결정할 때 회의를 통해 의견을 제시하고 서로 토론하거나 대화하는 과정이 필요하다. 처음부터 모든 대화를 멈추고 하나님께만 귀를 기울이라는 게 아니다. 모든 과정에서 귀를 양쪽으로 열어놓아야 한다. 상대방의 말에 귀를 기울여 청종하며 이해하려고 하는 동시에 이 대화의 과정에서 하나님께서 내게 하시는 말씀이 무엇인지를 들어야 한다.

사도행전 15장은 예루살렘의 리더들이 율법과 복음을 주제로 결정하는 회의 과정을 보여준다. 이들은 서로에게 귀를 열어놓으면서 동시에 성령께 귀를 기울였다. 이들의 결정문에는 "성령과 우리는 … 알았노니"라고 적혀 있다(행 15:28 참조).

하나님의 음성을 듣는 삶 - 아브라함의 경우

여호와께서 아브람에게 이르시되, "너는 너의 고향과 친척과 아버지의 집을 떠나 내가 네게 보여줄 땅으로 가라. 내가 너로 큰 민족을 이루고, 네게 복을 주어 네 이름을 창대하게 하리니, 너는 복이 될지라. 너를 축복하는 자에게는 내가 복을 내리고 너를 저주하는 자에게는 내가 저주하리니 땅의 모든 족속이 너로 말미암아 복을 얻을 것이라" 하신지라.
이에 아브람이 여호와의 말씀을 따라갔고 롯도 그와 함께 갔으며 아브람이 하란을 떠날 때에 75세였더라. 아브람이 그의 아내 사래와 조카 롯과 하란에서 모은 모든 소유와 얻은 사람들을 이끌고 가나안 땅으로 가려고 떠나서 마침내 가나안 땅에 들어갔더라.

아브람이 그 땅을 지나 세겜 땅 모레 상수리나무에 이르니 그때에 가나안 사람이 그 땅에 거주하였더라. 여호와께서 아브람에게 나타나 이르시되, "내가 이 땅을 네 자손에게 주리라" 하신지라.

자기에게 나타나신 여호와께 그가 그곳에서 제단을 쌓고, 거기서 벧엘 동쪽 산으로 옮겨 장막을 치니, 서쪽은 벧엘이요 동쪽은 아이라. 그가 그곳에서 여호와께 제단을 쌓고 여호와의 이름을 부르더니 점점 남방으로 옮겨갔더라. 그 땅에 기근이 들었으므로 아브람이 애굽에 거류하려고 그리로 내려갔으니, 이는 그 땅에 기근이 심하였음이라. 창 12:1-10

아브람이 애굽에서 그와 그의 아내와 모든 소유와 롯과 함께 네게브로 올라가니, 아브람에게 가축과 은과 금이 풍부하였더라. 그가 네게브에서부터 길을 떠나 벧엘에 이르며 벧엘과 아이 사이 곧 전에 장막 쳤던 곳에 이르니, 그가 처음으로 제단을 쌓은 곳이라. 그가 거기서 여호와의 이름을 불렀더라. 창 13:1-4

아브라함은 하나님의 음성을 듣고 그분의 말씀을 따라 갈대아 우르에서 떠나 하란을 거쳐 가나안에 들어갔다. 그가 그 땅에 들어갔을 때도 환경에 반응하지 않고 하나님께 나아가 음성을 듣고 반응했다.

왜냐하면 그가 먼 여행을 하고 말씀하신 곳에 이르렀을 때 그에게 주어진 건 그 땅에 사는 원주민들의 싸늘한 반응이었다. 그는 말씀에 순종하고자 대가를 지불했다. 안정된 기반을 다 내려놓고 낯선 땅으로 갔다. 그런데 그 앞에는 아무것도 보장된 게 없었다. 그를 위한 현수막이나 환영회도 없었다.

낯선 무리들을 바라보는 원주민들의 차가운 눈총뿐이었다. 그들은 아브라함 일행이 그곳에 정착하리라고 생각하지 않았다. 땅 한 평도 줄 마음이 없어 보였다. 먼 길을 힘들다 하지 않고 순종하여 온 이들을 위해 하나님께서는 어떤 환영 행사도 준비하지 않으셨다.

이때 아브라함의 마음에 원망, 불평, 불안, 두려움이 있지 않았을까? 하지만 그는 환경에 반응하지 않고, 말씀으로 그를 부르신 하나님께 나아갔다. 그때 하나님께서 말씀하셨다.

'내가 이 땅을 네 자손에게 주리라.'

아브라함은 다시 하나님의 음성을 들었다. 그리고 그 음성에 반응하여 제단을 쌓았다.

그런데 그에게 위기가 왔다. 기근이 심하여 그곳을 떠나 애굽으로 내려갔다. 거기서 아내를 누이동생이라 하여 결국 다른 남자에게 시집보내야 하는 바보 같은 행동을 했다. 그리고 나중에 아내인 게 발각되어 큰 망신을 당한다.

하나님의 말씀을 듣고 순종했던 아브라함이 기근이 심해지자 그분의 음성에 귀를 기울이지 않고 환경에 반응했다. 이것이 그의 삶에 큰 어려움을 주었다. 하나님께서는 사라의 기도에 응답하셔서 보호하셨다. 아브라함은 환경에 따라 반응하지 않고 하나님의 음성에 귀를 기울여야 했다. 기근이 심할 때 하나님 앞에 나아가 애굽으로 가는 게 주의 뜻인지 음성을 들어야 했다. 하나님의 음성을 듣는 삶에 있어서 아브라함은 여전히 배우는 과정이었다.

많은 경우에 아브라함은 성령의 내적 음성을 통해 하나님의 음성을 들었다. 하나님께서 아브라함을 "나의 벗 아브라함"(사 41:8)이라고 부르실 만큼 하나님과 친밀했다.

창세기 12장은 아브라함이 최초로 하나님의 음성을 들으며 믿음의 여정을 시작한 기록이다. 그는 죽을 때까지 하나님과 성령의 내적인 음성을 통해 교제했다(창 25장 참조). 또한 환상과 천사를 통해서도 말씀하셨다(창 15:1, 18장 참조).

중남미 등지에 서식하는 '아나브렙스'라는 물고기가 있다(다른 물고기처럼 두 개의 눈동자를 갖고 있지만 하나의 눈이 다른 두 개의 상을 망막에 맺게 해서 네 개의 눈동자를 가진 것처럼 보인다). 이 물고기의 눈동자의 한쪽은 수면 아래를, 다른 한쪽은 수면 위를 향하고 있다. 이런 특수한 눈을 갖고 있는 이유는 수면 위에 날아다니는 곤충을 잡아먹으면서 동시에 물 속에 사는 포식자로부터 자신을 보호하기 위해서다. 나는 이 물고기에 관해 들었을 때 우리의 영적인 삶이 연상됐다.

우리도 언제든지 모든 영역에서 하나님의 음성을 들을 수 있도록 하늘을 향해 열려 있어야 한다. 하나님과 친밀해지는 게 최선의 길이다. 날마다 갖는 말씀 묵상, 말씀 읽기, 세븐업(7up), 기도의 시간이 정말 귀하다. 이런 시간을 확보하기 위해 대가를 지불해야 한다.

사람들과 대화할 때도 두 방향으로 귀를 기울여야 한다. 회의를 할 때 어떤 의견을 내야 할지에 대해서도, 다른 사람의 의견을 들을 때도 마찬가지다. 매스컴을 접하거나 설교나 강의를 들을 때 눈과 귀는 언제나 하나님께도 향해 있어야 한다.

느헤미야는 그가 섬기는 바사 왕 아닥사스다와 대화하는 동시에 하나님을 바라보았다(느 2:4 참조). 그래서 그는 하나님의 뜻을 따라 올바른 대화를 할 수가 있었다. 왕에게 무엇을 요청해야 할지를 알았다. 그래서 예루살렘의 총독으로 부임하여 성벽을 완성하고, 이스라엘의 부흥 운동을 주도할 수 있었다.

하나님의 음성을 들으려면 어떤 준비가 필요한가

chapter 8

하나님의 음성을 듣기 위한 준비(1)

모세가 항상 장막을 취하여 진 밖에 쳐서 진과 멀리 떠나게 하고, 회막이라 이름하니 여호와를 앙모하는 자는 다 진 바깥 회막으로 나아가며, 모세가 회막으로 나아갈 때에는 백성이 다 일어나 자기 장막 문에 서서 모세가 회막에 들어가기까지 바라보며, 모세가 회막에 들어갈 때에 구름 기둥이 내려 회막 문에 서며 여호와께서 모세와 말씀하시니, 모든 백성이 회막 문에 구름 기둥이 서 있는 것을 보고 다 일어나 각기 장막 문에 서서 예배하며, 사람이 자기의 친구와 이야기함같이 여호와께서는 모세와 대면하여 말씀하시며, 모세는 진으로 돌아오나 눈의 아들 젊은 수종자 여호수아는 회막을 떠나지 아니하니라. 출 33:7-11

모세와 하나님의 관계는 사람이 친구와 이야기함과 같다고 했다. 서로 얼굴을 마주 보고 이야기하는 관계였다. 얼마나 아름답고 영광스러운가! 그리고 하나님께서는 우리에게 젊은 여호수아를 주목하라고 하신다. 그는 회막을 떠나지 않았다. 회막은 모세가 하나님과 교제하기 위해 만든 기도처로, 진(陣)과 멀리 떨어져 있었다. 그것은 마치 예수께서 많은 사역과 둘러싼 사람들에게서 물러나 한적한 곳에 가서 기도하시는 걸 연상하게 한다. 우리도 모세나 여호수아처럼 회막으로 나아가 거기에 머물자.

하나님과 친밀하려면 어떤 준비를 해야 하며, 그분의 음성을 듣기 위한 조건은 무엇인가?

예수 그리스도를 주인으로 모셔라

그러므로 형제들아, 내가 하나님의 모든 자비하심으로 너희를 권하노니, 너희 몸을 하나님이 기뻐하시는 거룩한 산 제물로 드리라. 이는 너희가 드릴 영적 예배니라. 너희는 이 세대를 본받지 말고 오직 마음을 새롭게 함으로 변화를 받아, 하나님의 선하시고 기뻐하시고 온전하신 뜻이 무엇인지 분별하도록 하라. 롬 12:1,2

"하나님의 뜻이 무엇인지 분별하라"라는 건 "하나님의 뜻이 무엇인지 알아서 그 뜻 가운데 머무르라" 즉, "하나님의 음성을 들으라"라는 말씀이다. 그러기 위해서 먼저 내 몸을 하나님께 "거룩한 산 제물"로 드려야 한다. 그럴 때 비로소 그분의 뜻을 알 수 있다. 하나님의 음성을 들으려면 먼저 나를 산 제물로 드려야 한다.

하나님의 뜻을 들어본 후에 내가 결정하는 게 아니다. "주님이 무슨 말씀을 하시든 순종하겠습니다"라고 해야 한다.

엘리가 사무엘에게 가르친 기도가 그 모본이다. "주님, 말씀하십시오. 주의 종이 듣겠나이다." 그러려면 먼저 하나님이 내 삶의 주인이 되셔야 한다. 그래야 주께서 말씀하시는 음성을 들을 수 있다. 순종할 마음이 없으면 주의 음성을 들을 수 없다. 하나님께서 내가 싫어하는 것을 시키실까 봐 두려워서 음성 듣기를 망설이는 사람들이 있다. 또는 불순종하면 심판하실까 봐 그 압박감으로 음성을 듣는 사람들도 있다. 하나님이 누구신 줄을 몰라서 그러는 것이다.

하나님은 내게 힘든 일을 시키는 무서운 주인도, 내 죄만 살피며 엄격하게 심판하는 심판주도 아니시다. 그분은 나에 대해 가장 좋은 생각을 하시고, 내 앞날에 선한 것을 계획하시고, 가장 좋은 것을 주기를 기뻐하시는 아버지다.

하나님은 그분의 독생자를 십자가에 내놓을 만큼 나를 사랑하신다(요 3:16 참조). 우리가 죄 가운데 있을 때라도 "그리스도께서 우리를 위하여 죽으심으로 하나님께서 우리에 대한 자기의 사랑"을 확증하셨다(롬 5:8 참조). "자기 아들을 아끼지 아니하시고 우리 모든 사람을 위하여 내주신 이가, 어찌 그 아들과 함께 모든 것을 우리에게 주시지 아니하겠느냐"(롬 8:32)라는 말씀을 기억해야 한다.

하나님은 창조주이시고 나는 피조물이다. 창조주 하나님이 말씀하실 때 피조물로서 절대적으로 순복하는 게 매우 합당하다. 그러나 더 놀라운 건 그 하나님이 내 아버지라는 것이다. 나를 사랑하는 아버지시다. 우리가 그분을 사랑하기 때문에 음성을 듣고 순종하는 것이다.

세 종류의 사람

첫째, 예수 그리스도와 아무 상관이 없는 사람이다. 불신자를 말한다. 이런 사람은 하나님의 음성에 귀를 기울이지 않는다. 자기의 뜻을 따라 살아간다. 스스로 삶의 주인으로 살며 모든 걸 해결한다.

내가 내 삶의 주인이다. 예수 그리스도는 나와 아무 상관이 없다.

둘째, 예수 그리스도를 믿지만 자기가 삶의 주인인 사람이다. 예수님은 내가 결정한 걸 잘 도와주시면 된다. 자기 마음대로 살면서도 그분을 "주님"이라고 부른다.

예수 그리스도를 내 삶에 모셨지만, 내가 주인이다.
예수님은 내가 결정한 게 잘될 수 있도록 도와주시기만 하면 된다.

셋째, 예수 그리스도를 믿으며, 그분을 자신의 삶의 진정한 주인으로 모시는 사람이다. 이런 사람은 삶의 모든 영역에서 예수 그리스도의 음성에 귀를 기울이고, 그분의 뜻을 구하며 순종한다. 무슨 일이든 스스로 결정하지 않고 먼저 주 앞에 나아간다. 언제나 빈 노트를 들고 간다. 앞날의 계획이나 모든 소유나 시간 등 어느 것도 스스로 결정하지 않는다.

이는 어떤 의무감이나 압박이나 협박에 의한 게 아니라 사랑의 관계 안에서 이루어진다. 나를 사랑하는 그 사랑을 신뢰하고 경험한 사람으로서 "무엇이든지 말씀하시면 제가 듣겠습니다"라고 고백한다. 이것이 음성을 듣기 위한 가장 중요한 자세이다.

예수 그리스도는 내 삶의 주인이시며, 내 삶을 다스리신다.
나는 항상 그분 앞에서 "말씀하시면 제가 듣고 순종하겠습니다"라고 말한다.

사람이 하나님의 뜻을 행하려 하면, 이 교훈이 하나님께로부터 왔는지 내가 스스로 말함인지 알리라. 요 7:17

사사건건 시비를 거는 몇몇 사람들에게 예수께서 말씀하셨다.

"너희가 내 말을 듣고 하나님의 뜻을 따라 살고 싶으냐? 너희는 하나님을 사랑하느냐? 그렇다면 지금 내가 하는 말이 하나님께로부터 듣고 말하는 건지, 내가 스스로 말하는 건지 너희가 알 것이다."

이는 하나님의 뜻을 따라 살기로 마음에 결정하면 누구나 그분의 음성을 들을 수 있다는 말씀이다. 하나님의 뜻이 아니라 내 뜻대로 살고 싶기 때문에 음성을 듣는 데 혼란에 빠진다. 누구나 "나는 주님의 뜻을 따라 살기를 원합니다"라고 한다면 하나님의 음성을 쉽게 들을 수 있다.

복음서를 보면 주께서 사람들의 질문에 가끔 답변을 안 하실 때가 있다. 장로들이나 바리새인들이나 서기관들이 예수님께 처음부터 순종할 마음 없이 묻는 경우다. 이들은 주님이 어떤 말씀을 하시든지 순종할 마음이 없고, 어떻게든 그 말을 꼬투리삼아 시비를 걸 생각으로 물었다. 그럴 때 주님은 답변하지 않으셨다.

주님의 음성을 듣고자 한다면 먼저 순종할 마음을 가져야 한다. 예수 그리스도가 내 삶의 주인이 되어야 한다.

주께서 내 귀를 통하여 내게 들려주시기를, "제사와 예물을 기뻐하지 아니하시며 번제와 속죄제를 요구하지 아니하신다" 하신지라.

그때에 내가 말하기를, "내가 왔나이다. 나를 가리켜 기록한 것이 두루마리 책에 있나이다. 나의 하나님이여, 내가 주의 뜻 행하기를 즐기

오니 주의 법이 나의 심중에 있나이다" 하였나이다. 시 40:6-8

"내 귀를 통하여"라는 말은 '내 귀를 뚫고'라는 의미이다. 주께서 내 귀를 뚫으시고, 그 귀를 통해 내게 말씀하신다. 내 귀가 뚫려서 주의 음성을 듣게 되고, 뚫려 있는 내 귀를 통해 주께서 그분의 뜻이 무엇인가를 말씀하신다.

하나님께서는 어떤 사람의 귀가 뚫리게 하셔서 그분의 음성을 듣게 하는가? 어떤 사람이 귀가 뚫려서 하나님의 음성을 들을 수 있는가? 바로 "나의 하나님이여, 내가 주의 뜻 행하기를 즐기오니 주의 법이 나의 심중에 있나이다"라고 고백하는 사람이다. 주님의 뜻에 이미 순종할 마음을 갖고 있다는 것이다.

"제가 주의 말씀대로 살 마음이 있습니다. 저는 순종을 즐거워합니다. 주의 뜻을 행하기를 즐거워합니다."

이런 마음의 동기가 있는 사람에게 주께서 귀를 뚫어 말씀하신다. 그분이 무슨 말씀을 하시든지 언제나 "예, 순종하겠습니다"라는 자세가 주의 음성을 들을 수 있는 준비다.

귀가 뚫린 종

네가 히브리 종을 사면, 그는 여섯 해 동안 섬길 것이요, 일곱째 해에는 몸값을 물지 않고 나가 자유인이 될 것이며, 만일 그가 단신으로 왔으면 단신으로 나갈 것이요, 장가들었으면 그의 아내도 그와 함께 나가려니와, 만일 상전이 그에게 아내를 주어 그의 아내가 아들이나 딸을 낳았으면, 그의 아내와 그의 자식들은 상전에게 속할 것이요, 그는 단신으로 나갈 것이로되,

만일 종이 분명히 말하기를, "내가 상전과 내 처자를 사랑하니 나가서 자유인이 되지 않겠노라" 하면, 상전이 그를 데리고 재판장에게로 갈 것이요, 또 그를 문이나 문설주 앞으로 데리고 가서, 그것에다가 송곳으로 그의 귀를 뚫을 것이라. 그는 종신토록 그 상전을 섬기리라. 출 21:2-6

이 말씀은 애굽에서 나와 시내산 아래 머물고 있을 때 하나님의 백성으로서 어떻게 살지를 선포하신 것 중의 하나다. 노예 제도가 실질적으로 종식된 건 불과 100여 년 전이다. 그런데 이미 4천 년 전에 하나님께서 노예법 금지령을 내리셨다. 종을 삼더라도 6년 동안만 부리고 7년째에는 자유인이 되게 하라고 하신다.

그런데 어떤 종은 "나는 자유인으로 살아갈 수 있지만 자원해서 종이 되겠습니다. 자유인이 되지 않고 종으로 살겠습니다"라고 말한다. 그 동기는 '사랑'이다. 주인에게 받은 은혜와 사랑이 많아서 그걸 갚을 생각으로 자신의 삶을 바쳐 섬기겠다는 것이다. 자원해서 자유를 반납하고 종으로 살기로 결정한다.

이럴 때 하나님께서 그의 상전에게 다음과 같이 행하라고 말씀하신다.

"그를 데리고 재판장에게로 갈 것이요, 또 그를 문이나 문설주 앞으로 데리고 가서 그것에다가 송곳으로 그의 귀를 뚫을 것이라. 그

는 죽을 때까지 그 상전을 섬길 것이다."

어떤 집에 귀가 뚫린 종과 귀가 뚫리지 않은 종이 있다. 그런데 귀를 뚫어도 얼마 지나면 메워지니 귀걸이를 해두어야 한다. 귀가 뚫린 종은 자유인으로 살 수 있었지만 스스로 자유를 반납하고 종이 되어 주인을 사랑함으로 평생 목숨을 바쳐서 섬기기로 결정한 자이다.

이것은 단지 노예 제도에 대해서만 말씀하신 게 아니다. 오늘을 사는 우리에게 또 다른 의미가 있다. "누가 자원해서 예수 그리스도의 종이 될 것인가"라고 했을 때, "내 뜻대로 살지 않고, 앞으로 주님의 뜻을 따라서 살겠습니다"라고 하는 것이다.

우리에게는 자유가 있다. 마음대로 어디든 가고, 머물고, 원하는 옷을 입고, 먹고 싶은 음식을 먹고, 보고 싶은 사람을 만나고, 원하는 곳에서 살고, 원하는 일을 할 수 있는 권리가 있다. 이것이 인간의 기본권이다. 우리나라 헌법 제1조도 이것을 보장한다.

그러나 귀가 뚫린 종은 이 기본 권리를 포기한다. 왜냐하면 받은 은혜가 커서 사랑의 동기로 스스로 종이 되기로 결정했기 때문이다. "나는 당신의 종이 되겠습니다"라는 것은 "당신이 오라 하면 오고, 머물라 하면 머물고, 일을 하라 하면 하고, 다한 후에 또 시키면 할 것입니다. 제 모든 권리를 당신께 드립니다"라는 것이다.

주인은 그런 사람을 문 앞으로 데리고 간다. 그리고 그 귀를 문에 대고 송곳으로 뚫는다. 그래서 어쩔 수 없이 종이 된 사람과 주인을 사랑함으로 스스로 종이 된 사람은 뚫린 귀를 보면 알 수 있다.

시편 40편 6절의 "주께서 내 귀를 통하여 내게 들려주시기를"의 말씀은 자신의 삶을 다 드리고 순종할 마음을 갖고 있는 사람의 귀를 뚫어주신다는 뜻이다. 귀가 뚫려서 음성을 듣게 된다는 것이다. 주의 뜻을 따라 살기로 결정하고, 자신의 권리를 다 내려놓고, 그분의 음성에만 귀를 기울이는 삶을 산다면 주님은 그의 귀를 뚫어 듣게 하신다. 이것은 놀라운 법칙이다.

하나님의 음성 듣기에서 가장 중요한 것은 자원해서 사랑함으로 종으로서 순종하기로 결정하는 것이다. 그런 종의 귀는 뚫려서 주인의 음성이 들리기 시작한다.

종은 항상 주인의 문 바깥에서 기다린다. 스스로 결정하지 않는다. 주인이 말할 때까지 기다린다. 종의 자리는 기다리고 귀를 기울여야 하는 자리이다. 주인의 음성을 듣고 움직이는 자리이다.

예수 그리스도의 종 바울은, 사도로 부르심을 받아 하나님의 복음을 위하여 택정함을 입었으니, 롬 1:1

사도 바울은 언제나 자신을 "예수 그리스도의 종"이라고 소개한다. 이것은 고통 속에 몸부림치면서 노예가 된 처지를 불쌍히 여기는 표현이 아니다. 예수 그리스도의 종 된 삶을 영광스럽고 자랑스럽게 생각할 때 쓰는 표현이다. 바울은 죄수로서 왕과 총독을 만났을 때도 간증했다. 예수 그리스도의 종 됨의 영광과 특권을 담대히 말했다.

"난 여러분들이 내가 죄수로 잡혀 있는 것 외에는 다 나처럼 되기 바랍니다."

말씀 묵상, 기도, 하나님의 음성을 듣는 삶 등에 있어서 방법보다는 종 됨의 자세가 중요하다. 주님을 사랑하고, 그분께 순종할 마음을 갖는 게 중요하다.

순종할 때는 즉시, 기쁘게, 온전히 해야 한다. 늘 자신을 깨뜨리면서 종의 자리로 내려가면서 순종할 때 고통이 아니라 더 큰 기쁨을 누리게 된다. 그런데 그걸 통과하려면 나 자신을 깨뜨려야만 한다. 자기가 원하는 걸 내려놓으면서 주 앞에 전적으로 순복해야 한다. 이는 종으로서 반드시 통과해야 할 과정이다.

《하나님 연기자들》(생명의말씀사 간)이라는 책이 있다. 나는 이 책의 제목을 좋아한다. 하나님의 연기자들은 그분을 위해서라면 무엇이든지 시키는 대로 다 한다. 엄청난 정보 속에서 무엇이 진짜인지, 어떻게 사는 게 올바른 것인지 갈수록 혼란에 빠져가는 이 시대를 살아내는 길은 하나님의 음성을 들으면서 사는 것이다. 그러면 자신의 삶도 큰 복을 받을 것이고, 그것을 통해 도시와 나라도 바뀔 것이다.

우리는 듣는 대로 말한다. 하나님의 말씀을 듣는 사람은 하나님의 말을 한다. 그래서 사무엘이 말할 때마다 권위가 있었다. 온 백성들이 그가 하나님의 사람인 걸 인정했다. 말하는 걸 보면 그가 무엇을 듣는지 알 수 있다. 먼저 귀가 뚫려야 듣고, 들은 대로 말할 수 있다. 예수 그리스도가 내 삶의 모든 영역에 주님이 되심을 인정할 때 내 귀가 열려서 주의 음성을 들을 수 있다.

주의 음성이 들리지 않을 때 김미진

주님이 내게 '정말 내 뜻에 대해서 순종할 마음이 있느냐'라고 물으셨다. 당연히 있다고 대답했다. 그러자 주님이 말씀하셨다.

'미진아, 아무개의 발을 씻겨줘라.'

나는 깜짝 놀랐다. 그는 내가 원수를 맺었다기보다는 그쪽에서 나를 원수 맺은 사람이었다. 예수를 믿는다고 핍박해서 굉장히 힘들었다. 그것이 내게 상처가 되었고, 그를 보지 않고 지낸 세월이 10년이나 흘렀다. 그런 상황에서 그의 발을 씻겨주라는 음성을 명확히 들었다. 나는 주님께 말씀드렸다.

'주님, 이것 말고 다른 거요.'

그 이후로 주님의 음성이 들리지 않았다. 한 달이 지나고 두 달이 지나도 들리지 않았다. 주의 음성에 순종하지 않았기 때문이었다. 그렇게 6개월이 지났다. 뭔가가 잘못되어가는 걸 느꼈다. 나는 그 음성에 순종하기로 결정하고 그를 집으로 초청했다.

그런데 그를 보자마자 내 마음에 가라앉았던 뭔가가 올라와 도저히 발을 씻길 수가 없었다. 그런데 씻기는 게 주의 뜻이었다. 정말 힘들었지만 물을 받아왔다. 그러면서 이런 생각이 들었다.

'분명히 이 물을 나한테 부으면서 욕을 퍼부을 텐데….'

이런 두려움으로 하나님의 음성에 순종하기가 정말 힘들었다. '물세례를 받으면 받아야지' 하고 예수님처럼 허리에 수건을 두르고 그의 앞에 꿇어앉았다. 그리고 그의 양말을 벗기고 발을 씻기기 시작하는데 놀랍게도 하나님께서 그의 손과 다리를 묶고, 입을 봉해버리셨다. 그가 아무 말도 하지 못했다.

나는 눈물을 흘리며 그의 발을 닦았다. 도저히 순종할 수 없는 상황에서의 순종이었다. 그런데 놀랍게도 그가 눈물을 흘리는 게 아닌가!

발을 다 닦고 그의 발을 내 무릎 위에 올렸다. 그리고 수건으로 물기를 닦고 로션을 발랐다. 그리고 그의 이름을 부르면서 "사랑합니다"라고 말했다. 이후로 그는 절대적인 내 지지자이자 후원자로 바뀌었다.

그런 시간을 지나면서 다시 주께서 내게 말씀하셨다.

'미진아, 고맙다.'

하나님의 음성이 들리지 않을 때, 언제부터 들리지 않았는지를 생각해보고, 주께서 말씀하셨는데 불순종한 게 있다면 그 시점으로 돌아가서 다시 순종하는 게 중요하다.

겸손으로 행하라

온유한 자를 정의로 지도하심이여, 온유한 자에게 그의 도를 가르치시리로다. 여호와의 모든 길은 그의 언약과 증거를 지키는 자에게 인자와 진리로다. 시 25:9,10

하나님의 음성을 듣기 위해서는 겸손해야 한다. 이 구절에 나오는 "온유한 자"의 원어가 지닌 명확한 의미는 '겸손한 자'이다. 겸손과 온유는 사실 전혀 다른 의미를 갖고 있다. 겸손이란 쉽게 말하면 '자기 분수를 안다'는 것이다. 한마디로 자기 자신을 아는 것이다. 교만은 자기를 모르는 것이다. 교만은 자기를 오해하고, 겸손은 자기를 정확히 이해하는 것이다.

그래서 겸손한 자의 자리가 있고, 교만한 자의 자리가 있다. 교만한 사람의 자리는 자기 자리를 떠난 자리이다. 겸손한 자리는 마땅히 있어야 할 자리에 있는 것이다. 예배자에게는 겸손이 참 중요하다. 예배자로서 겸손한 자의 자리는 피조물의 자리이다. 창조주이신 하나님 앞에 피조물로서 그분의 보좌 앞에 나아가 마땅히 경배드리는 게 바로 그의 자리이다.

우리가 하나님의 음성을 듣기 위해서는 겸손한 자의 자리에 들어가야 한다. "나는 절대 혼자 살아갈 수 없습니다. 내 생각을 신뢰할 수 없습니다"라고 하는 게 겸손이다. 예레미야서 17장 9절에 "만물보다 거짓되고 심히 부패한 것은 사람의 마음이라"라고 했다. 그런데 사람들은 인정하려고 하지 않는다.

논리적으로도 우리 모두는 불완전하고 유한한 존재이다. 생각과 경험과 판단의 한계가 있다. 이를 사람들에게 정직하게 말하면 한편으로는 인정하면서도 자기의 생각과 의견과 판단을 절대화시키는 경우가 더 많다. 그러면 하나님의 음성 듣기가 어려워진다. 주께서 말씀하시는 음성을 들을 때 비로소 내 판단이 정확해지고, 생각이 정상적으로 되고, 바라보는 시각이 명확해지며, 올바른 결정을 내릴 수 있다.

그래서 내가 무엇을 보고 판단하기 전, 어떤 사람이 말할 때 그 말이 내 귀에 들어오고 내 입으로 응답하기 전, 어떤 걸 보고 들은 후 말과 행동을 하기 전에 '주님은 어떻게 생각하십니까'라고 물어야 한다. 이것을 연습하면 많은 실수를 줄일 수 있다.

절대적으로 주님을 의지하는 게 겸손한 삶이다. 시편 25편 9절에서 "온유한 자에게 그의 도를 가르치시리로다"라고 하셨다. 다시 말하면 "겸손한 자를 공의로 지도하시며 겸손한 자에게 그의 도를 가르치실 것이다"라는 의미이다.

하나님은 겸손한 자를 올바르게 이끄시며 공평하게 지도하신다. 여호와의 모든 길은 그분의 언약과 증거를 지키는 자와 겸손한 자에게 인자와 진리가 된다. 진리의 길로 그를 인도하셔서 마땅히 할 일과 말할 것을 가르쳐 알게 하신다.

교만한 자가 받는 심판 　김미진

하나님의 음성을 매번 매시간 들을 필요가 없었던 건 내 교만 때문이었다. 사업이 잘되고, 식구들이 건강하고, 아쉬운 게 없을 때는 하나님의 음성을 듣는 삶에 대한 간절함과 사모함이 없었다. 나는 교만하게 말했다.

"나는 능력이 많아. 사람들과 관계도 잘하고, 성실해서 내 손의 수고로 많은 재물을 얻었잖아. 앞으로 더 많은 사업으로 더 큰 부자가 될 거야."

재산을 몽땅 날리고서야 성경 말씀이 내 눈에 들어왔다.

"네 마음이 교만하여 네 하나님 여호와를 잊어버릴까 염려하노라. … 네가 마음에 이르기를 내 능력과 내 손의 힘으로 내가 이 재물을 얻었다 말할 것이라. 네 하나님 여호와를 기억하라. 그가 네게 재물 얻을 능력을 주셨음이라"(신 8:14, 17, 18).

하나님께서 내게 재물을 얻을 능력을 주셔서 부자가 되었다고 생각하지 못했다. 내가 돈을 잘 벌어서 헌금도 많이 하고, 하나님을 위해 뭔가를 잘하고 있다고만 생각했다. 성경 말씀과 하나님에 대한 올바른 이해가 전혀 없었기 때문이다.

성경에서 하나님께서 심판하시는 경우를 살펴보니 전부 교만 때문이었다. 해상 무역의 중심국이던 두로와 두로 왕이 무역을 통해 큰 재물을 얻자 그들은 교만해졌다.

"네 지혜와 총명으로 재물을 얻었으며, 금과 은을 곳간에 저축하였으며, 네 큰 지혜와 네 무역으로 재물을 더하고, 그 재물로 말미암아 네 마음이 교만하였도다"(겔 28:4, 5).

"인자야, 너는 두로 왕에게 이르기를 주 여호와께서 이같이 말씀하시되, 네 마음이 교만하여 말하기를, '나는 신이라. 네가 하나님의 자리 곧 바다 가운데에 앉아 있다' 하도다"(겔 28:2).

하나님은 두로 왕국과 두로 왕을 심판하실 때 그들이 자랑하는 것을 바다에 몽땅 빠뜨리셨다.

다음은 암몬이 받은 심판이다.

"패역한 딸아, 어찌하여 골짜기 곧 네 흐르는 골짜기를 자랑하느냐? 네가 어찌하여 재물을 의뢰하여 말하기를, '누가 내게 대적하여 오리요' 하느냐?"(렘 49:4,5).

"내가 전쟁 소리로 암몬 자손의 랍바에 들리게 할 것이라. 랍바는 폐허 더미 언덕이 되겠고, 그 마을들은 불에 탈 것이며"(렘 49:2).

하나님은 재물을 의지하며 교만해진 암몬을 전쟁으로 심판하셨다. 가장 교만하기 쉬울 때가 부자가 되었을 때다. 주께서 재물 얻을 능력을 주셔서 재물이 내게 있다는 걸 안다면 절대 교만할 수 없을 것이다. 교만은 하나님의 심판을 가져온다.

나 역시 재물로 인해 교만해져서 내 삶에 하나님의 심판을 가져왔다. 교만해지면 하나님의 음성을 듣는 것에 대한 갈급함이 없어진다. 더 심해지면 하나님을 예배하는 자리에 있지 않고, 세상으로부터 예배받는 하나님의 자리에 있고 싶어 한다. 결국 하나님의 진노를 사서 심판을 받는다. 하나님은 교만한 자를 물리치시고 겸손한 자를 가까이하신다(약 4:6 참조).

하나님께서 왜 모세를 쓰셨을까?

"여호와께서 그의 영을 그의 모든 백성에게 주사 다 선지자가 되게 하시기를 원하노라"(민 11:29).

그의 겸손한 마음이 보인다. 그는 모든 백성이 다 성령으로 충만하여 놀라운 리더로 쓰임받기를 원했다. 교만한 사람은 자기만 쓰임받기를 바란다. ▆▆▆

겸손의 모델 - 예수 그리스도

요한복음 5장에서 겸손의 모델이신 예수님의 예를 보자.

예수께서 그들에게 이르시되, "내가 진실로 진실로 너희에게 이르노니,
아들이 아버지께서 하시는 일을 보지 않고는 아무것도 스스로 할 수
없나니, 아버지께서 행하시는 그것을 아들도 그와 같이 행하느니라."
요 5:19

예수님이 "진실로 진실로"라고 말씀하실 때는 아주 중요하다는 의
미이다. 아버지께서 행하신 일을 본 다음에야 아들도 그같이 행한다
는 것이다. 우리는 보거나 듣고 행동한다. 예수님은 하나님이시고,
창조주이시고, 하나님의 아들이시면서 또한 사람의 모본이 되셨다.

우리가 어떻게 성공적이고, 신뢰받는 삶을 살 수 있는지 그분의 삶
으로 보여주신다. 실패와 실수가 없는 삶, 어떤 일을 하든지 놀라운
역사가 일어나는 삶, 열매 맺는 삶을 어떻게 살 수 있는지를 보여주
신다. 그것은 '겸손'이다. 예수님은 "나는 스스로 아무것도 할 수 없
다. 오직 보는 대로 행한다"라고 말씀하신다. 이러한 겸손은 우리를
하나님의 음성에 귀를 기울이는 자리로 인도한다.

아버지께서 아들을 사랑하사 자기가 행하시는 것을 다 아들에게 보
이시고, 또 그보다 더 큰 일을 보이사 너희로 놀랍게 여기게 하시리라.
요 5:20

하나님 아버지께서 하시는 모든 일을 아들에게 보이셨다. 아들이 그대로 순종하여 행할 걸 아시기 때문이다. 시편 25편 9절의 말씀처럼 하나님께서는 겸손한 아들인 예수 그리스도에게 그분의 길을 다 가르쳐주신다.

내가 아무것도 스스로 할 수 없노라. 듣는 대로 심판하노니 나는 나의 뜻대로 하려 하지 않고, 나를 보내신 이의 뜻대로 하려 하므로 내 심판은 의로우니라. 요 5:30

예수님은 "내 말은 정확하다, 확실하다, 틀리지 않았다. 왜냐하면 내 뜻과 마음대로 말하는 게 아니라 아버지께 들은 대로 말하기 때문이다. 아버지가 말씀하심을 듣고 말하기 때문에 내 말은 확실하다"라고 하신다. 또 "내가 아무것도 스스로 할 수 없다"라고 하신다 (요 5:19,30 참조). 우리는 여기서 예수님의 겸손을 볼 수 있다.

예수님의 일상적인 모든 삶은 아버지를 향해 귀를 열어놓는 삶이다. 항상 아버지를 향해 눈을 고정시키는 삶이다. 종이 늘 상전의 얼굴을 바라보며 자신의 눈과 귀를 집중하듯 아버지가 무슨 말씀을 하시는지, 어떻게 행하시는지를 먼저 보고 들은 다음에 말씀하거나 행동하신다.

이 얼마나 아름다운 삶인가! 예수님처럼 어떤 일을 행하기 전에 아버지의 행하시는 것을 보고 행하고, 모든 걸 말하기 전에 아버지가 말씀하시는 것을 듣고 말하는 건 정말 귀하다.

처음에는 익숙하지 않겠지만 끊임없이 연습하며 훈련할 때 점점 예수님을 닮아갈 것이다. 겸손은 실패했거나 음성을 잘못 들었을 때 인정할 줄 아는 것이다. 실패할 수도 있다는 것과 아직 훈련 중임을 인정한다. 잘못 들었을 때 낙심하거나 당황하거나 두려워하지 말라. 그것을 인정하고 다시 시도하는 게 겸손이다. 실수했을 때는 크게 웃어라.

주께서 어느 소경의 눈을 뜨게 하실 때 그의 눈에 안수기도를 하셨다. 주님이 그에게 "무엇이 보이느냐"라고 묻자 "나무 같은 게 걷는 게 보인다"라고 대답했다. 그러자 "그러면 다시 기도하자"라고 하며 두 번째로 안수하셨다. 그리고 다시 질문하시니 그가 밝히 보인다고 했다.

실패했을 때 한 번 웃고서 "제가 잘못 들었습니다. 다시 듣겠습니다"라고 하는 게 겸손한 사람의 자세이다.

하나님을 경외하라

여호와를 경외하는 자 누구냐? 그가 택할 길을 그에게 가르치시리로다. 그의 영혼은 평안히 살고 그의 자손은 땅을 상속하리로다. 여호와의 친밀하심이 그를 경외하는 자들에게 있음이여, 그의 언약을 그들에게 보이시리로다. 시 25:12-14

주께서 명확하게 약속하셨다.

"여호와를 경외하는 자가 누구냐? 내가 그런 사람에게 택할 길을 가르치겠다. 그가 무엇을 할 것인지 아니면 무슨 말을 할 것인지 모든 것을 내가 가르치겠다."

하나님을 경외하는 자에게 그분은 말씀하신다. 하나님을 경외하는 사람이 그분의 음성을 듣는다. 여호와의 친밀하심이 하나님을 경외하는 자들에게 있다. 하나님과 친밀한 사람의 가장 큰 특징은 음성 듣는 삶을 사는 것이다. 모세가 그런 사람이었다. "사람이 자기의 친구와 이야기함같이 여호와께서는 모세와 대면하여 말씀하시는"(출 33:11)이라는 말씀처럼 하나님과 대면하여 그분의 음성을 들었다.

하나님을 경외하는 것이야말로 음성을 듣기 위해 내 안에서 끊임없이 훈련되어야 할 중요한 영역이다. 이는 하나님만 두려워하고, 의식하고, 기쁘시게 하는 것이다. 하나님께서는 "나는 나를 경외하는 사람에게 그 택할 길을 가르칠 것이며, 그런 사람은 하나님과 친밀한 삶을 살 것이다"라고 말씀하신다.

사람을 두려워하면 올무에 걸리게 되거니와, 여호와를 의지하는 자는 안전하리라. 주권자에게 은혜를 구하는 자가 많으나, 사람의 일의 작정은 여호와께로 말미암느니라. 불의한 자는 의인에게 미움을 받고, 바르게 행하는 자는 악인에게 미움을 받느니라. 잠 29:25-27

이 말씀은 하나님을 경외하는 자와 그렇지 않은 자의 삶이 어떻게 다른지 보여준다. 하나님을 두려워하지 않는 사람은 사람을 두려워하고, 의식하고, 기쁘게 한다. 그리고 그 결과로 올무에 걸린다. 그러나 여호와를 경외하는 사람은 안전하다. 하나님을 경외한다는 것은 늘 그분만 의식하고, 내게 하시는 말씀에 귀를 기울이고, 그 말씀에 따라 움직이는 것이다.

엘리가 사무엘에게 "(하나님께서) 네게 무엇을 말씀하셨느냐? 청하노니 내게 숨기지 말라"(삼상 3:17)라고 말할 때, 사무엘은 세세히 말하고 조금도 숨기지 않았다. 이를 통해 사무엘이 어린아이 때부터 하나님을 경외했다는 걸 알 수 있다.

'이것을 말하면 듣는 사람이 기분 나빠지지 않을까? 그로 인해 내가 해를 입지 않을까?'

이런 생각은 누구나 할 수 있다. 그러나 이것을 떨치는 방법은 하나님을 경외하는 것이다. 하나님을 경외하는 사람은 그분이 기뻐하시고, 원하시는 것에 초점을 둔다.

이제 내가 사람들에게 좋게 하랴, 하나님께 좋게 하랴, 사람들에게 기쁨을 구하랴. 내가 지금까지 사람들의 기쁨을 구하였다면 그리스도의 종이 아니니라. 갈 1:10

바울은 담대하게 "나는 오직 하나님만 기쁘시게 하려고 한다. 다른 사람의 얼굴을 살피지 않겠다"라고 했다. 오직 하나님만 기쁘게 하고, 그분만 의식하는 삶을 살고자 했다.

데살로니가전서 2장 1-12절에 사역자가 가져야 할 중요한 몇 가지 원칙이 있다. 우리 모두는 사역자다. 목회사역자이거나 현장사역자이다.

> 오직 하나님께 옳게 여기심을 입어 복음을 위탁받았으니, 우리가 이와 같이 말함은 사람을 기쁘게 하려 함이 아니요, 오직 우리 마음을 감찰하시는 하나님을 기쁘시게 하려 함이라. 살전 2:4

"하나님께 옳게 여기심을 입어 복음을 위탁받았다"라는 건 주께서 "내 일을 맡길 사람인가를 알아보려고, 내가 너를 여러 차례 테스트했다. 그리고 이제 이 훈련을 다 통과해서 합격했기에 네게 이 복음을 위탁하겠다"라는 의미다.

처음엔 작은 것부터 맡기시며 테스트하신다. 하나님의 뜻을 따라 사는 사역자는 사람을 기쁘게 하려 하지 않고, 마음을 감찰하시는 하나님만 기쁘시게 하려고 한다. 하나님의 테스트 과목에서 가장 먼저 '하나님을 기쁘시게 하는 사람인가'를 알아보게 된다. 바울은 '하나님을 경외함' 과목으로 여러 차례 테스트를 받았다. 그가 엄격한 테스트를 통과한 후, 하나님께서는 그에게 복음을 위탁하셨다.

우리는 스스로에게 다음과 같은 질문을 던져야 한다.

"나는 하나님만 기쁘시게 하는가, 사람도 기쁘게 하려는가? 하나님만 두려워하는가, 사람을 두려워하는가?"

그리고 테스트를 통과하도록 자신을 훈련시켜야 한다. 하나님께서는 그분을 경외하는 사람에게 말씀하신다. 하나님을 경외하는 사람은 그분의 음성을 듣는다.

사람을 두려워하지 않는 삶을 살다 　김미진

내가 성경을 많이 읽는 건 하나님께서 기록된 말씀을 통해 말씀하시기 때문이다. 말씀을 많이 읽고 외워두면 필요할 때 성령께서 말씀을 끄집어내어 하나님의 뜻을 알도록 하시고, 하나님의 비전을 따라갈 때 그분의 음성을 분별하도록 나를 인도하신다.

주께서 홍성건 목사님에게 NCMN을 시작하고, '왕의 재정학교'를 개설하게 하셨고, 수료한 사람들 중 사업가들을 '왕의 기업'으로 일으키라고 말씀하셨다. 하나님만 주인이 되시는 기업, 성경적 원칙으로 돈을 벌고 사용하는 기업을 통해 온 땅에 하나님의 나라를 세워갈 것이며, 그곳들을 통해 하나님의 재물을 움직여줄 거라고 말씀하셨다.

하나님의 음성을 듣고 이것들을 시작했다. 주께서는 합당한 사람들과 기업을 계속 보내셨다. 하나님의 말씀대로 지금 '왕의 기업'과 '왕의 은행' 등이 만들어졌다.

NCMN을 시작한 지 얼마 안 되었을 때의 일이다. 어떤 사람들이 거짓말과 오해를 퍼트려 NCMN과 '왕의 재정'에 관한 메시지를 없애기 위해 무척 애썼다. 모함과 핍박으로 심하게 괴롭혔다. 심지어 집회가 예정되어 있는 교회를 찾아다니면서 나에 대한 온갖 거짓말로 목사님과 관계자들을 설득해서 집회를 취소시키기도 했다.

교회는 확인도 하지 않고, 거짓을 말하는 그들의 말을 믿고, 집회를 취소했다. 나는 억울했다. 그들에게 해명하고 싶었다. 또한 그들을 용서할 수 없는 내 마음이 나를 더 힘들게 했다. 그런 사람들에 대해 어떻게 해야 할지 주 앞에 금식하며 나아갔을 때 주께서 기록된 말씀을 레마로 주셨다.

"왕이 이르되, '누가 뜰에 있느냐?' 하매 마침 하만이 자기가 세운 나무에 모르드개 달기를 왕께 구하고자 하여 왕궁 바깥뜰에 이른지라"(에 6:4).

"모르드개를 매달려고 한 나무에 하만을 다니, 왕의 노가 그치니라"(에 7:10).

'하만의 열 아들의 시체를 나무에 매달게 하소서' 하니, 왕이 그대로 행하기를 허락하고 조서를 수산에 내리니, 하만의 열 아들의 시체가 매달리니라"(에 9:13,14).

이 일을 통해 억울한 유다인과 모르드개의 마음을 위로하신 것처럼 기록된 말씀으로 모함과 핍박으로 억울한 내 마음을 위로해주셨다. 그리고 이 일을 주께 맡기라고 하셨다.

"하나님의 능하신 손 아래에서 겸손하라. 때가 되면 너희를 높이시리라"(벧전 5:6).

하나님께서 직접 처리하실 거라고 말씀하셨다. 그러자 내 마음에 평강이 부어졌다. 이 말씀으로 어려운 시기를 주님 앞에서 넘길 수 있었다.

우리를 괴롭히고 모함하는 단체의 리더에게 긴 메시지를 보냈다.

"지금 NCMN과 나에 대해 거짓말하고 있는 걸 당신 자신이 잘 알고 있습니다. 당신의 목적이 무엇인지 나는 알지 못하지만 이 일은 당신에게 유익으로 돌아가지 못할 것입니다.

이 일로 나는 너무나 괴롭고, 힘든 시간을 보냈습니다. 이 일에 대해서 대처하기 위해 금식하고 주님 앞에 나아갔을 때, 하나님께 맡기라고 하십니다. 모르드개의 장대에 하만이 달릴 것을 보게 될 거라고 하셨습니다. 나는 주께로부터 들은 말씀을 당신에게 전함으로 당신이 주님 앞에서 회개하고 돌아오길 바랍니다."

이 메시지에 그는 아무 답도 하지 않았다. 나는 이 문제를 하나님께 맡겨드렸다. 더 이상 어떤 반응도 하지 않기로 결정했다. 그렇게 2년의 시간이 지났다. 그 일의 중심에 섰던 사람들에 대한 안타까운 소식이 들려왔다. 나는 마음이 아팠다.

하나님께서는 지금 나와 함께 계시고, 내가 어느 곳에 가든지, 무엇을 하든지, 어떤 말을 하는지를 아신다. 내 삶의 자리를 주님께 내어드리고, 그분을 늘 인정하고, 그분 앞에서 삶을 사는 게 하나님을 경외하는 것이다. ▬▬▬

깨끗한 마음을 가지라

여호와의 손이 짧아 구원하지 못하심도 아니요, 귀가 둔하여 듣지 못하심도 아니라. 오직 너희 죄악이 너희와 너희 하나님 사이를 갈라놓았고, 너희 죄가 그의 얼굴을 가리어서 너희에게서 듣지 않으시게 함이니라. 사 59:1,2

내가 나의 마음에 죄악을 품었더라면 주께서 듣지 아니하시리라. 시 66:18

건물을 지을 때 수도 파이프(pipe)는 아주 중요하다. 이것이 이물질로 막히면 물이 흘러갈 수 없다. 파이프가 깨끗해야 맑은 물이 흘러갈 수 있다. 파이프는 '내 마음'이고, 물은 '하나님의 음성'이다. 파이프에 물이 흘러가지 못하게 방해하는 건 '내 죄'이다.

죄가 마음 안에 있으면 하나님의 음성을 듣는 데 방해가 된다. 깨끗한 마음이 곧 깨끗한 통로다. 마음 안의 죄악을 해결해야만 명확히 들을 수 있다. 그러므로 주 앞에 나아가 음성을 들으려면 먼저 내 마음을 깨끗하게 해주시도록 기도해야 한다.

하나님이여, 나를 살피사 내 마음을 아시며, 나를 시험하사 내 뜻을 아옵소서. 내게 무슨 악한 행위가 있나 보시고 나를 영원한 길로 인도하소서. 시 139:23,24

때로는 내가 무슨 죄를 지었는지 모를 수 있다. 그럴 때는 이렇게 기도하라.

"제 마음을 살펴주십시오. 제가 모르는 숨겨진 죄가 있으면 보여주십시오. 회개하겠습니다."

나 여호와는 심장을 살피며 폐부를 시험하고 각각 그의 행위와 그의 행실대로 보응하나니, 렘 17:10

"폐부"는 '콩팥'과 '신장'을 의미한다. 히브리어로는 '킬야'(kilyah)라고 하며, 구약 성경에 31번 나오는데 번역이 다르게 표현된 곳이 많다. 욥기 16장 13절에는 "콩팥"으로, 예레미야애가 3장 13절은 "허리"라고 표현했다.

몸의 중심에 있는 심장을 기준으로 제일 멀리 있는 장기가 신장이다. 심장을 보시고 폐부를 살핀다는 건 내 중심을 보시고, 숨은 동기까지 보신다는 것이다. 감추어져 있고 숨겨져 있는 동기까지 다 살피신다는 말이다. 그래서 "제 숨은 동기는 어두워서 보이지 않사오니 주님이 살펴주십시오. 그리고 제게 보여주십시오. 그러면 겸손하게 인정하고 주 앞에 죄를 자백하겠습니다"라고 말해야 한다.

성령께서 마음을 살피셔서 죄를 깨닫게 하시면 입을 열어서 주 앞에 자백하라.

"제가 죄를 지었습니다. 용서해주십시오. 그리고 죄로부터 저를 깨끗하게 해주십시오."

주께서는 우리의 죄를 용서하실 뿐 아니라 죄에서 깨끗하게 하신다.

만일 우리가 우리 죄를 자백하면, 그는 미쁘시고 의로우사 우리 죄를 사하시며 우리를 모든 불의에서 깨끗하게 하실 것이요. 요일 1:9

하나님께서는 항상 우리를 용서할 준비가 되어 있으시고, 또 용서하기를 즐거워하신다. 그분은 얼마나 용서하시는가? 대표적인 두 가지 예가 있다.

하나는 요나서이다. 니느웨의 죄악이 얼마나 많은지, 그 죄가 쌓여서 하나님 앞에 상달됐다. 그 도시의 멸망을 요나가 니느웨에 선포했다. 이 소식을 들은 니느웨의 왕과 온 백성은 금식하며 회개했다. 하나님께서 이들의 회개를 보시고 심판을 취소하셨다. 사람들이 계획을 세웠다가 취소할 때는 잘못된 계획이거나 그대로 실행할 수 있는 여건이 안 되기 때문이다. 그러나 하나님께서 취소하실 때는 전적으로 우리를 불쌍히 여기실 때다.

또 다른 예는 아합의 죄를 용서하신 것이다. 아합은 이스라엘 왕 중에서 가장 악한 왕이었다. 그는 이세벨을 아내로 맞이하면서 바알과 아세라 우상을 들여와 죄가 나라 전체를 덮게 했다. 이 때문에 하나님께서 아합을 심판하기로 결정하셨다. 선지자 엘리야가 그것을 아합에게 전달했다.

이 말을 들은 아합은 겸손히 죄를 인정하고 금식기도를 하며 베옷을 입고 주 앞에 나아갔다. 그때 하나님께서 엘리야에게 말씀하셨다.

"네가 아합이 내 앞에서 겸손함을 보았느냐? 그에게 내리기로 결정했던 심판을 내리지 않겠다"(왕상 21:29 참조).

그리고 아합에게 내리기로 작정했던 심판을 아들에게 넘기겠다고 하셨다. 만일 그 아들도 주 앞에 와서 겸비함으로 회개하면 또 연기하실 것이다. 그다음에 또다시 구했다면 아마 완전히 취소하셨을 것이다.

이것이 하나님의 용서하심이다. 그분은 용서하기를 즐겨하신다. 그러므로 죄악이 있으면 즉시 주 앞에 회개하면 된다. 용서를 구하는 건 인격적인 결단이다. 감정적 차원이 아니라 결단을 내리는 것이다. 죄를 인정하고, 회개하기로 결정하고, 용서를 구하는 것이다. 그러면 주께서 모든 죄를 다 용서하신다.

> 하물며 영원하신 성령으로 말미암아 흠 없는 자기를 하나님께 드린 그리스도의 피가 어찌 너희 양심을 죽은 행실에서 깨끗하게 하고 살아 계신 하나님을 섬기게 하지 못하겠느냐? 히 9:14

예수의 보혈은 내 양심을 깨끗하게 할 뿐만 아니라 하나님과 관계를 회복하여 능히 주를 섬기게 한다. 우리가 날마다 의지해야 하는 것은 예수 그리스도의 피이다. 그 피가 우리로 하여금 하나님 앞에 담대히 나아가게 한다.

그러므로 형제들아, 우리가 예수의 피를 힘입어 성소에 들어갈 담력을 얻었나니, 그 길은 우리를 위하여 휘장 가운데로 열어놓으신 새로운 살 길이요, 휘장은 곧 그의 육체니라. 또 하나님의 집 다스리는 큰 제사장이 계시매 우리가 마음에 뿌림을 받아 악한 양심으로부터 벗어나고, 몸은 맑은 물로 씻음을 받았으니 참 마음과 온전한 믿음으로 하나님께 나아가자. 히 10:19-22

죄를 먼저 해결하라 김미진

나는 다급하고 중요한 문제로 하나님께 나아갔다. 하지만 그 문제에 대해 내가 하고 싶은 방향과 결정된 마음으로 주 앞에 음성을 듣겠다고 나아갔다. 그 문제에 대해 하나님의 생각을 이미 말씀해주셨지만 내 생각과는 다른 말씀일 때, 나는 그것을 또 다른 내 생각으로 간주했다. 이런 실수를 하는 이유는 내 생각과 결정과 똑같은 주님의 음성을 들으려고 하기 때문이다.

사울 왕은 블레셋 군대 앞에서 두려워함으로 자기 역할이 아닌데도 제멋대로 화목제와 번제를 드렸다(삼상 13:5-10 참조). 사무엘이 도착하여 사울에게 "왜 단독으로 제사를 드렸느냐"라고 묻고 대답하는 과정에서 그가 말한다.

"백성은 내게서 흩어지고 당신은 정한 날 안에 오지 아니하고 블레셋 사람은 믹마스에 모였음을 내가 보았으므로 이에 내가 이르기를, '블레셋 사람들이 나를 치러 길갈로 내려오겠거늘, 내가 여호와께 은혜를 간구하지 못하였다' 하고 부득이하여 번제를 드렸나이다"(삼상 13:11,12).

사울의 변명을 들은 사무엘은 그가 왕위를 잃게 될 거라고 선포한다(삼상 13:13,14 참조).

얼마 후 사울은 또다시 불순종한다. 아말렉을 쳐서 그들의 모든 소유를 남기지 말고 진멸하라고 하신 하나님의 말씀에 그럴듯한 구실을 둘러댄다.

"여호와께 제사하려 하여 양들과 소들 중에서 가장 좋은 것을 남김이요, 그 외의 것은 우리가 진멸하였나이다 하는지라"(삼상 15:15).

이번에도 사무엘은 사울이 왕위를 잃을 것에 대해 말한다(삼상 15:26 참조). 사울의 상태가 점점 심각해져간다. 그는 사무엘이 죽은 후 신접한 여인을 찾아간다. 그의 비참한 최후의 모습을 말한다.

"여호와께서 너를 떠나 네 대적이 되셨거늘 네가 어찌하여 내게 묻느냐? … 네가 여호와의 목소리를 순종하지 아니하고, … 여호와께서 이스라엘을 너와 함께 블레셋 사람들의 손에 넘기시리니, 내일 너와 네 아들들이 나와 함께 있으리라"(삼상 28:16,18,19).

하나님의 음성을 듣는 것을 어떤 요령이나 수법으로 삼으면 안 된다. 내게 깨끗한 마음과 동기가 없을 때 주께서는 그분의 생각을 말씀하지 않으신다. 내가 그분의 음성에 순종할 마음이 없기 때문이다.

내 마음에 죄악이 있을 때 주께서는 그것을 먼저 회개하고 돌이키기를 원하신다.

우리가 우리에게 죄 지은 자를 사하여 준 것같이 우리 죄를 사하여 주옵시고, 마 6:12

네가 땅에서 무엇이든지 매면 하늘에서도 매일 것이요, 네가 땅에서
무엇이든지 풀면 하늘에서도 풀리리라 하시고, 마 16:19

나는 그런 것들은 묻어두고 음성을 듣길 원했으나 하나님께서는
먼저 내 속에 있는 죄를 해결하길 원하셨다. 특히 미워하고 정죄하는
마음과 말을 회개하기를 원하셨다. 요즘은 많이 좋아졌다. 하나님
의 뜻에 먼저 순복하고 항복하는 연습을 많이 하고 있다.

chapter 9

하나님의 음성을 듣기 위한 준비(2)

믿음으로 행하라

믿음으로 에녹은 죽음을 보지 않고 옮겨졌으니, 하나님이 그를 옮기심으로 다시 보이지 아니하였느니라. 그는 옮겨지기 전에 '하나님을 기쁘시게 하는 자'라 증거를 받았느니라.

믿음이 없이는 하나님을 기쁘시게 하지 못하나니, 하나님께 나아가는 자는 반드시 그가 계신 것과, 또한 그가 자기를 찾는 자들에게 상 주시는 이심을 믿어야 할지니라. 히 11:5,6

하나님의 음성을 들으려면 믿음으로 행해야 한다. 하나님을 기쁘시게 하는 건 믿음 밖에 없다. 하나님 앞에 나아갈 때마다 그분이 계신 것과 자기를 찾는 자들에게 반드시 상 주시는 이심을 믿어야 한다.

에녹은 300년간 하나님과 동행하다가 죽지 않고 하늘로 올라간 놀라운 믿음의 사람이다. 그의 믿음을 이해하려면 믿음에 대한 원리를 이해해야 한다. 그는 하나님을 기쁘시게 하는 사람이었다. 그가 살던 시대는 믿음으로 살기가 가장 어려운 시대였다.

성경은 마지막 때의 분위기를 노아의 때와 비교했다. 물로 심판하기 직전 시대의 영적, 도덕적 상태나 사회적 분위기가 불로 심판하시는 마지막 때와 같다고 말한다. 베드로전후서와 데살로니가전후서에서 노아의 시대처럼 마지막 때의 분위기에 대해 말씀하시며 우리에게 믿음으로 행하라고 하신다. 여기서 믿음 행함은 에녹의 믿음으로 행하라는 것이다.

왜 에녹의 믿음이 중요한가? 에녹의 아들이 므두셀라이다. 그는 969세까지 살았다. 므두셀라의 뜻은 "그가 보내리라"이다. 다르게 말하면 '심판'이다. 그가 오셔서 심판하실 것이다. 에녹은 이미 알았다. 므두셀라가 죽고 난 다음에 홍수가 임했다. 하나님이 홍수로 심판하기 전에 그를 죽음으로 먼저 데려가셨다.

아담의 7대손 에녹이 이 사람들에 대하여도 예언하여 이르되, "보라, 주께서 그 수만의 거룩한 자와 함께 임하셨나니, 이는 뭇 사람을 심판하사 모든 경건하지 않은 자가 경건하지 않게 행한 모든 경건하지 않은 일과, 또 경건하지 않은 죄인들이 주를 거슬러 한 모든 완악한 말로 말미암아 그들을 정죄하려 하심이라" 하였느니라. 유 1:14,15

에녹이 살던 때를 성경은 '불경건한 것이 꼭 찬 시기'라고 했다. 경건치 못한 일들이 사방에 펼쳐지고, 경건하지 못한 사람들이 꼭 차 있는 시대였다. 눈을 뜨면 보이는 게 전부 다 경건치 못한 사람들이고, 귀만 열면 깨끗하지 못한 말이 들려서, 눈을 어디에 두어야 할지, 귀를 어디로 열어놓아야 될지, 발을 어디에 디뎌야 할지 모를 정도로 사방에 죄악이 넘치던 시대였다. 그런 시대에 에녹이 살았다.

"이런 시대에 과연 하나님께서는 어디에 계시는가, 지금 이 모든 악한 상황을 보고 계시는가?" 하며 믿음이 흔들릴 만한 시대였다. 그런 시대에 에녹은 어떻게 하나님과 300년간 동행하면서 살다가 죽음도 보지 않고 올라갔는가? 중요한 열쇠가 '믿음'이었다. 아무리 죄악이 많고 불의가 있고 불법이 있다 할지라도 그는 '하나님께서 지금 여기 계신다'라는 걸 알았다. 이것이 그의 마음을 붙들었다.

에녹은 '하나님께서는 내가 도움을 청할 때 반드시 도와주신다'라고 믿었다. 모든 죄악 가운데서도 그가 거룩하게 살도록 마음을 지키게 해달라고 요청할 때 반드시 기도에 응답하실 걸 믿었다. 이 믿음이 그런 상황을 능히 이기게 했다.

마찬가지로 우리가 주의 음성을 들을 때도 이 믿음 밖에 없다. 하나님의 음성을 듣는 삶을 살려면 믿음으로 행해야 한다.

- 하나님은 말씀하시는 분임을 믿는다.
- 하나님께서 지금 내게 말씀하심을 믿는다.
- 나는 하나님의 음성을 들을 수 있음을 믿는다.

앞서 말했듯이 음성을 전파로, 전파를 음성으로 바꾸는 장치가 있음으로 내가 듣거나 말할 수 있는 것처럼 하나님의 음성을 내가 들을 수 있도록 하는 장치가 바로 '내 영'이다. 영은 하나님께서 내게 말씀하심을 들을 수 있는 커뮤니케이션 기능 장치이다.

영의 지적, 감정적, 영적 기능을 통해서 내게 말씀하신다. 그러므로 성령께서 내 영으로 더불어 우리에게 말씀하실 때 내가 음성을 들을 수 있음을 믿어야 한다. 하나님의 세미한 음성을 영의 지적인 기능으로 들을 수 있음을 믿어야 한다. 내 영의 정적인 기능을 통해 말씀하실 때 내적인 증거, 즉 확신이나 기쁨이나 평강을 통해 그분의 음성을 들을 수 있음을 믿어야 한다.

세븐업(7up) 시간에 주 앞에 머무르며 내게 말씀하시도록 할 때, 떠오르는 단어나 생각이나 느낌에 대해 성령께서 내 영을 통해 말씀하심을 믿어야 한다. 우리가 이미 살펴본 잠언 21장 1절, "왕의 마음이 여호와의 손에 있음이 마치 봇물과 같아서 그가 임의로 인도하시느니라"하신 말씀을 믿어야 한다. '내 생각인가, 하나님께서 주시는 것인가'에 대한 생각으로 망설이지 말고, 내 영을 통해 말씀하심을 믿어야 한다.

내 죄를 자백할 때 주께서 내 죄를 사하시고 깨끗하게 하심을 믿어야 한다. 그리하여 내가 깨끗한 통로가 되어 그분의 음성을 들을 수 있음을 믿어야 한다.

"주님, 제게 말씀해주십시오"라고 말하고 주께 귀를 기울일 때 내 생각과 느낌과 이해력을 통해 말씀하시면 주의 음성인 줄 믿어야 한다. 혼란 가운데 있는 게 아니라 기도에 응답하여 말씀하심인 줄 믿어야 한다. 다만 그것이 하나님의 음성인지를 분별하는 기준을 놓치지 않길 바란다.

- 하나님의 기록된 말씀과 일치하는가
- 하나님의 성품과 일치하는가
- 이를 통해 하나님께서 영광을 받으실 것인가
- 사람들에게 유익할 것인가

하나님께 예배하고, 기도하고, 그 앞에 머무를 때, 하나님의 임재를 영적으로 느끼기도 하고, 느끼지 못하기도 한다. 그러나 중요한 건 주께서 약속하신 말씀을 따라 믿음으로 아는 것이다. "하나님께 나아가는 자는 반드시 그가 계신 것과 또한 그가 자기를 찾는 자들에게 반드시 상주시는 이심을 믿어야 할지니라"(히 11:6), "두세 사람이 내 이름으로 모인 곳에는 나도 그들 중에 있느니라"(마 18:20)라고 하신 말씀을 붙들라.

하나님의 종으로 놀랍게 쓰임 받은 캐서린 쿨만(Cathryn Kuhlman)이 저서인 《위대한 항해사는 거친 바다에서 만들어집니다》(은혜출판사 간)에서 어느 그리스도인에게 들은 꿈 이야기를 인용했다.

한 그리스도인이 꿈을 꾸었는데, 세 여인이 간절히 무릎을 꿇고 기도하고 있었다. 주께서 첫 번째 여인에게 가시더니 그녀를 꼭 안아주셨다. 두 번째 여인은 머리에 손만 얹고 가셨다. 그리고 세 번째 여인은 그냥 지나치셨다. 꿈속에서 이 모습을 보고 있던 그 그리스도인이 주님께 질문했다.

"주님, 어찌 세 여인을 대하시는 게 다르십니까? 간절히 기도한 첫 번째 여인은 안아주셔서 큰 위로를 받게 하시고, 두 번째 여인은 머리에만 손을 얹고 가시고, 세 번째 여인은 왜 못본 척하고 지나가셨습니까? 그 여인에게 어떤 문제가 있습니까?"

그때 주님이 말씀하셨다.

"아니다. 첫 번째 여인은 내가 꼭 안아주어야만 내 사랑을 느낄 수 있지만, 세 번째 여인은 아무것도 해주지 않아도 내가 자신을 얼마나 사랑하는지 알며 나에 대한 믿음이 있기 때문이다."

우리의 믿음은 점점 더 자라야 한다. 언제나 느낌으로만 경험하려고 하지 말고 믿음으로 사는 삶이 필요하다. 믿음은 느낌이 아니다. 믿음은 영적 영역이기 때문에 느낌을 초월한다. 믿음의 결과가 체험이지만 체험이 있어야 믿는 건 아니다. 믿을 때 체험이 따라오는 것이지 체험이 있음으로 믿는 게 아니다.

처음에는 체험이 있음으로 믿게 될 것이다. 그러나 성장하게 되면 믿을 때 그것이 따라온다. 우리가 점점 더 하나님의 임재하심 앞에 주의 음성을 들으며 친밀하게 나아갈 때 더 큰 믿음으로 살게 된다.

믿음으로 반응하다　김미진

하나님의 음성을 듣는 삶에 있어 내가 들은 음성에 대한 믿음을 갖는 게 매우 중요하다. 아주 오래전의 일이다. 남편이 캐나다 제자훈련학교에서 하나님의 음성을 들었다.

'너는 초교파 선교 단체에서 일하게 될 것이다.'

우리는 이 음성이 무슨 뜻인지 도무지 알지 못했다. 당시 남편은 홍성건 목사님이 대표로 계셨던 예수전도단의 간사였다. 그는 제주 열방대학의 성경연구학교에서 공부할 때 하나님의 음성을 다시 듣게 됐다.

'너는 홍성건 목사와 함께 NC사역을 하게 될 것이다.'

이 음성을 들은 남편은 계속 제주에 남고 싶어 했다. 나는 남편을 몹시 구박했다. 당시 남편은 목사님과 사역을 함께할 수 있는 위치가 아니었고, 목사님도 그를 잘 알지 못하셨다.

하나님께서 또 '비즈니스 속으로 들어가라'라고 하셨다. 이 세 음성은 도저히 맞춰지지가 않았다. 환경적으로는 그 일이 불가능해 보였지만, 남편은 들은 음성에 대해 흔들리지 않는 믿음이 있었다. 우리가 순종만 한다면 말씀하신 하나님께서 하실 거라고 굳게 믿었다.

일단 우리가 순종할 수 있는 것부터 하기로 했다. 비즈니스 속으로 들어갔고, 직장생활을 먼저 했고, 개인 사업과 법인 회사의 이름도 'NC컴퍼니'로 정하고, 바로 'NC비전스쿨'을 열었다. 아무도 알아주지 않는 학교였고, 모이는 학생들은 매년 4명, 6명, 8명 정도였다. 하나님의 음성에 순종하는 대가 지불의 시간이 8년 이상 흘렀다.

어느 날, 홍성건 목사님에게도 하나님께서 말씀하셨다.

'이제 남은 삶 동안 한국교회를 섬기라. NCMN을 시작하라. 이미 준비된 사람이 있다. NC컴퍼니와 NC비전스쿨의 원석형제와 미진자매와 함께 이 일을 시작하라.'

참으로 놀라운 일이었다. 우리는 주께 들은 음성을 누구에게도 말한 적이 없다. 우리 둘과 하나님만이 아는 사실이었다. 홍 목사님이 함께 NC사역을 하자고 했을 때, 나는 하나님께서는 한 치의 오차도 없는 시간에 그분의 일을 행하시는 분임을 배웠다. 하나님은 정확하게 음성을 듣고 믿음으로 반응하는 사람들을 통해 그분의 일을 이루신다.

영적 전쟁을 하라

하나님의 음성을 들으려면 영적 전쟁을 할 줄 알아야 한다. 그것이 무슨 의미인지 설명하겠다.

우리에게 들리는 음성은 네 경우가 있다. 오직 인격적인 존재만이 음성으로 말하거나 들을 수 있다. 인격적인 존재로서 우리는 네 경우의 인격적 존재의 음성을 들을 수 있다.

첫째, 나 자신의 음성이다.
둘째, 다른 사람의 음성이다.
셋째, 마귀의 음성이다.
넷째, 하나님의 음성이다.

우리의 목표는 오직 하나님의 음성을 듣는 것이다. 그러므로 처음에 나오는 세 경우의 음성을 차단시켜야 한다.

첫째, 나 자신의 음성을 듣지 말아야 한다. 하나님의 음성을 듣고

자 할 때 가장 큰 장애물은 내 음성이다. 많은 사람들이 '하나님의 음성인가, 내 생각인가' 하는 것 때문에 혼란스러워 한다.

내 음성에는 두 가지 요소가 있다. 하나는 내 소원과 욕망과 욕심이다. 내가 무언가를 하고 싶다는 소원이 음성 듣기를 방해한다. 다음은 내 생각과 이성이다. 내가 이미 알고 있는 것, 어떤 사실이나 가지고 있는 정보가 음성을 듣는 데 방해가 된다.

예를 들어 이라크를 위한 하나님의 뜻이 무엇인가를 듣기 위해 기도한다고 하자. 이미 내가 알고 있는 그곳에 대한 정보가 하나님의 음성을 듣는 데 방해가 될 수 있다. 물론 어떤 경우는 이런 정보가 중요할 수 있다.

나는 정보를 무시하지 않는다. 그러나 정보를 절대화하지도 않는다. 정보가 늘 100퍼센트 확실하지는 않기 때문이다. 〈UN 연감〉 같은 자료에서 나온 것이거나 이라크에 있는 선교사가 보냈거나 그 지역에 대해 잘 아는 사람이 보낸 정보일 수 있다. 하지만 나는 많은 경우에 주어진 정보보다 훨씬 더 중요한 정보를 주께서 말씀하심으로 알게 되었다.

그러면 어떻게 이런 두 방해물을 해결할 수 있는가? 아주 간단하다. 그것을 제거하면 된다. 주의 음성을 듣기 전에 기도하라.

'성령님, 제가 이미 가지고 있거나 알고 있는 생각과 이성, 그리고 무엇을 기도하고 싶다는 소원과 욕망을 다 내려놓겠습니다.'

내가 기도로 내려놓을 때, 성령께서 들으시고 막아주신다. 주님께 가져가 내려놓으면 그것을 차단시켜주심을 믿어야 한다. 내가 기도

할 때 성령께서 이 두 가지 영역의 내 음성이 들리지 않게 하실 줄 믿는 것이다.

둘째, 다른 사람의 음성을 듣지 않아야 한다. 이것은 그리 어렵지 않다. 하나님을 경외하면 다른 사람의 음성을 듣지 않게 된다. 첫 번째 장애물 제거가 예수님의 주님 되심으로 가능하다면 두 번째 장애물 제거는 하나님을 경외함으로 이루어진다.

사람을 두려워하지 않을 때, 다른 사람의 음성을 듣지 않을 수 있다. 사람을 기쁘게 하려고 하지 않고, 오직 하나님만을 기쁘시게 하고 그분만 두려워할 때 타인의 음성을 듣지 않게 된다.

셋째, 마귀의 음성을 듣지 말아야 한다. 마귀도 인격적인 존재다. 그가 예수님을 시험했었다. 마귀가 내게 그의 음성으로 말하고자 한다. 그러나 그 음성을 듣지 않는 건 아주 쉽다. 단순히 그를 대적하면 된다.

그런즉 너희는 하나님께 복종할지어다. 마귀를 대적하라. 그리하면 너희를 피하리라. 약 4:7

하나님께서는 단순하고도 명확하게 말씀하셨다.
"먼저 하나님께 복종하라. 그리고 마귀를 대적하라. 그러면 너희를 피하리라."

하나님의 음성을 듣기 위해 영적 전쟁을 할 줄 알아야 한다. "내가 예수의 이름으로 명하노니 너는 잠잠하라. 넌 내게 아무것도 말하지 못한다. 떠나갈지어다"라고 마귀에게 명령해야 한다. 내 능력이 아닌 예수님의 이름의 권세로 명할 때 어두움의 영은 떠난다. 더 이상 활동할 수 없고, 내게 말하지 못한다.

'하나님, 주의 음성을 듣는 걸 방해하는 마귀를 물리쳐주시옵소서' 라고 기도하지 말아야 한다. 이같이 기도하면 주님은 '네가 물리쳐라. 내가 네게 준 권세로 명하라'라고 하실 것이다.

> 내가 너희에게 뱀과 전갈을 밟으며 원수의 모든 능력을 제어할 권능을 주었으니, 너희를 해칠 자가 결코 없으리라. 눅 10:19

뱀과 전갈은 독성이 매우 강하다. 바로 마귀의 모든 세력들을 말한다. 그런데 귀신들, 어두움의 영들이 내 머리 위나 얼굴 앞에 있는 게 아니다. 내 발 아래에 있다. 마귀가 내게 말하는 것에 지나치게 신경쓰지 말라. 예수 이름의 권세로 명하기만 하면 된다. 예수님도 마귀가 말할 때 명하셨다.

예수님은 우리에게 권능을 주셨다. 그것은 강한 어두움의 악한 세력이라 할지라도 발로 밟아버리는 능력이다. 우리가 영적 전쟁에 승리하게 하는 주님의 약속의 말씀이다. 주 예수의 이름으로 대적할 때 마귀는 즉시 물러나서 우리에게 아무 말도 할 수 없다.

넷째, 하나님의 음성을 들으라. 우리에게 말할 수 있는 이 세 존재의 음성을 차단했다면 이제는 하나님 앞에 나아가 그분의 음성에 귀를 기울이면 된다.

나는 사도행전 29장의 주인공이 되고 싶다　김미진

엘리야와 바울과 베드로는 하나님의 능력으로 멋진 이적을 행했다. 사람들은 그들을 놀랍게 바라보았다. 엄청난 능력의 소유자로 말이다. 그러나 그들도 우리와 같은 성정을 가진 사람들이었다. 그렇다면 이런 이적들이 우리에게도 충분히 일어날 수 있음을 믿는 믿음이 필요하다.

성경을 읽으면서 더 갈망하게 된 게 있다. 어떤 백부장이 수하에 있는 하인을 낫게 하기 위해 예수님을 찾아갔다.

"내 하인을 낫게 하소서. 나도 남의 수하에 든 사람이요, 내 아래에 병사가 있으니 이더러 가라 하면 가고 저더러 오라하면 오고 내 종더러 이것을 하라 하면 하나이다. 예수께서 들으시고 그를 놀랍게 여겨 … 이만한 믿음은 만나보지 못하였노라"(눅 7:7-9).

어떤 믿음을 말씀하시는 것일까?

주께서 "내가 가서 고쳐주리라"(마 8:7)라고 하셨으나, 백부장은 "주여, 내 집에 들어오심을 나는 감당치 못하겠사오니 다만 말씀으로만 하옵소서"(8절)라고 말했다. 권위를 가진 자의 입에서 나오는 말의 위력은 이 땅 가운데 그대로 현실화됨을 믿었다.

하나님은 말씀으로 창조하셨고, 구속하셨고, 통치하신다. 말씀이 곧 하나님이시다(요 1:1 참조). "빛이 있으라 하시니 빛이 있었고" (창 1:3). 말의 힘을 보라. "죽고 사는 것이 혀의 힘에 달렸나니"(잠 18:21). "네 말로 의롭다 함을 받고 네 말로 정죄함을 받으리라"(마 12:37).

나는 하나님의 무소부재하심이 날마다, 친히, 모든 장소에 우리와 함께 계신다고 믿는다. 전도서 기자는 왕의 말의 위력에 대해 이렇게 말했다.

"왕의 말은 권능이 있나니 누가 이르기를 왕께서 무엇을 하시나이까 할 수 있으랴?"(전 8:4).

무슨 말인가? 그렇게 할 수 있는 권위로 말할 때의 결과를 생각해 보라. 예수님은 제자들에게 권능을 주어 보내시면서 하나님나라를 전파하라고 하셨다. 그분의 사역의 능력이 제자들에게 전이되었다. 12명의 제자들, 70명의 제자들, 모세, 사도 바울의 사역을 살펴보면 주께서 주신 권능의 말씀으로 병자들을 고치고, 죽은 자를 일으켰다(눅 9:1-10,10:1 참조).

제자들이 돌아와 하나님 말씀의 능력으로 행한 성공적인 결과를 보고했고, 70인들도 동일한 보고를 했다. 주의 이름으로 귀신들이 그들에게 항복한다는 사실을 알고 기뻐하며 돌아왔다(눅 10:17 참조).

70인의 보고는 내게 큰 위로가 되었다. 그들은 예수님과 아주 가까이에 있던 무리가 아니었다. 12명의 제자들과 70인을 통해 말씀의 능력이 이 땅 가운데 풀어진 것이다.

"나는 아버지께서 내게 주신 말씀을 그들에게 주었사오며, 그들은 이것을 받고 내가 아버지께로부터 나온 줄을 참으로 아오며, 아버지께서 나를 보내신 줄도 믿었사옵나이다"(요 17:8).

우리가 왜 하나님의 음성을 들어야 하는가? 예수님은 하나님께 들은 것을 말한다고 요한복음에서 여러 차례 말씀하셨다. 우리도 예수님의 제자로서 하나님의 음성을 들을 때, 이미 내게 주신 말씀의 권능으로 하나님의 나라가 이 땅 가운데 나를 통해 집행될 것이다. 말의 위력을 생각하고 항상 조심하라.

우리 삶의 목표는 무엇인가? 단순히 하나님의 음성을 듣는 것에서 멈출 것인가? 예수님이 하나님을 믿는 큰 믿음이 내 믿음이 되어야 한다. 나는 사도행전 29장의 주인공이 되고 싶다.

"아버지께서 내게 하라고 주신 일을 내가 이루어 아버지를 이 세상에서 영화롭게 하였사오니"(요 17:4).

영적 음성에는 다른 것들도 있다. 사탄의 음성은 지금까지 우리가 배운 것들과는 확연한 대조를 이룬다. 그는 도깨비나 뱀 같은 외적 형태로 다가오지 않는다. 오히려 하나님처럼 가장하고 우리의 생각과 지각을 통해 다가온다. 그래서 하나님의 음성과 말씀에 어긋나는 모든 음성을 경계해야 한다. 또한 사탄의 음성을 식별하는 법을 배워야 한다. 이는 예수님이 그의 음성을 구별하신 것을 통해 배울 수 있다. 그는 예수님이 굶주리실 때 떡으로 시험하려고 다가왔으나, 하나님의 말씀과 명백히 어긋났기에 다가온 사탄을 식별하고 대적하셨다(눅 4:2-4 참조).

예수께 온 사탄의 유혹이 내게도 왔다. 영향력 있는 큰 단체의 사람이 도와줄 테니 그 단체의 대표로 사역을 하라고 했다. 이런 사람들은 이후에도 여러 번 왔다. 그때마다 나는 사탄의 음성을 식별했다. 연합을 깨뜨리는 것, 권위에 대적하게 하는 건 하나님의 음성과 기록된 말씀과 완전히 어긋나는 것이다. 사탄이 우리에게 접근하는 방법은 한 번도 업그레이드 된 적이 없다. ■■■■■

기다리며 들으라

그러나 여호와께서 기다리시나니, 이는 너희에게 은혜를 베풀려 하심이요. 일어나시리니, 이는 너희를 긍휼히 여기려 하심이라.
대저 여호와는 공의의 하나님이심이라. 그를 기다리는 자마다 복이 있도다. 사 30:18

내게 듣고 들을지어다. 그리하면 너희가 좋은 것을 먹을 것이며, 너희 자신들이 기름진 것으로 즐거움을 얻으리라. 너희는 귀를 기울이고 내게로 나아와 들으라. 그리하면 너희의 영혼이 살리라. 사 55:2,3

누구든지 내게 들으며 날마다 내 문 곁에서 기다리며 문설주 옆에서 기다리는 자는 복이 있나니, 대저 나를 얻는 자는 생명을 얻고 여호와께 은총을 얻을 것임이니라. 잠 8:34,35

하나님의 음성을 듣는 가장 중요한 조건은 그분 앞에 나아가 기다리며 음성을 듣는 것이다. 하나님 앞에 나아가 기다리는 삶, 그분의 음성을 듣는 삶을 일상적인 삶으로 살아야 한다.

하나님은 특별한 사람에게 말씀하시는 게 아니라 그분을 기다리는 사람에게 말씀하신다. 특별한 때에 말씀하시는 게 아니라 일상생활에서 시간을 내어 그분 앞에 나아가 귀를 기울일 때 말씀하신다.

이사야서 30장 18절의 말씀처럼 우리가 하나님을 먼저 기다리는 게 아니라 그분이 먼저 우리를 기다리신다. 하나님께서는 우리가 그분 앞에 나아와 음성에 귀를 기울이며 기다리기를 기다리신다. 그분은 우리에게 은혜를 베풀 준비를 마치셨다. 우리에게 말씀하시려고 기다리신다. 이를 명백하게 약속하셨다.

"내게 듣고 들을지어다. 그리하면 너희가 좋은 것을 먹을 것이며, 너희 자신들이 기름진 것으로 즐거움을 얻으리라. 너희는 귀를 기울이고 내게로 나아와 들으라."

이때 필요한 건 내가 시간을 내어 하나님 앞에 나아가 기다리는 것이다. 그래서 주님은 "사라"라고 말씀하셨다. 대가를 지불해야 한다. 시간을 따로 떼어내어야 한다. 주님과 일대일로 있는 시간이 필요하다. 짧은 시간부터 시작하라. 하나님께서 내게 말씀하지 않으시는 게 아니라 내가 분주해서 듣지 못한다. 하나님께 나아가 기다리라. 그분의 음성에 귀를 기울이라.

모세는 하나님 앞에 나아가 그분의 음성에 귀를 기울이며 기다렸다. 하나님께서 엿새 동안 아무 말씀도 하지 않으셨다. 모세가 그분의 음성 듣기를 갈망하는지 알고 싶으셨다. 긴 시간 동안 하나님의 음성이 들리지 않아도 기다릴 수 있었던 건 그의 갈급함 때문이다. 다윗도 음성 듣기를 위해 하나님 앞에서 종일 기다렸다.

주의 진리로 나를 지도하시고 교훈하소서. 주는 내 구원의 하나님이시니 내가 종일 주를 기다리나이다. 시 25:5

주인의 음성을 들으라 　김미진

우리 집에는 두 마리의 강아지가 있다. 뽀삐와 체리다. 놀랍게도 이들은 주인의 음성을 인식한다. 처음에는 남편과 아들과 내 목소리를 몰랐다. 그러나 아주 빠른 속도로 주인의 음성을 알아들었다. 그리고 식구가 아닌 다른 사람의 음성도 점차 알아듣더니 그들이 집으로 들어오면 짖기 시작했다. 외부인으로부터 주인을 보호하려는 게 참 놀라웠다.

우리가 하나님의 음성을 듣고 분별할 줄 알면 나는 물론이고 주변 사람과 교회도 보호할 수 있다.

"소는 그 임자를 알고 나귀는 주인의 구유를 알건마는 이스라엘은 알지 못하고 나의 백성은 깨닫지 못하는도다"(사 1:3).

하나님이 말씀하시면 저절로 알아듣게 될 거라는 착각을 버리라. 에덴동산에서 사람이 타락한 이후부터는 그렇게 되지 않는다. 우리 집 강아지들이 주인의 음성을 인식할 수 있었던 건 우리와 많은 시간을 함께 지냈기 때문이다. 두 녀석은 주인의 음성을 인식하기 위해 두 귀를 쫑긋 세우며 주인이 불러주길 기다리고 또 기다린다.

하나님의 음성을 듣는 것은 이 책에서 제시하는 훈련을 통해 충분히 가능하다. 음성을 들었다면 '환경'과 '성령의 내적 음성'과 '성경 말씀'이 일치할 때 움직여라. 환경이 정지해 있다면 기다리라. 우리의 행동이 필요한 시점이 되면 열릴 것이다. 하나님께서 광야에 길을, 사막에 강을 내실 것이다. ▬▬▬

듣는 연습을 하라

> 경건에 이르도록 네 자신을 연단하라. 육체의 연단은 약간의 유익이 있으나 경건은 범사에 유익하니 금생과 내생에 약속이 있느니라. 딤전 4:7,8

하나님의 음성을 듣기 위한 마지막 조건은 음성을 듣는 연습을 하는 것이다. 우리는 건강한 몸을 만들기 위해 운동을 한다. 그러나 하루아침에 근육이 생기지는 않는다. 지속적이고 규칙적인 연습을 할 때 만들어진다. 이와 같이 하나님과 나 사이에도 인격적 사귐의 관계를 지속하면서 음성을 듣는 연습이 필요하다.

디모데전서 4장 7,8절의 "연단하라"(헬라어로 gumnazo[귐나조])는 운동 연습을 할 때, 어떤 목적을 위해 반복적으로 훈련할 때 사용하는 단어다. 여기에서 영어 단어인 'gymnasium'(체육관)이 파생되었다.

육체의 연습을 하라는 게 아니라 경건에 이르도록 연습하라는 것이다. 육체를 강건하게 하기 위해 시간을 내어 규칙적으로 연습하는 것도 유익이 있다. 그러나 경건에 이르도록 연습한다면 범사에 유익하다. 금생(今生)만 아니라 내생(來生)에도 유익하다.

육체의 연습은 근육을 발달시켜 힘 있게 하기 위해서다. 그러기 위해 꾸준히 지속적으로 반복해야 한다. 중도 포기와 게으름이 가장 큰 장애물이다. 빨리 결과를 보고자 한다면 어려움을 겪게 된다. 조급함은 금물이다. 현재의 미숙함을 견뎌야 한다.

마찬가지로 하나님의 음성을 듣는 삶도 연습을 통해 이루어진다. 경건의 연습이다. 하나님 앞에 나아가고, 기다리는 연습이 필요하다. 조급하면 안 된다. 지속적인 연습이 필요하다. 실패하더라도 쉽게 포기하지 말아야 한다.

듣는 연습에서 중요한 점은 단순히 하나님의 음성을 듣는 데 집중하는 게 아니라 그분의 말씀을 존중히 여기는 태도이다. 주의 음성을 통해 그분의 뜻을 알게 되었다면 그 말씀에 순종함으로 응답하려는 자세가 있어야 한다.

다음의 몇 가지 사항들은 하나님의 음성을 듣는 연습의 내용들이다.

듣는 연습1 - 말씀 묵상

말씀 묵상은 하나님의 음성을 듣는 연습 중 가장 좋은 방법이다. 날마다 묵상하면서 '성령님, 이 기록된 말씀으로 제게 말씀해주십시오' 하며 구체적으로 묻고 주께서 말씀하시도록 또 기다린다. 그럴 때 성령께서 기록된 말씀(로고스)을 레마로 바꿔 말씀하신다.

말씀하시면 그 내용을 노트에 적는다. 그리고 '주님, 제가 이 말씀에 대해 어떻게 응답하기를 원하십니까? 이 말씀을 따라 제가 해야 할 일은 무엇입니까?' 하며 구체적으로 묻고 주께서 말씀하신 것에 순종하기를 힘쓰라. 처음에는 어려울 수 있다. 그러나 묵상을 통해 하나님의 음성을 듣는 연습을 꾸준히 해야 한다.

듣는 연습2 - 세븐업(7up)

하나님의 음성을 듣는 연습에 세븐업은 정말 귀하다. 이는 이미 앞에서 설명했다. 날마다 그분 앞에 머물며, 기다리며, 음성에 귀를 기울이라. 날마다 주의 문에서 기다리며 주의 음성을 듣는 자는 복이 있다. 좋은 주인의 음성을 듣고자 문설주 옆에서 기다리며 음성을 듣지 않고서는 아무것도 하지 않는다. 그런 종은 주인의 은총을 얻는다.

다른 사람들을 위로할 줄 아는 것도 아침마다 그의 귀를 통해 주의 음성을 들어야 가능하다. 귀가 열려야 혀가 열리기 때문이다. 매일 아침 다른 일을 하기 전에, 7분간 하나님 앞에 머물며 음성 듣기를 연습하라. 다음과 같이 주께 말씀드리라.

'주여, 말씀하소서. 주의 종이 듣겠나이다.'

듣는 연습3 - 주일 설교

주일 설교를 잘 듣는 것은 하나님의 음성을 듣는 데 좋은 연습이다. 혹 '연습'이라는 단어로 예배를 가볍게 여긴다고 오해하지 말길 바란다. 음성을 듣는 데 익숙하지 않기에 익숙해지기 위해서는 반복적으로 행동하라는 의미이다.

주일 예배에 일찍 나아가 성령께 기도하라.

'오늘 예배를 통해 영광을 받으소서. 주의 임재하심을 경험하기 원합니다. 주일 설교를 통해 제게 말씀해주소서.'

그러면 놀랍게도 설교를 들을 때 우리의 귀를 설교자에게 기울이는 것을 넘어서서 그를 통해 내게 말씀하시는 하나님의 음성에 귀를 기울이게 된다. 하나님의 말씀을 전달하는 설교자도 중요하지만, 설교자를 통해 하나님의 음성을 듣고자 하는 회중의 자세도 중요하다.

또 묵상할 때처럼 설교를 노트에 적어라. 주께서 설교자를 통해 말씀하시면 마찬가지로 '주님 제가 어떻게 하기를 원하십니까'라고 묻고, 내게 보여주시고 들려주시는 대로 노트에 적는다.

듣는 연습4 - 일상적인 삶, 대화

우리의 일상적인 삶에서 말씀하시는 주의 음성을 듣는 연습을 하라. 가족 관계에서도 귀를 기울여 하나님께서 내게 말씀하는 바가 무엇인지 듣는 연습이 필요하다. 직장에서도 마찬가지다. 그곳에서 일어나는 일들, 함께 일하는 사람들을 통해 내게 무슨 말씀을 하시는지 듣는 연습을 하라.

일반적으로 주어지는 모든 상황 가운데서 너무 빨리 내 생각으로 결론 내리지 말고 '이것을 통해 제게 무엇을 말씀하기를 원하십니까'라고 질문해야 한다.

요셉은 열 명의 형들에게 배반당하고 웅덩이 속으로 던져졌다. 17세 소년이 가장 자기를 아껴주고 돌봐줄 수 있는 형들에게 거절당했다. 이 아이는 나중에 어떤 사람이 될 것인가? 더 이상 사람을 신뢰하지 않을 것이며, 폐쇄공포증에 걸릴 수도 있을 것이다. 심리적, 육체적, 정신적, 영적 영역에서 많은 어려움을 겪을 수 있다.

그런데 요셉은 이런 상황을 통해 오히려 강건하고 성숙한 사람이 되었다. 하나님께서 상황을 통해 그를 훈련시키셨기 때문이다. 용서, 하나님을 신뢰함, 하나님의 주권이 훈련 과목이었다. 요셉은 그것을 철저하게 훈련하고 배웠기에 정상적으로 응답할 수 있는 강하고 성숙한 사람이 되었다.

요셉은 말씀하시는 하나님의 음성에 귀를 기울였다.

'하나님, 이것을 통해 제게 무슨 말씀을 하기 원하십니까? 무엇을 가르치기 원하십니까?'

이 질문은 요셉으로 하여금 상황을 정확하게 보고, 반응할 줄 알게 했다. 이는 하나님의 음성을 들을 수 있는 지름길이다. 이 질문이 사람을 위기에서 건져주고, 부정적인 사람이 되지 않게 하고, 더 밝게 만들고, 성장시킨다. 모든 환경과 사건과 사람 가운데서 주께로 향하게 하는 질문이다.

특별한 상황 가운데에 하나님 앞에 나아가 무릎을 꿇고 있을 때만이 아니라 우리의 모든 상황 가운데 계시는 하나님의 음성에 귀를 기울이는 연습을 해야 한다. 누가 말하더라도 모든 사람이 그를 존중히 여기면서 '이 사람을 통해 말씀하시는 바가 무엇인가'에 귀를 기울이는 자세가 회사와 단체와 교회의 수준을 결정한다.

하나님께서 어떤 강사에게 주신 말씀을 어떤 그룹에게 전할 때 어떻게 반응해야 하는가? 더구나 그 그룹의 방향에 관한 메시지라면 어떻게 해야 하는가? 안타까운 건 그 강의가 끝나면 감사의 인사와 함께 바로 다음 순서를 진행한다는 것이다. 그럴 때는 모든 걸 중지하고, 주의 얼굴을 구하며 회개하고 고치는 시간을 가져야 한다. 주의 음성에 귀를 기울여야 한다. 그리고 그 말씀에 응답해야 한다.

이처럼 일상생활에서 대화를 통해 하나님께서 아주 중요한 말씀을 하시는데 그 메시지를 놓칠 때가 있다. 물론 모든 대화 가운데 주님이 말씀하시는 건 아니다. 그러나 주께서 말씀하실 때가 매우 많다.

듣는 연습5 - 매스컴을 통해

어떤 경우에는 신문이나 TV, 또는 라디오나 매스컴에서 보도하는 내용을 통해 하나님의 음성에 귀 기울이는 연습을 하기도 한다. 신문이나 방송 등을 볼 때 가볍게 지나치지 말고, 혹시 주께서 말씀하시는 바가 있는지 우리의 영을 민감하게 하는 연습을 해야 한다. 신문, 잡지, TV 등을 접할 때 다음과 같은 질문을 던지라.

'주님, 이것을 통해 제게 어떤 말씀을 하기 원하십니까?'

하나님께서 우리에게 주변의 상황을 살피면서도 동시에 그분께 귀 기울일 줄 아는 특별한 능력을 선물로 주셨다. 우리가 그것을 연습할 때 사람, 환경, 사건, 매스컴 등을 접하면서도 그분의 음성을 듣는 삶에 점점 익숙해질 것이다.

매스컴으로 듣는 음성 김미진

한번은 유진이와 식당에서 밥을 먹으면서 텔레비전을 잠깐 보았다. 그때 마침 개구리 소년들이 실종된 사건(5명의 초등생들이 개구리 알을 주우러 집을 나선 뒤 실종된 사건. 나중에 타살로 판명됨)과 관련된 뉴스가 나왔다. 집으로 돌아오는 길에 그것에 대해 아들과 나눌 때, 하나님의 마음을 알게 되었다.

'아동보호법이 만들어질 수 있도록 기도하라.'

유진이와 나는 즉시 아동보호법이 만들어지도록 기도에 힘썼다. 그렇게 기도한 시간이 흘러 '실종 아동 등의 보호 및 지원에 관한 법률'이 국회에서 통과되었다는 뉴스를 접했다. 이것을 통해 방송, 신문, 다른 사람들의 말 속에도 하나님의 음성이 있다는 것을 배웠다. 그래서 요즘에는 방송이나 다른 사람들 말을 들을 때 '주님의 음성이면 제가 알아듣도록 해주세요. 귀를 늘 주님께 열어놓고 듣겠습니다'라고 기도한다.

한번은 어머니와 함께 어떤 사업가를 만나 식사를 했다. 그런데 어머니가 "그 사업가를 조심하라"라고 특별히 주의를 주셨다. 하지만 나는 크게 신경쓰지 않았다. 결론은 여러 가지로 내게 피해가 발생했고, 지금도 그렇다. 부모님은 특별히 하나님께서 자녀에게 주신 보호자요 안내자이다. 그들을 통해 하나님께서 많이 말씀하신다.

큰언니는 내가 어릴 때부터 내게 영어공부를 하라고 여러 번 말했다. 하지만 나는 말을 듣지 않았다. 그래서 지금 영어에 대한 절실한 필요가 있어 대가 지불을 하고 있다. 영어 공부를 시작했는데 쉽지 않다. 그때 했으면 참 좋았겠다는 마음이 든다.

남편은 3년 전부터 내 건강에 대해 계속 말했다. 귀에 못이 박힐 정도로 매일 운동을 하라고 수도 없이 말해서 짜증이 날 정도였다. 남편이 "이렇게 계속 같은 말을 할 때는 하나님의 음성으로 들어야 한다"라며 운동할 수 있는 회원증까지 주면서 권면했다. 하지만 나는 바쁘다는 핑계로 하지 않았다. 그런데 최근에 병원에서 검사를 하니 반드시 운동을 해야 하며, 그렇지 않으면 건강에 심각한 문제가 생길 수 있다는 진단을 받았다. 그래서 요즘은 일주일에 세 번은 운동 트레이너와 함께 운동을 하고, 하지 않는 날은 자전거를 탄다.

내게 운동은 급하지는 않지만 중요한 일이었다. 그러나 이젠 내 건강 유지에 아주 급하고 중요한 일로 바뀌어버렸다. 평소 급하지 않지만 중요한 일에 시간을 조금씩 투자하지 않으면 그것이 급하고 중요한 일로 바뀌게 되고, 결국은 시간에 쫓기는 삶을 살게 된다. 평소에 급하지 않지만 중요한 일에도 시간을 투자하라.

듣는 연습6 - 중보기도를 통해

하나님의 음성 듣기를 가장 효과적이고도 빠르게 배울 수 있는 게 중보기도다. 중보기도를 할 때는 시작하기 전에 먼저 하나님으로부터 듣고 기도하기 때문이다. 중보기도는 일방적이 아니라 쌍방적이고 혼자보다 그룹으로 모여서 하는 게 좋다.

함께 모여 기도의 제목을 정하고, '주님, 이것에 대해 우리가 무엇을 기도하면 좋겠습니까'라고 묻는다. 그리고 주의 음성을 들으며 기도한다. 주께서 말씀하실 때는 대부분 기록된 말씀을 통해 하신다. 그래서 중보기도할 때 성경을 펴놓는 게 좋다. 또한 내적 음성과 환상을 통해서도 말씀하신다.

이러한 중보기도가 처음에는 어색할 수 있다. 주의 인도하심을 구하며 음성을 들으며 기도하는 게 익숙하지 않기 때문이다. 그러나 주의 음성에 귀를 기울이며 중보기도를 할 때 기도의 능력을 경험하게 된다. 그리고 덤으로 하나님의 음성을 듣는 삶에 더욱 민감해진다. 연습하고 또 연습하라.

중보기도의 기쁨 　김미진

제주에서 '중보기도 학교'에 다닐 때였다. 간사와 학생들이 열방을 위해 기도하는 시간이 있었다. 나는 그 시간에 한 여인이 아이를 업고 죽음 앞에 있는 환상을 보았다. 그 여인이 있는 곳은 중국이었다. 주께서 내게 그녀를 위해 중보기도를 빨리 하라는 걸로 이해했다.

기도를 시작할 때는 두렵고, 무언가에 쫓기는 불안한 마음이 있었는데, 계속 기도하는 중에 어느 시점에서 한없는 평강이 부어졌다. 내 마음에 여인과 아이가 살았다는 확신이 들었다. 눈을 떠보니 기도를 시작한 지 5시간이 넘었다. 모두 가고 나만 교실에 있었다. 온 몸이 땀으로 흠뻑 젖었지만, 내 영은 한없이 기뻤다.

듣는 연습7 - 경청 테스트

일상의 대화 가운데 하나님의 음성을 듣는 연습을 하라. 대화할 때는 경청하는 자세가 중요하다. 상대방이 말을 시작할 때 이미 다 안다는 듯이 듣는 시늉만 할 때가 많다. 상대방의 말을 몇 마디만 듣고서 빨리 결론을 내려버린다. 그러나 끝까지 경청하면 그보다 더 많은 걸 알고 이해하게 된다.

한번은 경청 테스트를 했다. "누가, 언제, 어디서, 무엇을, 왜, 한다"라는 간단한 문장을 만들었다. 그리고 한 사람에게 말했다. 그는 내게 들은 메시지를 다음 사람에게 음성으로만 전달했다. 그렇게 스무 명가량에게 전달하게 한 후 마지막 사람에게 들은 메시지를 적게 했다. 그리고 첫 번째 사람에게도 적게 하여 둘을 앞으로 나오게 해서 내용을 읽게 했다. 놀랍게도 그 내용이 아주 달랐다.

예를 들어, 첫 번째 들은 사람은 "어떤 사람이 몹시 아파서 어느 병원에 가려고 한다"라고 하는데 마지막에 들은 사람은 "누가 아파서 병원에 갔는데 위독하다"라고 말한다. 그리고 그 말이 계속 전달되는 과정에서 어떤 때는 "죽었다"라고 전달받기도 한다. 사람, 시간, 상황, 결과, 장소 등이 한두 개 혹은 그 이상 바뀐다.

말을 전달하고 듣는 데도 문제가 있다. 정확하게 전달하기 위해서는 경청해야 한다. 이런 테스트를 통해 알게 된 것은 하나님의 음성을 들을 때도 마찬가지라는 것이다. 사람들과의 대화에서 경청하는 법을 배울수록 하나님의 음성을 듣는 삶도 더 세밀하게 될 것이다.

경청에 대한 또 다른 면을 실험해보라. 강의를 들으며 노트에 필기하는 것을 습관으로 익혀라. 그리고 그 강의가 담긴 CD를 구입해서 들으며 노트에 필기한 것과 비교해보라. 들으면서 빠뜨린 부분을 빨간펜으로 첨가해보자. 처음에는 노트의 반이 빨간 글씨로 채워질지도 모른다. 어떤 경우는 강의 때 전혀 듣지 못했던 새로운 메시지도 발견된다. 그렇게 반복하여 강의를 들으며 적고, 녹음을 들으며 첨가해보라. 점점 경청하는 데 익숙해지고 거의 새롭게 듣는 게 없을 정도가 된다. 하나님의 음성을 듣는 연습에 큰 도움이 될 것이다.

듣는 연습8 - 추천 도서

하나님의 음성을 듣는 연습을 도와주는 책들이 있다. 그중에 몇 권을 추천하고자 한다.

로렌스 형제가 쓴 《하나님 임재 연습》(규장 간)이 있다. 로렌스는 어느 한 수도원의 부엌에서 장작불을 때는 일을 했다. 옛날 중세 수도원은 대학이나 연구소 같은 기능이 있었다. 로렌스는 부엌에서 일하면서 주님과 교제했다. 거기서 주의 임재를 경험했다. 그에게 부엌은 주님과 친밀감을 나누는 장소가 되었다. 나중에 로렌스는 영성이 깊은 수도원의 원장이 되었다. 그가 하나님의 임재를 경험한 걸 친구이자 평소 존경하던 수도원장에게 편지로 보냈다. 수도원 부엌에서 혼자 불을 때며 어떻게 주님을 만났으며, 그분의 임재 안에 들어갔으며, 음성을 들었는지 간증했다. 그 편지의 모음이 우리에게 깊은 통찰을 주는 책이 되었다.

김미진 간사의 《왕의 재정》(규장 간)도 도움이 될 것이다. 많은 사람들이 내게 '하나님의 음성을 듣는 법'을 알고 싶어 묻는다. 알고 보니 그녀의 인터넷 강의를 들은 사람들이었다. 그들은 그녀가 하나님의 음성을 들으며 경험한 것에 도전을 받았다고 했다.

내 책인 《말씀관통 100일 통독》(규장 간)은 단순히 성경 개요를 설명한 것이지만 기록된 말씀을 통해 레마의 말씀을 듣는 데 도움을 줄 것이다.

로렌 커닝햄 목사의 《하나님, 정말 당신이십니까?》(예수전도단 간)는 YWAM 설립자인 그가 사역을 시작하고 진행해가는 과정에서 하나님의 음성을 들었던 풍부한 내용이 실려 있다.

조이 도우슨 자매의 《하나님의 음성을 듣는 삶》(예수전도단 간)은 오랫동안 그녀가 강의한 내용이다. 그녀는 세계적인 성경 교사이다. 나도 그녀에게서 하나님의 음성을 듣는 삶을 배웠다.

나는 개인적으로 로렌 커닝햄 목사님과 조이 도우슨 자매와 오랫동안 교제하는 특권을 가졌다. 그리고 내 친구요 멘토인 폴 호킨스(Paul Hawkins)와 교제하면서 배웠다. 이 경건한 하나님의 사람들로부터 하나님의 음성을 듣는 삶을 배운 게 얼마나 기쁜지 모른다.

부록

하나님의 음성을 들을 때 일어나는 결과

이미 앞에서 언급했지만, 이 책을 마무리하면서 다시 정리하고 싶다. 독자들이 하나님의 음성을 들으며 사는 삶이 얼마나 놀라운지 마음에 꼭 새기기를 바라기 때문이다.

많은 그리스도인들이 하나님의 음성을 듣고 순종하는 삶을 살 때 일어나는 놀라운 일들을 생각하면 마음이 흥분된다.

첫째, 하나님과 동행하는 삶을 살게 된다.

하나님의 음성을 듣는 삶은 하나님과 함께 걸어가는 삶이다. 하나님의 음성을 듣게 되면, 주님이 서실 때 나도 서고, 걸어가실 때 나도 걷고, 앉으실 때 나도 앉는 놀라운 삶으로 들어간다. 다르게 말하면 하나님과 친밀한 삶을 살아가게 된다. 음성을 듣는 삶은 하나님을 경험하게 한다. 머리나 말이 아닌 인격적으로 그분을 알아가게 된다. 내 삶을 주관하시며, 역사의 주인이신 하나님을 알게 된다.

하나님의 음성을 듣는 삶을 살면, 그분과 친구가 된다. 마음의 비밀까지 이야기하는 관계가 된다. 하나님께서 그분의 음성을 듣는 사람에게 마음의 부담을 말씀하신다. 그분이 하시고자 하는 일을 미리 보여주신다.

주 여호와께서는 자기의 비밀을 그 종 선지자들에게 보이지 아니하시고는 결코 행하심이 없으시리라. 암 3:7

너는 내게 부르짖으라. 내가 네게 응답하겠고, 네가 알지 못하는 크고 은밀한 일을 네게 보이리라. 렘 33:3

하나님은 아브라함을 "그의 친구"라고 소개하셨다.

나의 종 너 이스라엘아, 내가 택한 야곱아, 나의 벗 아브라함의 자손아, 사 41:8

하나님은 그의 친구이신 아브라함에게 그분의 비밀을 말씀하셨다.

여호와께서 이르시되, "내가 하려는 것을 아브라함에게 숨기겠느냐." 창 18:17

하나님의 비밀을 듣는 관계는 굉장한 특권이요, 영광이다! 로렌스 형제의 《하나님 임재 연습》은 하나님 앞에 머물며 그분의 음성에 귀를 기울이는 삶은 주님의 임재를 경험하며, 주님과 친밀한 관계를 가진 삶임을 증거한다.

하나님과 동행하는 삶보다 더 아름다운 삶이 있을까! 이보다 더 영광스러운 삶이 있을까! 하나님과 동행하는 삶을 사는 것은 특권이다.

둘째, 영적 성장이 일어난다.

하나님의 음성을 들으면 이전과는 다른 차원의 영적 성장이 일어난다. 놀랍게도 하나님의 음성을 듣는 삶을 살 때부터 엄청나게 빠른 속도로 성장한다. 그래서 남들이 30년 동안에 못한 것을 3개월 만에 도달하는 일들이 발생한다. 하나님의 음성을 듣기 시작할 때 성숙한 사람이 되어간다.

또한 하나님의 음성을 듣는 사람은 신뢰받고, 영향력을 주는 사람이 된다. 그 사람이 있는 공동체 안에 영향을 주게 된다. 그곳이 직장이든, 가정이든, 교회든지 영향을 주게 된다.

주 여호와께서 학자들의 혀를 내게 주사, 나로 곤고한 자를 말로 어떻게 도와줄 줄을 알게 하시고, 아침마다 깨우치시되 나의 귀를 깨우치사 학자들같이 알아듣게 하시도다. 사 50:4

부정적이고 피상적이고 염려와 걱정하던 말투가 긍정적이고 구체적으로 바뀐다. 또 감사와 믿음의 삶으로 바뀌기 시작한다. 왜냐하면 듣는 것과 말하는 것은 함께하기 때문이다. 하나님의 음성을 듣는 대로 말한다. 말하는 내용과 말투가 바뀌고 보는 관점이 달라진다.

셋째, 성공적인 삶을 살게 된다.

하나님의 음성을 듣는 사람은 하는 일마다 열매를 맺을 것이다. 그가 결정하고 행동하는 것 자체가 언제나 하나님의 뜻과 연결되기 때문에 열매를 맺는다. 어떤 문제가 발생하면 그 문제와 씨름하면서 연구하고 많은 사람들의 사례도 살펴보아야 한다. 그러나 이 모든 것보다 더 많은 시간을 하나님 앞에 나아가 보내야 한다.

기록된 말씀인 성경을 평소에 꾸준히 읽어나가라. 어떤 사건이 발생했을 때 놀랍게도 평소에 읽었던 말씀들이 레마로 다가올 것이다. 내 안에 말씀이 풍부할수록 주께서 말씀하시는 폭이 넓어진다. 그런 사람이 하나님께서 쓰시기가 쉽다.

이 율법책을 네 입에서 떠나지 말게 하며, 주야로 그것을 묵상하여 그 안에 기록된 대로 다 지켜 행하라. 그리하면 네 길이 평탄하게 될 것이며, 네가 형통하리라. 수 1:8

하나님의 말씀을 묵상하여 지켜 행하는 건 단지 기록된 말씀을 공부하여 지식을 가지라는 게 아니다. 기록된 말씀을 레마의 말씀으로, 내게 하시는 주의 음성으로 들을 때 가능하다. 그리고 그 말씀대로 순종하라. 그런 사람의 삶은 반드시 성공할 것이다. 이는 하나님의 확실한 약속이다.

그가 왕위에 오르거든 이 율법서의 등사본을 레위 사람 제사장 앞에서 책에 기록하여, 평생에 자기 옆에 두고 읽어 그의 하나님 여호와 경외하기를 배우며, 이 율법의 모든 말과 이 규례를 지켜 행할 것이라. 그리하면 그의 마음이 그의 형제 위에 교만하지 아니하고, 이 명령에서 떠나 좌로나 우로나 치우치지 아니하리니, 이스라엘 중에서 그와 그의 자손이 왕위에 있는 날이 장구하리라. 신 17:18-20

왕과 지도자뿐 아니라 모든 그리스도인이 하나님의 음성에 귀를 기울이며 그 말씀에 순종한다면 반드시 성공할 것이다.

넷째, 하나님의 나라가 확장된다.

하나님의 음성을 듣게 되면 온 세상에 대한 하나님의 뜻을 알아가고 그분의 뜻에 순종하기 때문에 그 나라가 확장되어간다. 또 하나님을 기쁘시게 하는 삶이 된다. 하나님께서는 우리가 그분의 뜻을 따라 살 때 기뻐하신다. 음성을 듣고 순종하는 자의 삶에 말할 수 없는 기쁨이 일어난다.

누가 여호와의 회의에 참여하여 그 말을 알아들었으며,
누가 귀를 기울여 그 말을 들었느냐? 렘 23:18

그들이 만일 나의 회의에 참석했더라면,
내 백성에게 내 말을 들려서

그들을 악한 길과 악한 행위에서 돌이키게 했으리라. 렘 23:22

하나님의 회의에 참석하는 특권을 누리라. 그분의 말씀에 귀를 기울이라. 그러면 하나님의 뜻을 알게 될 것이다. 그리고 들은 주의 말씀을 선포하라. 하나님의 나라가 확장될 것이다.

하나님의 음성을 들음에 있어 가져야 할 원칙

언어 사용: 공용어를 사용하라

하나님의 음성을 듣는 삶을 살아갈 때 조심해야 할 것이 있다. 특히 교회나 직장에서 소통할 때 주의해야 한다. 그 공동체의 영적 분위기에 맞는 단어를 써야 한다.

보수적인 성향의 교회라면 "목사님, 제가 하나님께 기도할 때 이런 음성을 들었습니다"라고 말하기보다 "제가 기도할 때 이런 마음이 일어났는데 목사님께 확인을 받고 싶습니다. 기도해주세요"라고 하는 게 좋다. 불필요한 오해를 줄여야 한다. 상대방이 사용하는 언어에 민감하게 반응하여 그 언어로 말하는 게 좋다.

어느 항구의 등대들: 등대의 원칙

수심이 깊어서 배들이 정박하기가 좋은 한 항구 도시가 있었다. 그곳은 특히 폭풍 때 배들의 피난처가 되었다. 그런데 이 항구에는 치

명적인 약점이 있었다. 암초가 많아서 잘못하면 파선(破船)하기 쉬웠다. 그래서 그 도시의 지도자들이 모여 회의를 했다.

"어떻게 하면 배들이 암초에 부딪히지 않고, 안전하게 항구로 들어오게 할 수 있을까?"

이들은 세 개의 등대를 만들기로 결정했다. 보통 항구에는 한 개의 등대만 있다. 그러나 이들은 많은 암초를 피해 안전하게 들어올 수 있는 항로에 맞추어 세 등대를 일직선으로 두었다. 세 등대의 불이 일직선으로 되는 항로를 따라 배가 항구 안으로 안전하게 들어오게 하자는 것이었다.

하나님의 음성을 듣는 것도 똑같다. 주께서 말씀하실 때는 모든 게 일치한다. 가령 개인적으로 기도할 때, 하나님의 뜻을 기록된 말씀을 통해서, 또는 세미한 음성으로 하나님께 들었다면, 결정에 연관된 다른 사람들에게도 같은 마음을 주실 걸 기대해야 한다. 개인적으로 음성을 들은 바를 일방적으로 통보하지 말고, 함께하는 사람들에게도 확인받으라. 한 분 성령께서 일치하게 하실 때가 가장 안전하다.

하나님께 들은 말씀이 서로 다르다면 멈추어야 한다. 내가 들은 것만 일방적으로 내세우지 말고 일단 멈추라. 그런 다음에 다시 한 번 주의 음성을 점검하라.

비행기는 밤에 활주로의 유도등을 따라 뜨고 내린다. 여러 개의 유도등이 한 줄로 정렬되어 있어야 안전하다. 마찬가지로 하나님이 우리를 인도하실 때 하나님의 음성을 듣는 데 한 가지만으로 판단하지 말고, 두세 가지로 점검하여 말씀하신 걸 확인하는 게 좋다.

도끼머리 법칙

열왕기하 6장 1-7절의 말씀을 근거로 나온 법칙이다. 엘리사가 운영하는 제자학교의 학생들이 늘어나서 집을 더 짓기로 결정했다. 그는 학생들과 함께 산에 가서 나무를 베었다. 그런데 어느 학생이 나무를 베다가 도끼머리를 연못에 빠뜨렸다. 그가 엘리사에게 와서 상황을 설명하고 도움을 청했다.

한 사람이 나무를 벨 때에 쇠도끼가 물에 떨어진지라. 이에 외쳐 이르되, "아아, 내 주여, 이는 빌려온 것이니이다." 왕하 6:5

엘리사가 그에게 질문했다.

"그것이 어디에 떨어졌느냐?" 왕하 6:6, 현대인의성경

엘리사가 "도끼머리가 빠진 곳이 어디냐"라고 질문했다. 그 사람이 도끼머리가 떨어진 곳을 가리켰다. 엘리사가 나뭇가지를 베어 물에 던졌다. 그랬더니 도끼가 수면 위로 떠올랐다.

이것이 도끼머리 법칙이다. 엘리사는 물에 빠진 도끼머리를 건지기 위해 먼저 빠진 곳이 어느 지점인지를 확인했다. 그러고는 그 빠진 지점에 나뭇가지를 던졌다. 잃어버린 걸 되찾기 원한다면 먼저 가장 최근에 잃어버린 지점으로 가야 한다.

하나님과 친밀한 관계를 회복하기 원한다면 언제부터 벗어났는지

를 살펴야 한다. 그 시점이 언제인지, 무엇으로 시작되었는지를 살펴서 거기서부터 회복을 시작해야 한다. 하나님의 음성 듣기를 회복하기 원한다면 '가장 최근에 주님이 내게 말씀하신 때가 언제인가', '언제부터 하나님의 음성을 듣는 삶을 멈추었는가', '어떤 상황이 그렇게 만들었는가'를 생각하고 거기서부터 시작하라.

> 그러나 너를 책망할 것이 있나니, 너의 처음 사랑을 버렸느니라. 그러므로 어디서 떨어졌는지를 생각하고 회개하여 처음 행위를 가지라.
> 계 2:4,5

하나님의 음성을 직접 들으라

하나님의 음성을 들을 때 남이 대신 들어서 내게 알려주는 걸 습관으로 들이면 안 된다. 나보다 영성이 더 깊은 사람에게 의지하기보다 먼저 내가 하나님 앞에 기다리며 그분의 음성을 들어야 한다. 그 후 그들에게 확인이나 상담을 받는 게 좋다.

언제나 내가 주 앞에 나가서 직접 음성을 듣고자 해야 한다. "하나님은 언제나 말씀하시고, 나도 들을 수 있다"라는 믿음을 가지라. 모든 면에 내가 책임을 진다는 자세를 가지라.

하나님과 친밀감을 유지하는 길

끝으로 하나님의 음성을 들으며 친밀감을 유지하는 데 도움을 주는 몇 가지 질문이 있다.

"주님, 지금 제게 하고 싶으신 말씀이 있습니까? 제가 듣겠습니다."

"주님, 제가 아는 주변의 사람들에게 혹시 저를 통해 하고 싶으신 말씀이 있습니까? 그것이 무엇입니까?"

주님의 말씀은 그들을 세워주고, 위로하고, 격려한다는 것을 반드시 기억하라.

"주님, 제 삶의 우선순위에 대해 하시고 싶은 말씀이 있습니까? 하나님의 음성을 듣는 삶에 방해가 되는 잘못된 습관이 있습니까? 그것이 무엇입니까? 제가 고치겠습니다."

"주님, 제가 가지고 있는 것 중에 흘려보내기 원하시는 것이 있습니까? 무엇을, 누구에게 주기를 원하십니까?'

"주님, 주의 나라가 확장되기 위해 제게 하시고 싶으신 말씀이 있습니까?"

이와 같은 질문을 자주 하라. 하나님의 음성을 듣고, 말씀하시면 순종하라!

왕의 음성

초판 1쇄 발행   2015년 10월 16일
초판 37쇄 발행   2024년 6월 3일

지은이   홍성건 김미진

펴낸이   여진구
책임편집   김아진
편집   이영주 박소영 최현수 안수경 김도연 정아혜
책임디자인   마영애 노지현 조은혜 이하은
홍보·외서   진효지
마케팅   김상순 강성민   마케팅지원   최영배 정나영
제작   조영석 허병용   경영지원   김혜경 김경희

303비전성경암송학교 유니게과정
이슬비전도학교 / 303비전성경암송학교 / 303비전꿈나무장학회

펴낸곳   규장

주소 06770 서울시 서초구 매헌로 16길 20(양재2동) 규장선교센터
전화 02)578-0003   팩스 02)578-7332
이메일 kyujang0691@gmail.com   홈페이지 www.kyujang.com
페이스북 facebook.com/kyujangbook   인스타그램 instagram.com/kyujang_com
카카오스토리 story.kakao.com/kyujangbook
등록일 1978.8.14. 제1-22

책값   뒤표지에 있습니다.
ISBN 978-89-6097-425-8 03230

규 | 장 | 수 | 칙

1. 기도로 기획하고 기도로 제작한다.
2. 오직 그리스도의 성품을 사모하는 독자가 원하고 필요로 하는 책만을 출판한다.
3. 한 활자 한 문장에 온 정성을 쏟는다.
4. 성실과 정확을 생명으로 삼고 일한다.
5. 긍정적이며 적극적인 신앙과 신행일치에의 안내자의 사명을 다한다.
6. 충고와 조언을 항상 감사로 경청한다.
7. 지상목표는 문서선교에 있다.

하나님을 사랑하는 자 곧 그의 뜻대로 부르심을 입은 자들에게는 모든 것이 合力하여 善을 이루느니라(롬 8:28)

Member of the Evangelical Christian Publishers Association

규장은 문서를 통해 복음전파와 신앙교육에 주력하는 국제적 출판사들의 협의체인 복음주의출판협회(E.C.P.A:Evangelical Christian Publishers Association)의 출판정신에 동참하는 회원(Associate Member)입니다.